高等院校"十三五"规划教材

会 计 学 原 理

主 编 肖振红 李瑛玫
副主编 于 淼 李 颖

哈尔滨工业大学出版社

内容简介

本书紧密结合会计准则的最新发展,重点介绍了会计学的基本理论和基础知识,内容涵盖会计基本概念、复式记账原理、生产企业主要经营业务核算、会计账户分类、会计凭证、会计账簿、账务处理程序、财产清查、财务会计报告及会计法规体系和会计工作组织等内容。通过本书的学习,将建立较为全面、系统的会计学基本理论知识体系。

本书可作为会计、财务管理等相关专业本科生教材,也可作为在职经管人员、财会人员的培训教材及参考用书。

图书在版编目(CIP)数据

会计学原理/肖振红,李瑛玫主编. —哈尔滨:哈尔滨工业大学出版社,2016.11(2023.8 重印)

ISBN 978-7-5603-6140-6

Ⅰ.①会… Ⅱ.①肖… ②李… Ⅲ.①会计学 Ⅳ.①F230

中国版本图书馆 CIP 数据核字(2016)第 182457 号

责任编辑	丁桂焱
封面设计	刘长友
出版发行	哈尔滨工业大学出版社
社　　址	哈尔滨市南岗区复华四道街 10 号　邮编 150006
传　　真	0451-86414749
网　　址	http://hitpress.hit.edu.cn
印　　刷	哈尔滨圣铂印刷有限公司
开　　本	787mm×1092mm 1/16 印张 12 字数 282 千字
版　　次	2016 年 11 月第 1 版　2023 年 8 月第 3 次印刷
书　　号	ISBN 978-7-5603-6140-6
定　　价	28.00 元

(如因印装质量问题影响阅读,我社负责调换)

前　言

本书编写的主要目标是向学生传授会计学的入门知识，使学生不仅能够掌握会计的基本原理和基本方法，而且能够理论联系实际。本书按照财政部最新发布的《企业会计准则——基本准则》和一系列具体会计准则的规定，对照《会计法》《企业会计制度》《企业会计准则——应用指南》及税法、公司法等相关法律规定进行编写。本书的特点是内容新颖、理论与实践相结合，叙述深入浅出，并有较多的实例计算与分析，便于读者掌握会计的基本理论、方法及其应用。

本书可作为会计、财务管理等相关专业本科生教材，也可作为在职经管人员、财会人员的培训教材及参考用书。

本书由编者在多年教学实践和科研成果的基础上编写而成。本书由哈尔滨工程大学肖振红、李瑛玫担任主编，于淼、李颖担任副主编。各章的编写分工如下：第一章由李瑛玫和任莹编写；第二章由李瑛玫编写；第三章由李瑛玫和代庆会编写；第四章、第八章由肖振红编写；第五章由于淼编写；第六章由李颖编写；第七章由于淼、李颖编写；第九章由谭玫瑰、申雪编写；第十章由谭玫瑰编写。

本书由哈尔滨工程大学资助出版，在出版过程中得到了哈尔滨工业大学出版社的支持，在此表示衷心的感谢。会计学是一个不断发展变化的学科，因此本书在编写过程中难免存在疏漏和不足之处，敬请读者批评指正。

编者

2016 年 9 月

目　　录

第一章　绪论 ··· 1
- 第一节　会计概述 ·· 1
- 第二节　会计目标与会计信息使用者 ··· 6
- 第三节　会计的职能和对象 ··· 8
- 第四节　会计要素 ·· 10
- 第五节　会计方法 ·· 16
- 第六节　会计核算的基本准则 ··· 18
- 习题 ··· 24

第二章　会计科目、会计账户与复式记账 ·· 25
- 第一节　资金平衡原理 ·· 25
- 第二节　会计科目 ·· 28
- 第三节　会计账户 ·· 32
- 第四节　复式记账原理 ·· 36
- 习题 ··· 45

第三章　制造企业的生产经营业务核算 ·· 46
- 第一节　制造企业主要的生产经营活动 ··· 46
- 第二节　资金筹集业务核算 ·· 47
- 第三节　供应过程的核算 ··· 53
- 第四节　生产过程的核算 ··· 67
- 第五节　销售过程的核算 ··· 76
- 第六节　财务成果形成与分配业务核算 ··· 82
- 习题 ··· 90

第四章　会计账户分类 ·· 91
- 第一节　会计账户分类概述 ·· 91
- 第二节　会计账户按经济内容分类 ··· 92
- 第三节　会计账户按用途和结构分类 ·· 94
- 习题 ··· 103

第五章　会计凭证 ·· 105
- 第一节　会计凭证概述 ·· 105
- 第二节　原始凭证 ··· 107
- 第三节　记账凭证 ··· 114
- 第四节　会计凭证的传递和保管 ·· 118
- 习题 ··· 120

第六章　会计账簿 …… 121
第一节　会计账簿概述 …… 121
第二节　会计账簿设置和登记 …… 124
第三节　会计账簿的规则 …… 130
第四节　对账和结账 …… 133
习题 …… 137

第七章　账务处理程序 …… 138
第一节　账务处理程序概述 …… 138
第二节　记账凭证账务处理程序 …… 139
第三节　汇总记账凭证账务处理程序 …… 141
第四节　科目汇总表账务处理程序 …… 144
习题 …… 145

第八章　财产清查 …… 147
第一节　财产清查概述 …… 147
第二节　财产物资盘存制度 …… 149
第三节　财产清查的程序和方法 …… 150
第四节　财产清查结果的处理 …… 155
习题 …… 158

第九章　财务会计报告 …… 159
第一节　财务报告概述 …… 159
第二节　资产负债表 …… 162
第三节　损益表 …… 166
第四节　现金流量表 …… 168
第五节　会计报表附注 …… 171
习题 …… 172

第十章　会计法规体系和会计工作组织 …… 173
第一节　我国的会计法规体系 …… 173
第二节　会计基础工作规范 …… 176
第三节　会计档案 …… 178
习题 …… 182

参考文献 …… 183

第一章 绪　　论

【学习目标】
1. 了解会计的产生与发展；
2. 理解会计的含义与特点；
3. 掌握会计的职能、对象、主要核算方法、基本假设和会计信息的质量要求。

第一节　会计概述

企业、事业单位或行政机关等组织，都设有"会计"这个工作岗位，配有会计工作人员；同时，无论是高等教育还是中等专业教育或是职业教育，一般都设有会计专业，为社会培养输送各类会计人才；与之相对应，会计作为一门学科，会计理论、会计准则也在不断跨越国界发展，逐渐成为另一种国际语言。这些都在说明一个事实：经济越发展，会计越重要。那么究竟什么是会计？会计工作都在做什么？会计学研究的内容有哪些？回答这些问题，需要我们从梳理会计基础知识和基本概念开始。

一、会计的产生和发展

(一) 西方会计的产生和发展

1. 西方会计的产生

会计的产生与发展和加强经济管理、提高经济效益的要求密不可分，人类要生存，社会要发展，就要进行物质资料的生产，生产活动一方面创造物质财富，取得一定的劳动成果；另一方面要发生劳动耗费，包括人力、物力的耗费，在一切社会形态中，人们进行生产活动时总是力求以尽可能少的劳动耗费取得尽可能多的劳动成果，做到所得大于所费，提高经济效益。为了达到这个目标，就必须在不断改革生产技术的同时对劳动耗费和劳动成果进行记录、计算并加以比较和分析，这便产生了原始的计量、计算、记录等行为。这种原始的计量、计算、记录等行为中蕴含着会计思想，是会计行为的萌芽。

生产活动的发生是会计产生的前提条件。如果没有生产活动的发生，便不会有会计思想、会计行为的产生。但是，这并不意味着生产活动一发生，便会产生会计思想、会计行为。会计史学者的考古结果表明：只有当人类的生产活动发展到一定阶段，以至于生产所得能够大体上保障人类生存和繁衍的需要时，人们才会关心劳动成果与劳动耗费的比较。特别是劳动成果有了剩余时，原始的计量、记录行为才具备了产生的条件，会计也因此而进入了萌芽阶段。这一时期经历了漫长的过程,据考证,从旧石器时代中晚期到奴隶社会这一时期被称作会计的萌芽阶段,也叫会计的原始计量与记录时代。由此可见,会计并不是在生产活动发生伊始就产生的,而是当生产发展到一定阶段,劳动成果有了剩余以后,人们开始关心劳动成果和劳动耗费的比较,更关心对剩余劳动成果的管理和分配时,才需要对它们进行计量、计算和记录,因而产生了会计思想,有了会计萌芽。因此,会计是生产活动发展到一定阶段的产物。它是伴随着生产活动的产生、发展而产生的,也将随着生产活动的发展而发展和完善。

会计在其产生初期还只是"生产职能的附带部分",也就是说,会计在它产生初期是生产职能的一个组成部分,是人们在生产活动以外,附带地把劳动成果和劳动耗费以及发生的日期进行计量和记录,会计还不是一项独立的工作。随着社会生产的发展,生产规模日益扩大和复杂,对于劳动成果和劳动耗费及其比较,仅仅靠人们劳动过程中附带地进行计量、计算和记录,显然满足不了生产发展规模日益扩大、复杂的需要,为了满足生产发展需要,适应对劳动成果和劳动耗费进行管理的要求,会计逐渐从生产职能中分离出来,成为特殊的、专门委托有关当事人的独立的职能。可见,会计是适应生产活动发展的需要而产生的,对生产活动进行科学、合理的管理是它产生的根本动因。

2. 西方会计的发展

会计的发展,有一个从简单到复杂,从低级到高级的不断发展的过程。西方会计发展的过程可以归纳为三个阶段:古代会计、近代会计和现代会计。

(1)古代会计。

从严格意义上讲,自旧石器时代中晚期开始到奴隶社会繁盛时期为止,在这一漫长历史时期中产生的最原始的计量、记录行为并不是纯粹的、真正意义上的会计行为和会计方法。那时,所谓的会计还不是一项独立的工作,而只是生产职能的附带部分,是在生产时间之外,附带地把劳动成果、劳动耗费等事项记载下来。在会计的发展史上,这一时期被称为会计的萌芽阶段,或者称为原始计量与记录时代。

严格的独立意义上的会计特征是到奴隶社会的繁盛时期才表现出来的。那时,随着社会的发展和劳动生产力的不断提高,生产活动的结果除了能够补偿劳动耗费之外还有了剩余产品。剩余产品与私有制的结合,造成了私人财富的积累,进而导致了受托责任会计的产生,会计逐渐从生产职能中分离出来,成为特殊的、专门委托有关当事人的独立的职能。这时的会计,不仅应保护奴隶主物质财产的安全,而且还应反映那些受托管理这些财产的人是否认真地履行了他们的职责。所有这些都要求采用较先进、科学的计量与记录方法,从而推动了原始计量、记录行为向单式簿记体系的演变。从奴隶社会的繁盛时期到15世纪末,单式簿记应运产生而且得到了发展。一般将这一时期的会计称为古代会计。

(2)近代会计。

1494年,意大利数学家卢卡·帕乔利的著作《算术、几何、比及比例概要》问世,标志着近代会计的开端。在随后漫长的历史时期内,人们在古代单式簿记的基础上,创建了复式簿记。复式簿记在意大利迅速得到普及并不断发展和完善,随着美洲大陆的发现和东西方贸易的进行,加之各国建立了统一货币制度,阿拉伯数字取代了罗马数字、纸张的普遍使用等促使复式簿记传遍整个欧洲,后又传遍世界各国,即使是现在,我们仍然采用复式簿记的方法,并最终完成了复式簿记的方法体系乃至理论体系的建设。

18世纪末和19世纪初发生了工业革命,世界贸易中心转移到了英国,给当时的资本主义国家(特别是英国)生产力带来了空前的发展。会计从特殊的、专门委托有关当事人的独立职能发展成为一种职业。1854年,苏格兰成立了世界上第一家以"自由职业"身份出现(实际上是为公司股东服务)的"特许"或"注册"会计师协会——爱丁堡会计师协会。这被誉为继复式簿记后会计发展史上的又一个里程碑。

在会计的发展史上,一般将帕乔利复式簿记著作的出版和会计职业的出现视为近代会计史的两个里程碑。客观来说,"古代会计""近代会计"的提法是不够严谨的,较为准确的提法应该是"古代簿记""近代簿记"。

(3)现代会计。

由簿记时代向会计时代的转变发生在19世纪30年代末期。那时,bookkeeping(簿记)开始向accounting(会计)演变,簿记工作开始向会计工作演变,簿记学开始向会计学演变。这些都标志着会计发展史上的簿记时代已经结束,人类已经进入了现代会计的发展时期。

20世纪以来,特别是第二次世界大战结束后,资本主义的生产社会化程度得到了空前的发展,现代科学技术与经济管理科学的发展突飞猛进。受社会政治、经济和技术环境的影响,传统的财务会计不断充实和完善,财务会计核算工作更加标准化、通用化和规范化。与此同时,会计学科在20世纪30年代成本会计的基础上,紧密配合现代管理理论和实践的需要,逐步形成了为企业内部经营管理提供信息的管理会计体系,从而使会计工作从传统的事后记账、算账、报账,转为事前的预测与决策、事中的监督与控制、事后的核算与分析。管理会计的产生与发展,是会计发展史上的一次伟大变革,从此,现代会计形成了财务会计和管理会计两大分支。随着现代化生产的迅速发展及经济管理水平的提高,电子计算机技术广泛应用于会计核算,使会计信息的收集、分类、处理、反馈等操作程序摆脱了传统的手工操作,大大地提高了工作效率,实现了会计科学的根本变革。我们有理由相信,随着社会的发展和科学技术的进步,会计也必然会取得更加引人注目的发展。

(二)我国会计的产生和发展

"中国已有将近四千年的文字可考的历史""中华民族是一个有丰富历史文化遗产的民族"。在我国丰富的历史遗产中,会计是一个重要方面。我国会计不仅有自己的发展道路,而且以明显的独创性影响于世界。

据史籍记载,远在原始社会末期,即有"结绳记事""刻契记数"等原始计算、记录的方法,这就是我国会计的萌芽阶段。我国在西周时代首次出现"会计"两字构词连用,并设有专门核算官方财赋收支的官职——司会,对财物收支采取"月计岁会"的方法,即既有日常的零星核算,又有岁终的总核算,通过日积月累到岁末的核算达到正确考核王朝财政经济收支的目的。在西汉还出现了名为"计簿"或"簿书"的账册,用以登记会计事项。以后各朝代都设有官吏管理钱粮、赋税和财物的收支。

公元1000年,中式会计在盛唐的基础上又有新的进展,并在世界上处于领先地位。从公元1002年到1068年,连续三代皇帝推行会计组织体制改革,试图以此理顺中央与地方会计的关系。公元1069年,王安石以"理财"为纲进行变革,并以"制置三司条例司"作为改革的总机关。公元1074年,设置"三司会计司",以此总考天下财赋出入,实行一州一路会计考核制度。尽管以上改革未果,然而,这些事件却在会计发展史上产生了重要影响。公元1078年至1085年,又恢复到唐朝的"三省六部"体制,并重新确立了政府会计、出纳及审计的组织地位,使会计工作恢复到正常状态。上述史实表明,在11世纪,中国所进行的会计改革,在当时世界上依然具有先导性作用。

进入12世纪后,南宋"审计院"的设置,明朝的"都察院制度"、财物出纳印信勘合制度、黄册制度,以及继承两宋之制所实行的《会计录》编纂制度与钱粮"四柱清册"编报制度等,也依然闪烁着中式会计的历史光辉,为世界会计史研究者所肯定。宋代官厅中,办理钱粮报销或移交,要编造"四柱清册",通过"旧管(期初结存)+新收(本期收入)=开除(本期支出)+实在(期末结存)"的平衡公式进行结账,结算本期财产物资增减变化及其结果。这是我国会计学科发展过程中的一个重大成就。

明末清初,随着手工业和商业的发展,出现了以四柱为基础的"龙门账",它把全部账目划分为"进"(各项收入)、"缴"(各项支出)、"存"(各项资产)、"该"(各项负债)四大类,运用"进-缴=存-该"的平衡公式进行古代账簿核算,设总账进行"分类记录",并编制"进缴表"(即利润表)和"存该表"(即资产负债表),实行双轨计算盈亏,在两表上计算得出的盈亏数应当相等,称为"合龙门",以此核对全部账目的正误。之后,又产生了"四脚账"(也称"天地合账"),这种方法是:对每一笔账项既登记"来账",又登记"去账",以反映同一账项的来龙去脉。"四柱清册""龙门账"和"四脚账"显示了中国不同历史时期核算收支方式的发展,体现了传统严谨的中式特色。

然而,从15世纪中叶起,中国开始在政治、经济、文化及科学技术方面都落后于西方国家,自此,我国会计占主导地位的时代过去了,而近500年左右的世界会计史,一直朝着西方经济发达国家占主导地位的方向发展。

20世纪初,西方现代复式簿记传入我国,主要在海关、邮政、银行、铁路及大型工商业企业中使用。

新中国成立后,我国在借鉴前苏联会计模式的基础上,继续使用复式记账法,结合我国实际,逐步建立了我国会计制度。经过几十年的会计实践,形成了适应我国经济管理要求,指导我国会计实践的一系列会计制度。随着经济体制改革的深入,我国对会计也进行了很大的改革,并与国际会计惯例接轨,制定和发布了《中华人民共和国会计法》(以下简称《会计法》)《企业财务通则》《企业会计准则》,以及各行业会计制度等。2006年建立了与国际会计准则"实质性趋同"的企业会计准则体系,这些都是市场经济发展与经济全球化的客观需要,是中国会计核算制度改革的必然。

会计产生和发展的历史表明:会计是适应生产活动发展的需要而产生的,并随着生产的发展而发展。正如马克思所说的那样:"过程越是按照社会的规模进行,作为对过程进行控制和观念总结的簿记就越是必要。"

二、现代会计的定义与特征

(一)现代会计的定义

究竟什么是会计呢？不同的时期，人们对会计的认识不同。目前仍有多种表述方式，概括起来比较权威的有以下几种。

美国会计学会(American Accounting Association,简称 AAA)对会计的定义：会计是为了使信息使用者能做出有根据的判断和决策而进行确认、计量和传递经济信息的程序。会计本质上是一个信息系统。

美国注册会计师协会(American Institute of Certified Public Accountants,简称 AICPA)认为，会计是一项服务活动，其功能在于提供有关经济主体的数量信息(主要具有财务性质以便做出经济决策)。

美国财务会计准则委员会(Financial Accounting Standards Board,简称 FASB)的定义：会计是计量、处理、传递有关一个经济单位的财务信息系统，依据财务信息，报表使用者可以做出合理的经济决策。

中国《企业会计准则——基本准则》对会计的定义：会计是一个以提供财务信息为主的经济信息系统。财务报表使用者可依据财务信息做出合理的经济决策。

尽管上述表述侧重不同，但是都从不同角度表达了会计是一个提供信息、服务决策的综合系统的内涵。基于此，本书采用目前国内大多数教材对于会计比较全面细致的定义进行表述：现代会计是以货币为主要计量单位，以提高经济效益为主要目标，运用专门的方法对企业、机关、事业单位和其他组织的经济活动进行全面、综合、连续、系统地核算和监督，并随着社会经济的日益发展，逐步开展预测、决策、控制和分析的一种经济管理活动，是经济管理的重要组成部分。

(二)现代会计的特征

根据定义，现代会计的特征可以概括为以下几方面。

1. 以货币为主要计量单位

一般来讲，核算使用的计量单位包括实物单位、价值单位和劳动单位等。由于各种不同使用价值的财产物资(如企业的厂房、设备、汽车、原材料、产成品等)不能直接相加，只有把它们折算为价值量，即以货币计量，才能汇总各种财产物资和反映不同性质的经济业务，因而会计发展到一定阶段必须以货币为主要计量单位。但货币并不是会计的唯一计量单位，因为会计不仅要从价值方面反映再生产过程的资金运动，而且必须反映和监督再生产过程中财产物资的增减变动情况，资金运动往往是伴随着财产物资的增减变动进行的。例如，就材料的核算而言，会计不仅需要提供其总括的资料，而且还要提供各种材料的实际数量的增减变动。这时，就需要同时使用货币单位和实物单位，所以货币是会计的主要计量单位，而不是唯一的计量单位。

2. 以提高经济效益为主要目标

为了向信息使用者提供真实、完整的会计信息，会计活动要如实反映所有拥有或控制的资源，如实反映企业所承担的现时义务，如实反映企业的各项收入、费用、利润和损失的金额，如实反映企业各项经营活动、投资活动和筹资活动等，从而有助于现在或潜在的投资者、债权人等对企业进行正确评价,做出正确决策。因而,会计活动必须运用会计的综合计量、登记、编表等方式对经济活动进行管理,借以掌握经济活动过程中的经济信息,控制经济活动,力求提高经济效益,做到所得大于所费。会计活动本身也属于经济管理活动的一种,和其他经济管理活动一样,以提高经济效益为主要目标。

3. 需要借助一系列专门的方法

会计活动必须借助一系列专门科学的方法进行,这些方法相互联系、相互依托,构成一套科学完整的方法体系,为会计提供信息、参与管理提供支撑。这些方法中的会计核算方法为基本方法,也是本书后面章节将逐渐向大家讲解的核心内容。

4. 具有连续性、全面性、系统性和综合性

会计活动与其他经济管理活动不同,其所提供的以财务信息为主的各种经济信息具有连续、全面、系统和综合的特征。

连续性是指会计对企业、行政、事业单位等所发生的、能以货币表示的经济活动,要按其发生时间的顺序,不间断地进行记录核算。全面性是指会计对所有纳入会计核算、控制范围内的经济活动进行完整的记录,不能有任何遗漏。系统性是指会计对各项经济活动既要进行相互联系的记录,又要进行科学的分类整理。综合性是指会计要对各项经济活动,以货币为计量单位,进行综合汇总,计算出经营管理所需的总括价值指标。

第二节 会计目标与会计信息使用者

一、会计目标

会计目标是指会计工作所要达到的最终目的,即会计活动要服务哪些人(会计信息使用者),要提供什么样的信息(会计信息使用者需要什么样的信息及会计活动能够提供哪些信息)。会计目标是会计理论研究中的起点和重要课题。会计目标分为总体目标和具体目标。

(一)会计的总体目标

由于会计活动是整个经济管理活动的重要组成部分,因此会计的总体目标应当从属于经济管理的总体目标,或者说会计的总体目标是经济管理总体目标下的子目标。在社会主义市场经济条件下,经济管理的总体目标是提高经济效益。经济效益是一个投入与产出、失与得进行比较的结果,在社会生产经营过程中投入的价值量,经过价值运动要实现一定的增值,已经投入及消耗的价值量与收回的价值量之比,就是经济效益。提高经济效益,就是在投入一定价值量的情况下,尽量争取收回更多的价值量;或者是在收回价值量一定的情况下,尽量减少投入的价值量。会计活动的特点是价值管理,是对价值运动的管理,所以,作为经济管理活动重要组成部分的会计活动,应该以提高经济效益作为最终目标。

(二)会计的具体目标

会计的具体目标是向会计信息使用者提供与企业财务状况、经营成果和现金流量等

有关的会计信息,反映企业管理层受托责任的履行情况,有助于会计信息使用者做出经济决策。主要包括:

(1)向会计信息使用者提供有助于决策的信息。企业进行会计活动的主要目标是满足会计信息使用者的信息需要,帮助会计信息使用者做出经济决策,因此,向会计信息使用者提供有助于决策的会计信息是会计工作的基本目标。如果企业提供的财务会计报告对会计信息使用者的决策没有价值,财务会计报告就失去了其编制的意义。

(2)反映企业管理层受托责任的履行情况。在企业所有权和经营权相分离的情况下,企业管理层受委托人之托对企业及其各项资产进行经营管理,负有受托责任,即企业管理层所经营管理的企业各项资产基本上均为所有者投入的资本,或者向债权人借入的资金形成的,企业管理层有责任妥善保管,并合理、有效地运营这些资产。因为企业的所有者、债权人等要及时或经常地了解企业经营管理层保管、使用资产的情况,以便评价企业管理层受托责任的履行情况和业绩情况,并决定是否需要调整投资或信贷政策,是否需要加强企业内部控制和其他制度建设,是否需要更换管理层等,而这些信息的获得,很大程度上依赖于企业会计活动提供的各种信息。因此,会计目标的内容之一便是反映企业管理层受托责任的履行情况,从而有助于评价企业的经营管理责任和资源使用的有效性。

二、会计信息及信息使用者

前面提到会计的目标主要是为会计信息使用者提供各种信息,那么会计信息是什么,企业有哪些会计信息使用者呢?

(一)会计信息

会计信息是指会计数据经过加工处理后产生的、为会计管理和企业管理所需要的经济信息,是会计所提供各种资料的总称。企业主要提供三大类会计信息:一是企业资产经营状况;二是企业盈利状况;三是企业现金流量信息,即资产负债表、利润表和现金流量表。

(二)会计信息使用者

会计信息使用者包括内部使用者和外部使用者。

内部使用者主要是指符合企业内部管理需要的信息使用者,如企业员工、经理、董事会成员、监事会成员等。企业要实现其经营目标,必须对经营过程中遇到的重大问题进行正确的决策,而决策的正确与否,关系到企业的生存和发展。正确的决策通常建立在客观、有用的会计信息的基础上,会计信息在企业决策中起着极其重要的作用。因此,企业会计应采用一定的程序和方法,将企业发生的交易或事项转化为有用的会计信息,以便为企业管理提供依据。

外部使用者是指与企业形成权利义务关系或者职能管理关系的信息使用者。包括股东、银行、客户以及政府职能部门等。企业在生产经营过程中必然与外界发生各种各样的经济关系,进行信息交流,因而凡是与企业存在这种经济关系的利益相关者都可能对企业的会计信息产生需求。

综上,会计信息使用者可概括为以下几种。

(1)企业内部员工及管理者。企业内部员工是生产经营的直接参与者,现代企业管理激励理论认为,员工的劳动态度、劳动所得与企业业绩之间存在重要的关系,只有全体员工作为主人翁积极参与管理,管理职能才可能发挥到最优。员工需要了解会计信息(例如成本管理信息)才能参与到管理中。随着企业规模的扩大,经营管理者不可能了解企业的全部经济活动,他们也需要通过会计信息全面了解企业的经营活动情况。

(2)企业的投资者。在经营权与所有权相分离的情况下,企业的投资者需要根据企业的经营成果和利润分配情况,做出是否对企业追加投资或者其他相关决策。

(3)企业的债权人。以借款的形式将资金投入企业的投资者,称为债权人。债权人需要利用会计信息进行是否借款的决策,如银行可以根据企业的财务状况、经营成果,判断企业的偿债能力,以便做出是否继续贷款或收回贷款的决策。

(4)供应商及客户。企业上下游的原材料供应商和客户是企业价值链上重要的两端,需要根据企业的会计信息判断它能否持续经营,并据此决定自身是否扩大生产规模,或者调整生产经营的方向。

(5)政府部门。政府部门在一定程度上依靠会计信息进行决策,如税务部门利用会计信息了解公司纳税义务的履行情况,环境保护部门可以根据会计信息判断公司环保投入的情况。

(6)其他利益相关者。由于生产社会化程度的提高,专业化生产分工以及由此产生的相互依赖性,关注企业会计信息的不仅有"投资者和潜在的投资者",而且包括与企业存在经济交往的其他利益相关者,或者说价值形成和实现链条上的利益相关者。因此,在现代社会化大生产的情况下,会计信息的使用者扩大到一切利益相关者。

企业内外部的会计信息使用者都需要利用会计信息进行决策,且不同的会计信息使用者对会计信息的需求是不同的,会计只能为其提供通用的会计信息。一般来说,通用的会计信息内容可以归纳为:财务状况、经营成果以及相应的现金流量。

第三节 会计的职能和对象

一、会计的职能

会计职能是指会计在经济管理中所具有的功能,具体来讲,就是会计是用来做什么的。会计的职能可以分为基本职能和衍生职能。

(一)会计的基本职能

马克思曾把会计的基本职能归纳为"过程控制和观念总结"。所谓"过程控制"实际上就是对各种经济管理活动的监督;而"观念总结"实际上是指对经济管理活动进行如实的反映或者核算。因而,现代会计的基本职能可以概括为反映(核算)和监督(控制)。

1. 反映职能

会计的反映职能,也称核算职能,是指会计能够按照会计准则的要求,以货币为主要计量单位,将一个会计主体所发生的经济事项采用一定的程序和方法,全面、系统、及时、准确地进行确认、记录、计算、汇总和表述,为经营管理提供会计信息的过程。反映职能是会计核算工作的基础。它通过会计信息系统所提供的信息,既服务于国家的宏观调控部门,又服务于会计主体的外部投资者和内部管理者。这种服务作用是具有能动性的,从这一角度来看,会计的反映职能也在一定程度上体现了管理精神。

会计反映的具体内容包括:

(1)款项和有价证券的收付,如企业的销货款、购货款、其他款项的收付,股票、公司债券、国库券、其他票据等的收付。

(2)财物的收发、增减和使用,如企业的材料、产成品和固定资产的增加和减少,现金、银行存款的收入和付出等。

(3)债权债务的发生和结算,如企业的应收销货款、应付购货款、其他应收应付款的发生和结算。

(4)资本、基金的增减和经费的收支,如企业实收资本的增加和减少,事业单位经费收入和经费支出。

(5)收入、费用、成本的计算,如企业销售收入、管理费用和产品成本计算等。

(6)财务成果的计算和处理,如企业收入大于费用即实现盈利,要按规定进行分配;相反,企业费用大于收入即发生亏损,要按规定进行弥补。

(7)其他需要办理会计手续,进行会计核算的事项。

会计反映要求做到真实、准确、完整和及时。

2. 监督职能

会计的监督职能,也称控制职能,是指会计利用会计信息系统所提供的信息,在核算经济活动的同时,对会计主体的经济活动和相关会计核算的合法性(经济业务要符合国家有关法律法规、方针政策和财经纪律)、合理性(各项财务收支要符合特定主体的财务收支计划,要符合内部控制的要求)进行审查,借以控制经济活动,使经济活动能够根据一定的目标、遵循一定的原则正常进行。例如,在核算购入材料经济业务的同时,要检查监督材料验收入库的手续是否完备,计价是否正确,实际成本与计划成本有多少差异,从而使材料采购能与企业的生产经营目标相适应。

会计的监督职能就是监督经济活动按照有关的法规和计划进行。会计监督职能具体内容包括:(1)监督经济业务的真实性;(2)监督财务收支的合法性;(3)监督公共财务的完整性。会计监督要做到事前、事中和事后全过程的监督。

3. 两大基本职能的关系

会计的反映职能和监督职能是紧密结合、密不可分、相辅相成的,同时又是辩证统一的。反映职能是监督职能的基础,没有反映职能提供的信息,就不可能进行会计监督,没有会计反映提供可靠、完整的会计资料,会计监督就没有客观依据,也就无法进行会计监督;而监督职能又是反映职能的保证,没有监督职能进行控制、提供有力的保证,就不可能提供真实可靠的会计信息,也就不能发挥会计管理的能动作用,会计反映也就失去了存在的意义。

(二)会计的衍生职能

会计的衍生职能是在反映和控制两项基本职能基础上的新发展,主要是指会计参与决策的职能。在现代社会里,无论是宏观经济管理还是微观经济管理,决策的正确与否往往决定着一个企业事业的成败。为保证经济决策的正确性,必须对经济活动情况进行全面、及时地分析与预测,因而会计必须通过对经济活动情况、发展趋势及前景的分析与预测,来参与经济决策。随着社会生产的发展和市场经济的建立,科学技术日益进步,经济生活越来越国际化、一体化,国际竞争日趋激烈,会计的衍生职能也将发挥更大的作用。

会计的反映、监督和参与决策这三个职能是相互联系、相互促进的。反映是基本的职能,它是进行监督和参与决策的基础,没有反映所提供的各种信息,监督就失去了依据;监督是在反映的过程中进行的,是反映的质量保障,没有监督将无法保证反映所提供信息的真实性和可靠性;参与决策则是反映的延伸,没有反映与监督,就无法进行正确的决策。只有把它们有机地结合起来,才能更好地发挥会计职能的作用。

二、会计的对象

会计对象是指会计所反映和监督的内容,即会计的客体。会计主要是利用货币计量,对再生产过程的经济活动进行反映和监督的一项管理工作,因此再生产过程当中发生的、能用货币表现的经济活动即资金运动,就构成了会计的一般对象,所以从这个论述当中也可以看到,会计对象不是再生产过程中的全部经济活动,而是其中能够用货币表现的方面。

综上,会计对象在企业中可表现为企业再生产过程中能以货币表现的经济活动,也就是企业再生产过程中的资金及资金运动。

以制造企业为例,制造企业的资金运动,按其运动的程序,可分为资金投入、资金周转、资金退出三个基本环节。相对而言,制造企业的生产经营过程可以划分为供应过程、生产过程和销售过程。随着企业供产销的不断进行,企业的资金也在不断地进行着循环和周转,由货币资金转化为固定资金、储备资金,再转化为生产资金、成品资金,最后又转化为货币资金。在生产过程中,资金的耗费转化为生产费用,为生产一定种类、数量产品,所支出的生产费用的总和就构成了产品成本;在销售过程中,企业取得的销售收入,大于为取得这个收入所付出的代价,即费用这一部分,作为企业的利润,企业实现的利润还要进行分配,一部分退出企业,另一部分要重新投入企业的生产周转。

上述制造企业的经济活动都能够以货币表现,构成了制造企业的会计对象。根据会计对象的特点,将其分为资产、负债、所有者权益、收入、费用和利润六大要素。各类要素的特点不同,但都具备一个共同的特征,即货币表现。

第四节 会 计 要 素

会计要素是对会计对象按其经济性质做出的进一步分类。如前所述,我国《企业会计准则》将企业会计要素分为资产、负债、所有者权益、收入、费用和利润六大项。其中,资产、负债和所有者权益反映了企业一定时点上资金分布的财务状况,通常被称为静态会计要素;而收入、费用和利润则反映了企业在一定时期内资金运动的经营成果,通常被称为动态会计要素。

一、静态会计要素

(一)资产

1. 资产的定义

资产是指企业拥有或者控制的,由过去的交易或事项形成的,并预期会给企业带来经济利益的各种经济资源。资产可以具有实物形态,如房屋、机器设备、各种商品和材料等,也可以不具备实物形态,如以债权形态出现的各种应收款项,以特殊权利形态出现的专利权、商标权等无形资产。

资产具有以下基本特征。

(1)资产必须是企业拥有或控制的。拥有是指拥有产权(所有权);控制是指虽然所有权不属于企业,但是企业实质上获得了该资产所提供的主要经济利益,同时承担了与资产有关的风险,按照实质重于形式的要求,也应将其作为企业资产予以确认。如,融资租入的固定资产(企业采用融资租赁方式租入固定资产),承租企业要将其确认为资产,并且计提固定资产折旧。

(2)资产是过去的交易或事项形成的。未来的交易可能形成的资产不能加以确认。资产必须是现实的资产,而不能是预期的资产。

(3)它必须能以货币计量。不能用货币确切地确认和计量其价值的不能作为资产。

(4)资产是能为企业带来经济利益的资源。尽管资产形态各异,但都能够给企业带来经济利益。在实际工作中,有些企业将已失去效益的陈旧商品或产品仍按其历史成本在资产中"挂账",但这些所谓的资产已经不能给企业带来经济利益,不符合资产的定义,应该在账面上及时按照规范进行处理,否则既夸大了资产,又虚增了利润,造成会计信息失真。

2. 资产的确认条件

将一项资源确认为资产,需要符合资产的定义,并同时满足以下两个条件:

(1)与该资源有关的经济利益很可能流入企业;

(2)该资源的成本或者价值能够可靠地计量。

只有同时符合资产的定义和资产确认条件的项目,才能确认为企业的资产,列入企业的资产负债表;符合资产的定义但是不符合资产确认条件的项目,不能确认为资产,也不能列入资产负债表。

3. 资产的分类

资产按其流动性可分为流动资产与非流动资产。

流动资产是指在一年或者超过一年的一个营业周期内变现或耗用的资产,包括库存现金、银行存款、应收及预付款项、存货等。非流动资产一般是指不符合流动资产定义的资产,或者是超过一年或一个营业周期才变现或耗用的资产,通常包括长期投资、固定资产、在建工程、无形资产和其他财产。其中,长期投资是指不准备在一年内变现的投资;固定资产是指使用年限在一年以上,单位价值在规定标准以上,并在使用过程中保持原来物质形态的资产,包括房屋、建筑物、机器设备、运输设备、工具器具等;无形资产是指企业为生产商品或者提供劳务、出租给他人,或为管理目的而持有的、没有实物形态的、可辨认的非货币性长期资产,包括专利权、商标权、著作权、土地使用权等。

资产的分类如图 1.1 所示。

$$
资产\begin{cases}形态\begin{cases}有形资产\\无形资产\end{cases}\\流动性\begin{cases}流动资产:现金、银行存款、交易性金融资产、应收及预付款项、存货等\\非流动资产:长期投资、固定资产、无形资产、商誉、其他资产等\end{cases}\end{cases}
$$

图 1.1 资产的分类

(二) 负债

1. 负债的定义

负债是过去的交易或事项形成的,预期会导致经济利益流出企业的现时义务。

负债具有以下基本特征：

(1) 负债是由于过去的交易或事项形成的现时义务。现时义务是指企业在现行条件下已承担的义务。未来发生的交易或事项形成的义务,不属于现时义务,不能确认为企业的负债。

(2) 负债的本质是经济责任,其清偿会导致经济利益流出企业。企业往往需要提供资产或劳务等方式偿还债务。

(3) 负债有确切的债权人和偿还日期。大多数负债都有确切的债权人和到期日。

2. 负债的确认条件

将一项义务确认为负债,需要符合负债的定义并同时满足以下两个条件：

(1) 与该义务有关的经济利益很可能流出企业；

(2) 未来流出的经济利益能够可靠地计量,即负债是能够用货币确切计量或合理预计的经济责任。

3. 负债的分类

负债按照偿还期长短可分为流动负债和非流动负债。

流动负债是指将在一年或者超过一年的一个营业周期内偿还的债务,包括短期借款、应付票据、应付账款、应付职工薪酬、应交税费、应付股利、交易性金融负债等。

非流动负债是指偿还期在一年或者超过一年的一个营业周期以上的债务,包括长期借款、应付债券等。

负债的分类如图 1.2 所示。

$$
负债\ 偿还期\begin{cases}流动负债:短期借款、应付及预收款项、应付职工薪酬、应交税费、\\\quad\quad\quad\quad 应付股利、其他应付款等\\非流动负债:长期借款、应付债券、长期应付款\end{cases}
$$

图 1.2 负债的分类

(三) 所有者权益

1. 所有者权益的定义

所有者权益是指所有者在企业资产中享有的经济利益,是企业资产扣除负债后,由所有者享有的剩余权益。

所有者权益具有以下基本特征：

(1) 所有者权益是一种剩余权益,除非发生减资、清算,否则企业不需偿还所有者

权益;

(2)所有者权益是对企业净资产的要求权,净资产是资产减去负债后的余额;

(3)所有者能凭借所有者权益参与利润的分配。

2. 所有者权益的确认条件

按照所有者权益的定义,所有者权益的确认不可能像资产、负债那样,有单独的确认标准,其确认需要依赖于资产、负债的确认,因此,资产、负债的确认条件即为所有者权益的确认条件。

3. 所有者权益的构成

所有者权益的构成来源包括企业投资者对企业投入的资本、直接计入所有者权益的利得或者损失以及在经营中形成的留存收益。通常由股本(或者实收资本)、资本公积、盈余公积和未分配利润构成。

投入资本,即股本或实收资本,就是投资者实际投入企业经营活动的各种财产物资。

直接计入所有者权益的利得或者损失,是指会导致所有者权益发生变动的、与投资者投入资本和向投资者分配利润无关的、也不应当计入当期损益的利得或者损失,利得会导致所有者权益的增加,损失则相反。如企业接受捐赠获得的财物就属于直接计入所有者权益的利得。

留存收益则是企业在经营活动中积累的资本增值额,包括盈余公积和未分配利润。

所有者权益构成如图1.3所示。

$$
\text{所有者权益}\begin{cases} \begin{rcases} \text{实收资本} \\ \text{资本公积} \end{rcases} \text{投入资本/利得与损失} \\ \begin{rcases} \text{盈余公积} \\ \text{未分配利润} \end{rcases} \text{留存收益} \end{cases}
$$

图1.3 所有者权益的构成

二、动态会计要素

(一)收入

1. 收入的定义

收入是指企业在日常活动中发生的、会导致所有者权益增加的、与所有者投入资本无关的经济利益的总流入。收入是一个特定的会计概念,不是所有的经济利益流入都是收入,它是与费用相对应的概念。企业取得收入意味着,或者增加了资产,或者减少了负债,或者两者兼而有之,不论是增加资产,还是减少负债,都表明经济利益流入企业。由于经济利益流入企业,形成利润,利润分配后最终会增加所有者权益。对企业来说,收入是补偿费用、取得盈利的源泉,是企业经营活动取得的经营成果。

收入具有以下基本特征:

(1)收入是指企业在日常活动中产生的经济利益流入,偶然活动产生的经济利益流入只能形成利得,不是这里所讲的收入。

(2)形成经济利益的流入,就是说日常活动能够形成企业实实在在的经济利益,如果形成的只是名义上的经济利益,就不能确认为收入。

(3)收入的形成会导致所有者权益增加,但这里的所有者权益增加不是由投资者的投资形成的,而是由利润形成的。

2. 收入的确认条件

收入在确认时,除了满足收入的定义外,还要满足收入的确认条件:

(1)收入只有在经济利益很可能流入企业时才能确认;

(2)与收入有关的经济利益流入企业会导致资产的增加或者负债的减少;

(3)经济利益的流入额能够可靠地进行计量。

3. 收入的分类

根据我国《企业会计准则》的规定,收入仅指营业收入,不包括利得,属于狭义的收入。

收入按照企业日常生产经营内容的性质分为销售商品收入、提供劳务收入和让渡资产使用权的收入等。

收入按照其经营业务的重要性分为主营业务收入和其他业务收入。

主营业务收入是指企业经常性的、主要的或者主体业务所产生的基本收入,如制造企业销售产品、半成品和提供工业性劳务作业的收入;商品流通企业的销售商品收入;旅游服务业的门票收入、客房收入、餐饮收入等。通常情况下,主营业务收入占据企业营业收入的较大比重,对企业效益有重要影响。

其他业务收入是指企业主营业务收入以外的日常活动中所形成的经济利益的流入,如销售材料物资及包装物、固定资产出租、包装物出租等。其他业务收入具有不经常发生、每笔业务金额一般较小、占收入的比重较低等特点。

收入的分类如图 1.4 所示。

收入 { 主营业务收入:销售商品、提供工业性劳务
其他业务收入:销售材料、技术转让、固定资产和包装物出租

图 1.4 收入的分类

(二)费用

1. 费用的定义

费用是指企业在日常活动中发生的、会导致所有者权益减少的、与向所有者分配利润无关的经济利益的总流出。费用与收入是相对应的概念,显然这里的费用也是一个狭义的概念,不包括损失。

费用具有以下基本特征:

(1)费用是日常活动中发生的。非日常活动导致的经济利益的流出,应计为损失,不是费用,如自然灾害损失、支付罚款开支等。

(2)费用可能表现为资产的减少或负债的增加,或者兼而有之。总之,会导致经济利益流出企业,但这种流出不包含向所有者分配的利润。

(3)费用最终会引起所有者权益的减少。企业购买机械设备或者用资产偿还债务,都会导致经济利益流出企业,但不会导致所有者权益的减少,不能当作费用核算。

2. 费用的确认条件

费用在确认时,除了满足费用的定义外,还要满足费用的确认条件:

(1) 与费用相关的经济利益很可能流出企业；
(2) 经济利益流出企业会导致资产的减少或者负债的增加；
(3) 经济利益的流出额能够可靠地进行计量。

3. 费用的分类

费用的分类与收入基本一致。按照我国《企业会计准则》对费用的定义，企业的全部费用包括营业成本和期间费用。

(1) 营业成本。营业成本包括主营业务成本和其他业务成本。

主营业务成本是指企业已经销售出去的产品的生产成本，即商品销售成本，是通过单位产品生产成本和已销产品的数量相乘得到的。而产品生产成本是企业为生产产品或提供劳务而发生的各项生产费用，包括各项直接支出和制造费用。直接支出包括直接材料（原材料、辅助材料、备品备件、燃料及动力等）、直接工资（生产人员的工资、补贴）、其他直接支出（如福利费）；制造费用是指企业内的分厂、车间为组织和管理生产所发生的各项费用，包括分厂、车间管理人员工资、折旧费、维修费、修理费及其他制造费用（办公费、差旅费、劳保费等）。

其他业务成本是企业除主营业务活动以外的其他经营活动所发生的成本，包括销售材料成本、出租固定资产折旧额、出租无形资产摊销额、出租包装物成本或摊销额等。

(2) 期间费用。期间费用是指企业本期发生的、不能直接或间接归入营业成本，而是直接计入当期损益的各项费用，包括销售费用、管理费用和财务费用等。

销售费用是指企业在销售产品、自制半成品和提供劳务等过程中发生的各项费用。管理费用是指企业行政管理部门为组织和管理生产经营活动而发生的各项费用。财务费用是指企业在生产经营过程中为筹集资金而发生的筹资费用。

以上各项成本费用的具体内容将在以后章节中详细介绍。

费用的分类如图 1.5 所示。

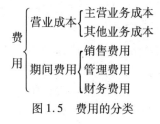

图 1.5　费用的分类

(三) 利润

1. 利润的定义

利润是指企业在一定会计期间内的经营成果，全部收入减去全部费用的结果就是利润（如果是负数就是亏损）。这里的全部收入和全部费用既包括营业收入和营业成本及期间费用，也包括计入当期利润的利得和损失等。因此，利润这个要素的内涵实际上是广义的。

2. 利润的确认条件

利润不是一个独立的会计要素，利润的计量依赖于全部收入抵减全部费用后的余额，因此，不能单独确认利润，收入、费用、利得、损失的确认条件即为利润的确认条件。

3. 利润的构成

利润有营业利润、利润总额和净利润三个层次。

(1)营业利润。营业利润是企业利润的主要来源,它又分为主营业务利润和其他业务利润。有关计算公式如下:

营业利润=营业收入-营业成本-营业税金及附加-销售费用-管理费用-财务费用-资产减值损失+公允价值变动收益(变动损失为负)+投资收益(投资损失为负)

其中:

营业收入=主营业务收入+其他业务收入

营业成本=主营业务成本+其他业务成本

(2)利润总额。也称税前利润,主要由营业利润和营外收支净额构成。计算公式如下:

利润总额=营业利润+营业外收入-营业外支出

(3)净利润。净利润也称税后利润,计算公式如下:

净利润=利润总额-所得税费用

以上各公式中涉及的其他概念将在本书后面章节详细阐述。

第五节 会计方法

一、会计的方法体系

会计的方法是用来反映和监督会计对象、完成会计任务的手段。研究和运用会计方法是为了实现会计的目标,更好地完成会计任务。

会计的方法是从会计实践中总结出来的,并随着社会实践的发展、科学技术的进步以及管理要求的提高而不断地发展和完善。会计方法是用来反映和监督会计对象的,由于会计对象多种多样,错综复杂,从而决定了反映、监督、检查、分析和预测会计对象的手段不是单一的,而是由一个方法体系构成的。随着会计职能的扩展和管理要求的提高,这个方法体系也将不断地发展和完善。会计的方法体系包括会计核算方法、会计分析方法和会计检查方法等。其中,会计核算方法是基础,会计分析方法是会计核算方法的继续和发展,会计检查方法是会计核算方法和会计分析方法的保证。本书主要阐述会计核算方法。

二、会计核算方法

会计核算方法是指会计对企事业、机关单位已经发生的经济活动进行连续、系统、全面地反映和监督所采用的方法。会计对象的多样性和复杂性,决定了用来对其进行反映和监督的会计核算方法的多样性。会计核算方法由设置会计科目与账户、复式记账、填制和审核会计凭证、登记账簿、成本计算、财产清查和编制会计报表等具体方法构成。

(一)设置会计科目与账户

进行会计核算之前,首先应将多种多样、错综复杂的会计对象的具体内容进行科学分类,而这些根据会计对象的具体内容和经济管理的要求,事先规定分类核算的项目或标志的专门方法就是设置会计科目。而账户是对会计对象的具体内容分门别类地进行记录、反映的工具。设置账户就是根据国家统一规定的会计科目和经济管理的要求,来科学地建立账户体系的过程。设置账户,通过分类反映和监督,才能提供管理所需要的各种指标。因此会计科目与账户,两者缺一不可,是会计在从事财务工作时,必须记录的两个项目。

(二)复式记账

复式记账就是对每笔经济业务,都以相等的金额在相互关联的两个或两个以上有关账户中进行登记的一种专门方法。复式记账有着明显的特点,即它对每项经济业务都必须以相等的金额,在相互关联的两个或两个以上账户中进行登记,使每项经济业务所涉及的两个或两个以上的账户之间产生对应关系;同时,在对应账户中所记录的金额又平行相等;通过账户的对应关系,可以了解经济业务的内容;通过账户的平行关系,可以检查有关经济业务的记录是否正确。复式记账可以相互联系地反映经济业务的全貌,也便于检查账簿记录是否正确。

(三)填制和审核会计凭证

填制和审核会计凭证是指为了审查经济业务是否合理合法,保证账簿记录正确、完整而采用的一种专门的方法。会计凭证是记录经济业务、明确经济责任的书面证明,是登记账簿的重要依据。经济业务是否发生、执行和完成,关键看是否取得或填制了会计凭证,取得或填制了会计凭证,就证明该项经济业务已经发生或完成。对已经完成的经济业务还要经过会计部门、会计人员的严格审核,在保证符合有关法律、制度、规定而又正确无误的情况下,才能据以登记账簿。填制和审核凭证可以为经济管理提供真实可靠的会计信息。

(四)登记账簿

登记账簿亦称记账,就是把所有的经济业务按其发生的顺序,分门别类地计入有关账簿。账簿是用来全面、连续、系统地记录各项经济业务的簿籍,也是保存会计信息的重要工具。它具有一定的结构、格式,应该根据审核无误的会计凭证序时、分类地进行登记。在账簿中应该开设相应的账户,把所有的经济业务计入账簿中的账户里后,还应定期计算和累计各项核算指标,并定期结账和对账,使账证之间、账账之间、账实之间保持一致。账簿所提供的各种信息,是编制会计报表的主要依据。

(五)成本计算

成本计算是指归集一定计算对象上的全部费用,借以确定各对象的总成本和单位成本的一种专门方法。它通常是指对工业产品进行的成本计算。例如,按制造企业供应、生产和销售三个过程分别归集经营所发生的费用,并分别与其采购、生产和销售材料、产品的品种、数量联系起来,计算它们的总成本和单位成本。通过成本计算,可以考核和监督企业经营过程中所发生的各项费用是否节约,以便采取措施,降低成本,提高经济效益。通过成本计算,还可以为确定生产补偿尺度,对正确计算和分配国民收入、确定价格政策等都具有重要作用。

(六)财产清查

财产清查就是通过盘点实物、核对账目等方式来查明各项财产物资和货币资金的实有数,并核对判断这些资产的实有数与账存数是否相符的一种专门方法。在日常会计核算过程中,为了保证会计信息真实正确,必须定期或不定期地对各项财产物资、货币资金和往来款项进行清查、盘点和核对。在清查中,如果发现账实不符,应查明原因,调整账簿记录,使账存数额同实存数额保持一致,做到账实相符。通过财产清查,还可以查明各项财产物资的保管和使用情况,以便采取措施挖掘物资潜力和加速资金周转。总之,财产清查对于保证会计核算资料的正确性和监督财产的安全与合理使用等都具有重要的作用。

(七)编制会计报表

会计报表是指企业对外提供的反映企业某一特定日期财务状况和某一会计期间经营成果、现金流量的文件。编制会计报表是对日常会计核算资料的总结,就是将账簿记录的内容定期地加以分类、整理和汇总,形成会计信息使用者所需要的各种指标,再报送给会计信息使用者,以便其据此进行决策。

会计核算的七种方法,虽各有特定的含义和作用,但并不是独立的,而是相互联系,相互依存,彼此制约的。它们构成了一个完整的会计核算方法体系。在会计核算中,应正确运用这些方法。一般在经济业务发生后,不论是采用手工处理方式,还是使用计算机数据处理系统,首先要按规定的手续填制和审核凭证,并按照所设置的账户,应用复式记账法在有关账簿中进行登记;一定期末还要对生产经营过程中发生的费用进行成本计算和财产清查,在账证、账账、账实相符的基础上,根据账簿记录编制会计报表。会计核算的这七种方法之间的联系如图1.6所示。

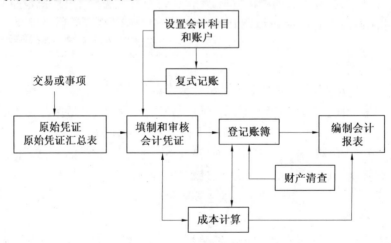

图1.6 会计核算七种方法及相互关系

第六节 会计核算的基本准则

我国企业会计准则体系中,包括基本准则和具体准则,具体准则的制定应当遵循基本准则。我国企业会计基本准则包括会计核算的基本前提、信息质量要求、会计要素和财务会计报告准则。会计要素内容已经在本章第四节中阐述，财务报告准则的主要内容将在本书第九章具体讲解。本节主要阐述会计核算的基本前提和会计信息的质量要求。

一、会计核算的基本前提

会计核算的基本前提也称会计核算的基本假设，是会计人员对会计核算所处的变化不定的环境做出的合理判断，是会计核算的前提条件。经济活动具有较大的不确定性，如企业的空间范围究竟有多大，能够经营多长时间等。会计核算必须设置一些假设，使不确定性能够确定，才能进行会计核算，这就是会计核算的基本前提。目前国内外会计界公认的会计核算有以下四个基本前提。

（一）会计主体

会计主体或称会计实体，是指会计工作为其服务的特定单位或组织。在会计主体假设下，企业应当对其产权范围内发生的交易或事项进行确认、计量、记录、报告，反映企业本身所从事的各项生产经营活动。在会计工作中，只有那些影响特定经济主体本身经济利益的各项交易或事项才能加以确认、计量、记录、报告，那些不影响特定经济主体本身经济利益的各项交易或事项不能加以确认、计量、记录、报告。只有明确会计主体，才能将会计主体的交易或事项与会计主体所有者的交易或事项及其他会计主体的交易或事项区别开。如果主体不明确，资产和负债就难以界定，收入和费用便无法衡量，也就无法进行各种会计核算。

会计主体与经济上的法人不是一个概念。作为一个法人，其经济上必然是独立的，因而法人一般应该是会计主体，但是构成会计主体的并不一定都是法人。会计主体的规模并无统一的标准，可大可小。它可以是一个独立核算的经济实体，一个独立的法人；也可以是不进行独立核算的、不属于法人的内部单位、分支机构等。再如从法律上看，独资及合伙企业所有的财产和债务，在法律上应视为所有者个人财产范围内的一部分，独资及合伙企业在业务上的种种行为仍被视为个人行为，企业的利益与行为和个人的利益与行为是一致的，独资与合伙企业因此而不具备法人资格。但是，独资及合伙企业都是经济实体、会计主体，在会计处理上应把特定经济主体的财务活动与所有者个人的财务活动截然分开。

将会计主体作为会计的基本假设，对会计核算范围从空间上进行了有效的界定，有利于正确地反映一个经济实体所拥有的财产及承担的债务，为计算其经营收益或可能遭受的损失，提供准确的财务信息。

（二）持续经营

如果说会计主体作为基本假设是一种空间界定，那么持续经营则是一种时间上的假定。将持续经营作为基本假设，是指企业在可以预见的将来，如果没有明显的证据证明企业不能经营下去，就认为企业将会按照当前的规模和状态继续经营下去，不会停业，也不会大规模削减业务。

我国 2014 年最新修订的《企业会计准则——基本准则》第一章第六条规定，企业会计确认、计量和报告应当以持续经营为前提。持续经营对于会计十分重要，它为正确确定财产计价、收益,以及为会计计量提供了理论依据。例如,只有在持续经营的前提下,企业的资产才能按历史成本计价,固定资产才可以按其使用年限计提折旧。如果企业不具备持续经营的前提条件,而是已经或即将停止营业、进行清算,则需要处理其全部资产,清理其全部债权债务。对一个企业来说,一旦持续经营这一假设不存在,一系列的会计准则和会计方法也会相应地丧失其存在的基础。所以,作为一个会计主体必须以持续经营作为假设。

市场经济条件下,任何企业都存在着清算的可能,因此,企业应定期对其持续经营基本假设做出分析和判断。如果判断企业已经不能持续经营,就应当改变会计核算的原则和方法。如果一个企业在不能持续经营时还坚持采用持续经营的会计核算方法,就不能客观地反映企业的财务状况、经营成果,从而对会计信息使用者产生误导。

(三)会计分期

会计分期这一假设是从持续经营基本假设引申出来的,是持续经营的客观要求。会计分期是指将一个企业持续经营的生产经营活动期间划分为若干连续的、长短相同的期间。

企业的经营活动从时间上来看是持续不断的,但会计为了确定损益和编制财务报表,定期为会计信息使用者提供信息,就必须将持续不断的经营过程划分成若干期间。由于会计分期,才产生了本期与非本期的区别,从而有了权责发生制和收付实现制的区别,才使不同会计主体有了记账的基准,进而出现了应收、应付、递延、预提、待摊等概念和会计处理方法。

会计期间的划分是一种人为的划分,会计期间一般按照日历时间划分,分为年、季、月。实际的经济活动周期可能与此期间不一致,有的经济活动可以横跨多个会计期间。但是,与企业有利益关系的单位或个人都需要在一个期间结束之后,随时掌握企业的财务状况、经营成果和现金流量,而不可能等待全部经营过程完结之后再考察企业的经营成果。所以,将划分会计期间作为会计的基本假设是由持续经营和及时提供会计信息的要求决定的。

会计期间划分的长短会影响损益的确定,一般来说,会计期间划分得越短,反映经济活动的会计信息质量就越不可靠。从一定意义上讲,将企业从成立到关闭的期间作为会计期间最真实、可靠,但是这是大多数投资者不可能同意的。因此,会计期间的划分不可能太长,否则会影响会计信息使用者对及时使用会计信息需要的满足程度。

在进行会计核算时,一般使用公历的一年作为计量尺度,可以从1月1日到12月31日,也可以从4月1日到次年3月31日或者从7月1日到次年6月30日。

我国会计法规规定,境内所有企业以日历年度作为企业的会计年度,即从每年公历的1月1日到12月31日。每一个会计年度都必须核算经济业务,编制会计报表,以便向董事会报告此期间的财务状况以及经营成果。

(四)货币计量

货币计量是指会计主体在进行会计确认、计量、记录、报告时以货币作为计量单位,反映会计主体的财务状况、经营成果和现金流量。会计计量是会计核算的关键环节,是会计记录和会计报告的前提,一个国家的货币则是会计计量的统一尺度。企业经济活动中凡是能够用这一尺度计量的,就可以进行会计反映;凡是不能用这一尺度计量的,则不必进行会计反映。

我国的会计核算还规定以人民币作为记账本位币,业务收支以外币为主的企业,也可以选定某种外币作为记账本位币,但编制的财务报表应当折算为人民币反映。境外企业向国内有关部门编制财务报表,应当折算为人民币反映。

需要说明的是,对经济活动进行货币计量的习惯做法是以历史成本属性进行计量。采用历史成本属性计量,就必须假定货币本身的价值稳定不变,或者变动的幅度不大,可以忽略不计。也就是说,货币计量实际上还包括另一个重要前提,即币值稳定。在币值稳定的前提下对财产物资采用历史成本属性进行计量是目前通行的一种做法。

二、会计信息质量要求

会计信息质量要求是对企业所提供的会计信息质量的基本要求,是会计信息对其使用者决策有用所应具备的基本特征。我国企业会计准则关于会计信息的质量要求共有八个方面:可靠性、相关性、可理解性、可比性、实质重于形式、重要性、谨慎性和及时性等。

(一)可靠性

可靠性,也被称为客观性、真实性和可验证性。主要要求企业会计核算应当以实际发生的交易或事项为依据进行会计确认、计量、报告,如实地反映符合会计确认和计量要求的会计要素及其他相关信息,保证会计信息真实可靠、内容完整。可靠性是会计信息最根本、最重要的质量要求。具体包括以下要求:

(1)真实性,即企业应当以实际发生的交易或事项为依据进行会计处理,不能以虚构的、没有发生的或尚未发生的交易或事项为依据进行会计处理。例如,采购员报销差旅费时,需要有各种交通住宿发票等差旅费单据,才能进行报销和会计处理,才能保证会计信息的可靠性。真实性是会计信息的生命,会计信息只有首先保证真实,才能值得信息使用者信赖,才能具有可靠性。

(2)准确性,即对于符合真实性的各种交易和事项,企业应当全面准确和完整地反映和监督,将符合会计要素定义及其确认条件的会计要素等,准确地反映在报表中,刻画出企业生产经营活动的真实面貌。企业应当在符合重要性和成本效益原则的前提下,保证会计信息的完整性,其中包括编制的报表和附注的完整性,不能随意减少应披露的信息。

(3)可验证性,即不同的人员通过检查相同的证据、数据和记录,能够得出相同的或相近的结论。这个原则并非要求每次都得出完全相同的结果,它允许在有限的范围内存在差异。

(4)中立性,即会计提供会计信息必须是中立的,也就是不带偏向的。不能通过选取和列报资料去影响决策和判断,以求达到预定的效果或结果。

(二)相关性

相关性,可以理解为有用性或者有效性。主要要求企业提供的会计信息应当与会计信息使用者的经济决策需要相关,有助于会计信息使用者对企业过去、现在或未来的情况做出评价或预测。

会计信息的价值在于对会计信息使用者的决策有用,有助于其提高决策的水平。相关的会计信息应当有助于使用者评价企业过去的决策，证实或修正过去有关的预测，具有反馈价值。相关的会计信息还应当具有预测价值，有助于会计信息使用者根据企业所提供的会计信息，预测企业未来的财务状况、经营成果和现金流量。

为了满足相关性的要求，企业应在会计处理中充分考虑使用者的决策模式和信息需要。如果所提供的信息对会计信息使用者的决策没有什么作用，不能满足会计信息使用者的需要，这些信息就不具有相关性。

在会计核算工作中坚持相关性原则，就是要求相关人员在收集、加工、处理和提供会计信息的过程中，充分考虑会计信息使用者的信息需求。相关性是以可靠性为基础的，会计信息在可靠性前提下，应尽可能做到相关性，以满足投资者等财务报告使用者的决策需要。

(三) 可理解性

可理解性也称为明晰性，主要要求企业提供的会计信息应当清晰明了，便于会计信息使用者理解和使用。

企业提供会计信息的目的在于使用，而要使会计信息使用者有效地使用会计信息，就必须能让其了解会计信息的内涵、内容，因此要求会计信息应当清晰明了，易于理解。如果会计信息的表达含糊不清，就容易产生歧义，从而降低会计信息的质量。对于复杂的会计信息，为便于理解应在报表附注中披露。根据可理解性原则的要求，会计记录应当清晰，账户对应关系应当明确，文字摘要应当清楚，数字金额应当准确，以便会计信息使用者能准确、完整地把握信息的内容，从而更好地加以利用。

如果企业的会计核算和编制的财务会计报告不能做到清晰明了、便于理解和使用，则不符合可理解性原则的要求，也就不能满足会计信息使用者的决策需求。

(四) 可比性

可比性要求企业提供的会计信息相互之间应当可以比较。具体包括以下内容：

(1)纵向可比，即同一企业不同时期可以比较。企业对于不同时期发生的相同或相似的交易或事项，应当采用一致的会计政策，不得随意变更。只有当变更会计政策后，能够提供更可靠、更相关的会计信息时，才可以按照规定程序变更。有关会计政策变更的情况，应当在附注中予以说明。纵向可比主要是为了便于使用者了解企业财务状况、经营成果的变化趋势，比较不同时期的会计信息，从而全面地评价过去、预测未来。

(2)横向可比，即不同企业相同会计期间可以比较。对于相同或相似的交易或事项，不同企业应当采用一致的会计政策，以使不同企业按照一致的会计处理方法提供相关会计信息。横向可比主要是为了便于使用者评价不同企业的财务状况、经营成果的水平及其变动情况，从而有助于使用者做出科学合理的决策，不同企业发生的相同或相似的交易或事项，应当采用规定的会计政策，确保会计信息口径一致，相互可比。

(五) 实质重于形式

实质重于形式要求企业应当按照交易或事项的经济实质进行会计处理，不应仅以交易或事项的法律形式为依据。实质是指交易或事项的经济实质，形式是指会计核算依据的法律形式。会计核算时应按照交易或事项的经济实质进行核算，而不能按照其法律形式进行核算，如果企业仅以交易或事项的法律形式进行会计处理，容易导致会计信息失真。例如,以融资租赁方式租入的资产,虽然从法律形式上看,承租企业并不拥有其所有权,但是由于租赁合同中规定的租赁期相当长,接近于该资产的使用寿命,租赁期结束时,承租企业有优先购买该资产的选择权;在租赁期内,承租企业有权支配资产并从中受益。因此,从其经济实质来看,企业能够控制其创造的未来经济利益,所以在会计核算上将以融资租赁方式租入的资产视为承租企业的资产。

在会计实务中,交易或事项的法律形式并不总能完全真实地反映其实质内容。所以,会计信息要反映其所应反映的交易或事项,必须根据交易或事项的实质和经济现实进行判断,并据此进行会计处理。

一般情况下,经济实质和法律形式是一致的。实质重于形式的典型运用有:融资租赁、售后回购、售后回租、关联关系确定、合并报表的编制等。

(六)重要性

重要性要求企业提供的会计信息应当反映与企业财务状况、经营成果和现金流量有关的所有重要交易或事项。

对于资产、负债、损益等有较大影响并能进而影响财务会计报告使用者据以做出合理判断的重要会计事项,必须按照规定的会计方法和程序进行处理,并在财务会计报告中予以充分、准确的披露;对于次要的会计事项,在不影响会计信息真实性和不至于误导财务会计报告使用者做出正确判断的前提下,可以适当合并做简化处理,以节省提供会计信息的成本。

重要性没有统一的标准,需要根据会计人员的职业判断确定。一般来说,应当从质和量两个方面进行综合分析。从性质方面来说,当某一事项有可能对决策产生一定影响时,就属于重要性项目;从数量方面来说,当某一项目的数量达到一定规模时,就可能对决策产生影响,也属于重要项目。

重要性原则是财务会计可靠性原则的一个限制性因素或修正性惯例。由于信息过滥或信息匮乏都可能会有碍于预测和决策,因此必须将重要性原则与可靠性原则结合起来。可靠的信息不一定都重要,但会计人员提供的重要信息应尽可能保证其可靠。

(七)谨慎性

谨慎性又称为稳健性,主要要求企业对交易或事项进行会计处理时应当保持应有的谨慎,不高估资产或者收益,不低估负债和费用。即所谓"宁可预计可能的损失,不可预计可能的收益"。

在经济活动面临许多风险和不确定性的情况下,企业会计核算应尽可能减少经营者的风险负担,不高估企业的资产或收益,对可能发生的负债或费用则要算足。但是,谨慎性的应用不允许企业故意低估资产或收益,故意高估负债或费用,否则将不符合会计信息的可靠性和相关性,损害会计信息的质量。

例如,企业应当定期或者至少在每年年度终了时,对可能发生的各项资产损失计提减值准备等,就充分体现了谨慎性原则对会计信息的修正。

谨慎性原则是企业会计核算中一项重要原则,运用广泛,可防止抬高资产和收益、压低负债和费用,并起到预警风险和化解风险的作用,但实际运用中存在利用谨慎性原则操纵利润的现象,因此谨慎性又是颇具争议的计量原则。

(八)及时性

及时性要求企业对于已经发生的交易或事项,应当及时进行会计处理,不得提前或延后。

由于会计分期的存在,企业如果不能及时提供会计信息,即使是可靠的、相关的会计信息,也可能会失去时效性,从而降低会计信息的相关性。为了保证提供的会计信息及时,企业应及时地收集、整理各种原始凭证,及时按照规定对发生的交易或事项进行会计处理,并在国家统一的会计制度规定的时限内,及时将编制出的财务会计报告传递给财务会计报告使用者。

习 题

1. 会计的定义与基本职能是什么?基本职能之间具有怎样的关系?
2. 什么是会计的对象和会计要素?
3. 六大会计要素的概念、特点和确认条件分别是什么?
4. 会计的核算方法有哪些?简述它们之间的关系。
5. 什么是会计核算的基本前提?其具体内容是什么?
6. 会计信息质量要求有哪些?

第二章　会计科目、会计账户与复式记账

【学习目标】
1. 理解会计恒等式的基本原理；
2. 掌握会计科目和账户的概念与关系；
3. 了解会计科目和账户设置的原则；
4. 理解账户的基本结构和分类；
5. 掌握借贷记账法的基本原理并能据此为简单业务编制会计分录。

第一节　资金平衡原理

如前所述，对会计核算和监督的内容进行具体分类的项目是会计要素。企业共有资产、负债、所有者权益、收入、费用和利润六大会计要素。企业的会计要素之间并不是各自孤立、单独存在的，它们之间存在着一定的数量上的联系。

一、资产、负债和所有者权益的关系

（一）会计恒等式

资产、负债和所有者权益反映企业的财务状况，任何一个企业要进行经济活动，都必须具备一定的物质条件，也就是能给企业带来经济利益的经济资源，即各种资产，如货币资金、材料、产品或商品、设备、房屋等。

企业所拥有的资产总是由某一投资者投入一定量的资本形成的。投资者以一定的方式对企业投资后，对企业的要求权是不一样的。有的投资者对企业投资后，仅要求企业按期偿还本金，并按照规定的利息率偿还利息。对于这类投资者，会计上将其称为债权人。债权人通常以借款、应收款的形式对企业进行投资。会计学中将债权人投资称为负债或者债权人权益。有的投资者对企业投资后，要求参与企业的经营管理，并按投资比例从经营成果中获取一定的报酬。对于这类投资者，会计上将其称为所有者（或者股东）。会计学中将所有者投资称为所有者权益（或者股东权益）。

如上所述，企业资金的占用形态形成了企业的资产，资产来源于债权人权益和所有者权益。因此，资产与权益必然相等，从一定日期这一相对静止状态来看，资产总额与负债及所有者权益总额的合计必然相等。

资产、负债和所有者权益之间的关系是：

$$资产 = 负债 + 所有者权益$$

或者

$$资产 = 债权人权益 + 所有者权益$$

或者

$$资产 = 权益$$

这个关系式是静态会计等式,是最基本的会计等式,也被称为会计恒等式。因为无论在什么情况下,发生什么经济业务,这个关系式都不会被破坏。会计恒等式也叫作会计核算的平衡公式,是会计核算的一个基本理论问题,反映了会计基本要素之间的数量关系和企业产权的归属关系,它是设置会计科目、复式记账和编制会计报表等会计核算方法的理论依据。

(二)经济业务的发生对会计恒等式的影响

会计恒等式反映了企业在特定日期静态的财务状况,在企业生产经营过程中,不断发生各种经济业务,这些经济业务在会计核算中称为会计事项,这些经济业务尽管是多种多样的,但归纳起来不外乎是四种类型,但不论哪一种类型经济业务的发生都不会破坏资产与权益的平衡关系。

第一,经济业务发生引起资产项目之间此增彼减,增减金额相等。如用银行存款2 000元购买原材料,这项业务发生以后,只会引起资产内部两个项目之间以相等的金额,一增一减的变动,那么这一增一减只表明资产占用形态的变化,而不会引起资产总额的变动,更不会涉及负债和所有者权益这两个项目。因此,资产与权益的总额仍然保持平衡的关系。

第二,经济业务的发生引起负债和所有者权益项目之间此增彼减、增减数额相等。如向银行借入短期借款1 000元,直接偿还应付账款,短期借款和应付账款都是负债项目,那么这项业务的发生只会引起两个负债项目之间的、以相等的金额一增一减的变动。这一增一减只表明资金来源渠道的转化,就是从应付账款转化为短期借款,既不会引起负债和所有者权益总额发生变动,也没有涉及资产项目,因此资产与负债、所有者权益的总额仍然保持平衡关系。

第三,经济业务的发生引起资产项目和负债、所有者权益项目同时增加,双方增加的金额相等。如接受其他单位投资新设备一台,价值26 000元,这项业务的发生一方面是企业固定资产增加了26 000元,另一方面,使企业的实收资本即所有者权益的项目增加26 000元,资产项目和权益项目以相等的金额同时增加,双方的总额虽然发生了变动,但是仍然保持平衡关系。

第四,经济业务的发生引起资产项目和负债、所有者权益项目同时减少,双方减少金额相等。如用银行存款8 000元偿还长期借款,那么这项业务的发生使一个资产项目"银行存款"和一个负债项目"长期借款"同时减少8 000元,从而使双方总额发生变动但是仍然保持平衡,虽然对会计要素产生了影响但是没有破坏"资产=负债+所有者权益"的平衡关系。

将上述四种业务的类型中的权益具体划分为负债、所有者权益,那么还可以表现为以下九种情况。

(1)资产要素的一增一减。例如,从银行提取现金,库存现金资产增加,银行存款资产减少,资产要素一增一减,金额相等,会计恒等式不变。

(2)负债要素的一增一减。例如,企业开出银行承兑汇票抵付前欠应付账款,属于应付票据负债增加,应付账款负债减少,负债要素一增一减,金额相等,会计恒等式不变。

(3)所有者权益要素的一增一减。例如,以资本公积转增资本,企业实收资本增加,资本公积减少,所有者权益要素一增一减,金额相等,会计恒等式不变。

(4)资产、负债要素同时增加。例如,企业从银行取得短期借款存入银行,银行存款资产增加的同时,短期借款负债增加了,资产负债同时增加,金额相等,会计恒等式左右金额同时增加,恒等式左右仍然相等。

(5)资产、负债要素同时减少。与上例相反,企业以银行存款归还到期短期借款,就会使银行存款与短期借款同时减少,恒等式左右同时减少相同金额,恒等式仍然相等。

(6)资产、所有者权益要素同时增加。例如,企业收到投资者投入的货币资金存入银行,会使银行存款增加,同时企业的实收资本增加。恒等式左右两端同时增加相等金额,恒等式仍然成立。

(7)资产、所有者权益要素同时减少。例如,企业经批准减资,用企业的银行存款归还投资者,导致企业银行存款和实收资本同时减少。恒等式左右两端同时减少相等金额,恒等式仍然成立。

(8)负债要素增加,所有者权益要素减少。例如,企业宣告分配现金股利,这项业务会使企业作为所有者权益的未分配利润减少,同时形成了对股东的一项负债,即应付股利增加。这项业务使恒等式右端两项权益内部一增一减,恒等式左右金额不变。

(9)负债要素减少,所有者权益要素增加。例如,企业债务重组时将负债转作资本,这项业务会使企业原有的负债,如应付账款减少,同时增加了企业的投入资本,即实收资本增加。这同样使恒等式右端两项权益内部一增一减,恒等式左右金额不变。

由此可见,尽管经济业务种类繁多,千变万化,但无论发生什么经济业务,都不影响资产与负债、所有者权益的平衡关系。资产、负债和所有者权益之间的平衡关系是编制资产负债表的基础。

二、收入、费用和利润的关系

企业通过所有者和债权人的投资获得各种形式的资产,其目的是通过经济活动获取利润,也就是通过为满足社会需求提供商品或劳务来达到营利的目的。在市场经济条件下企业提供商品或劳务的目的必然是获得一定量的经济利益流入。会计上将能够用货币表现的、由于进行经营活动产生的经济利益流入称为收入。企业为取得一定数量的收入,必然要付出相应的代价,如为销售商品发生的销售人员工资,设备、房屋的损耗,材料的耗费。也就是说,要获得一定量的经济利益流入,总是要有相应的经济利益流出或耗费。会计上将能够用货币表现的经济利益流出或耗费称为费用。费用是为取得收入所付出的代价,是需要从收入中得到补偿的耗费。不论是经济利益流入还是经济利益流出,都必须能够用货币计量。

会计从产生开始,就具备了记录、计量所得及耗费,评价得失的功能。所得和耗费分别为收入和费用,收入与费用相比较的结果就是经济活动的财务成果,收入超出费用的余额,会计上称为利润;反之,称为亏损。如果实现利润,所有者将要求分享利润,即利润分配。其分配的形式主要是提取盈余公积、向投资者分配利润、未分配利润。其中,盈余公积和未分配利润作为投资者投资的增值留在企业,故称为留存收益。如果出现亏损,所有者应按照投资比例承担亏损造成的损失,并采用一定的方式进行弥补,以保证经济活动在原有的规模上进行,即亏损弥补。由于收入和费用都能够用货币计量,因此由此计量的利润及利润分配、亏损及亏损弥补也能够以货币表现。

收入、费用和利润反映企业的经营成果,它们之间的关系是:

$$收入 - 费用 = 利润$$

收入、费用和利润之间的上述关系是编制利润表的基础。

三、资产、负债和所有者权益变动的对应平衡关系

由于收入-费用=利润,利润属于所有者权益,因此,会计要素之间的联系为:

$$资产 = 负债 + 所有者权益(不含利润) + 收入 - 费用$$

或者

$$资产 + 费用 = 负债 + 所有者权益 + 收入$$

或者

$$资产 = 负债 + 所有者权益 + 利润$$

在会计期初既无收入也无费用,会计等式为资产=负债+所有者权益,随着生产经营活动的进行,在会计期间内企业一方面取得了各种收入,另一方面也必然会发生与取得收入相关的各种费用支出,在取得收入和发生费用的同时会引起以下会计要素发生变动:取得收入,并因此而增加资产或减少负债;发生费用,并因此而减少资产或增加负债。其取得的收入扣除发生的费用而形成的利润一般在结算之前要分别反映。因此,会计等式就转化为资产+费用=负债+所有者权益+收入,就是资产=负债+所有者权益+收入-费用,到会计期末企业的收入扣除费用所形成的利润要进行分配,除了向投资者分配的利润退出企业外,提取的公积金和未分配利润要归入所有者权益,这时会计等式又恢复为期初的会计等式,即资产=负债+所有者权益。

综上所述,任何经济业务的发生都不会破坏会计等式的平衡关系,由于这个平衡原理提示了会计要素之间的这种规律性的联系,因而它是设置会计科目、复式记账和编制会计报表的理论依据。反过来讲,按照这个平衡原理建立的各种会计方法,能清楚地反映资产与负债、所有者权益各个要素之间的规律性联系,可以为经济管理提供各种会计信息。

第二节 会计科目

一、设置会计科目的意义

(一)会计科目的概念

在企业进行生产经营活动的过程中,会计要素的具体内容必定会发生数量、金额的增

减变动。例如,用银行存款购进原材料,原材料的增加导致银行存款的减少,使得资产要素的具体构成发生变化;再如用银行存款偿还前欠应付账款,应付账款的减少与银行存款的减少同时发生,使得资产与负债两要素数量同时减少等。由于企业的经济活动纷繁复杂,所引起的各个会计要素内部构成以及各个会计要素之间的增减变化也错综复杂,并表现为不同的形式。有些业务可能多次、简单地重复,有些业务则是偶然发生;有些业务可能引起会计恒等式两边同时发生变化,有些业务则只是在某一项会计要素内部构成中引起增减变动。为了对会计对象的具体内容进行会计核算和监督,就需要根据其各自不同的特点,分门别类地确定项目。会计要素反映的经济内容有很大的不同,在经营管理中当然也会有不同的要求,在会计核算中除了要按照各会计要素的不同特点,还应该根据经济管理的要求进行分类别、分项目核算。

会计科目是对会计要素的具体内容进行分类核算的标志或项目。将会计对象分类为不同会计要素,包括资产、负债、所有者权益、收入、费用、利润等,对这些会计要素再进行分类则为会计科目。

(二)设置会计科目的意义

1. 设置会计科目能分门别类地反映和监督各项会计要素的增减变动情况

在会计核算系统不断地收集、输入、加工、转换、输出会计信息的过程中,一个非常重要的问题就是信息分类。会计科目是对会计对象具体内容即会计要素进一步分类核算的项目。设置会计科目就是通过会计制度预先规定这些项目的名称,并限定其核算的内容范围。例如:为了反映和监督各项资产的增减变动,设置了库存现金、原材料、长期投资、固定资产等科目。为了反映和监督负债和所有者权益的增减变动,设置了短期借款、应付账款、长期借款和实收资本、资本公积、盈余公积等科目。为反映和监督收入、费用和利润的增减变动,设置了主营业务收入、生产成本、本年利润和利润分配等科目。设置会计科目,可以对纷繁复杂、性质不同的经济业务进行科学的分类,可以将复杂的经济信息变成有规律的、易识别的经济信息,并为将其转换为会计信息准备条件。

2. 设置会计科目是设置账户的依据

在设置会计科目时需要将会计对象中具体内容相同的归为一类,设立一个会计科目。各单位在会计核算过程中,必须根据规定的科目在账簿中开设账户,在账户下进行连续、系统、全面的记录。会计科目是账户的名称,是账户设置的依据,也是正确组织会计核算的前提。

3. 设置会计科目是正确组织会计核算的重要条件

通过设置会计科目,对会计要素的具体内容进行科学的分类,可以为会计信息使用者提供科学、详细的分类指标体系,在会计核算的各种方法中,会计科目是编制记账凭证、成本计算、财产清查和编制会计报表的基础。它决定着账户开设和报表结构设计,是一种基本的会计核算方法。

二、设置会计科目的原则

会计科目作为信息分类的项目或标志,必须根据一定的原则来设置。分类是管理的一种形式,分类的正确与否决定着会计信息的科学性、系统性,从而决定管理的科学性。

设置会计科目时,应该遵循以下几项原则。

(一)必须结合会计对象的特点

结合会计对象的特点,就是根据不同单位经济业务的特点,本着全面核算其经济业务的全过程及结果的目的来确定应该设置哪些会计科目。这里所说的要结合会计对象的特点,是指要先考虑不同的行业特点,并在此基础上考虑各自企业的特点。例如,制造企业是制造产品的行业,根据其业务特点,制造企业的会计科目首先应该反映产品的生产过程,在此前提下再根据企业生产产品的特点及规模大小决定各个会计科目的具体设置。所以,在成本费用核算方面,制造企业需要设置"生产成本""制造费用"等会计科目。

(二)必须符合经济管理的要求

设置会计科目要符合经济管理的要求:一是要符合国家宏观经济管理的要求,据此划分经济业务的类别,设定分类的标志;二是要符合企业自身经济管理的要求,根据企业的经营预测、决策及管理所需会计信息设置分类的项目;三是要符合包括投资者在内的各有关方面对企业生产经营情况的要求。例如,为了反映企业实收资本的情况,可以设置"实收资本"科目来反映企业实收资本金数额;为了反映企业的债务情况,可以设置"短期借款"和"长期借款"科目来反映企业的债务结构及债务款项。

(三)要将统一性与灵活性结合起来

统一性,就是在设置会计科目时,要根据《企业会计准则应用指南》的要求对一些主要会计科目进行统一的设置,对于核算指标的计算标准、口径都要统一。灵活性,就是在能够提供统一核算指标的前提下,各个单位根据自己的具体情况及投资者的要求,设置或者增补会计科目。贯彻统一性与灵活性相结合的原则设置会计科目,实际上就是保证会计信息的有用性,即决策相关性。在具体工作时要防止两种倾向:一是要防止会计科目过于简单化,过于简单就不能满足经济管理的要求;二是要防止会计科目过于烦琐,如果核算资料超过要求,就会不合理地加大会计核算的工作量。

(四)力求简明扼要,字义相符

会计科目作为分类核算的标志,要求简单明确、字义相符,这样才能避免误解和混乱。每一科目,原则上反映一项内容,各科目之间不能互相混淆。企业可以根据本企业具体情况,在不违背会计科目使用原则的基础上,确定适合于本企业的会计科目名称。尽可能简洁明确地规定科目名称,按照中文习惯,能够顾名思义,不至于产生误解;要尽量避免使用晦涩难懂的文字,便于大多数人正确理解。

(五)要保持相对稳定性

为了便于在不同时期分析比较会计核算指标,并在一定范围内汇总核算指标,应保持会计科目相对稳定,不能经常变动会计科目的名称、内容、数量,使核算指标保持可比性。

三、会计科目的分类

会计科目可以按照不同的分类标准进行分类。

(一)按照反映的经济内容分类

会计科目按其反映的经济内容可以分为以下五类。

(1)资产类。包括库存现金、银行存款、交易性金融资产、应收账款、应收票据、预付账款、其他应收款、在途物资、原材料、库存商品、长期股权投资、固定资产、累计折旧、无形资产、长期待摊费用、待处理财产损溢等。

（2）负债类。包括短期借款、应付票据、应付账款、预收账款、其他应付款、应付职工薪酬、应交税费、应付股利、长期借款等。

（3）所有者权益类。包括实收资本、资本公积、盈余公积、本年利润、利润分配。

（4）成本类。包括生产成本和制造费用两个科目。

（5）损益类。既包括收入类科目也包括费用类科目，其中，收入类有主营业务收入、其他业务收入、投资收益、营业外收入等；费用类有主营业务成本、其他业务成本、营业税金及附加、销售费用、管理费用、财务费用、营业外支出、所得税费用等。之所以把这两类科目合并为损益类科目，是因为这两类账户的结构相似，核算的内容都与损益的计算相关。

（二）按照体现会计信息的详细程度分类

一般情况下会计科目按照体现会计信息的详细程度可以分为以下两类。

1. 总分类科目

这是对会计对象不同经济内容所做的总括分类。例如固定资产科目，它反映企业全部固定资产增减变动和结存的情况。类似的科目还有原材料、实收资本、应付账款等。

2. 明细分类科目

这是对总分类科目所含内容所做的进一步分类，它是反映核算指标详细、具体情况的科目。如应付账款总分类科目下，可以按具体单位分设明细科目，具体反映应付哪个单位的货款。为了适应管理工作的需要，在有的总分类科目下设的明细科目太多时，可在总分类科目与明细分类科目之间增设二级科目。

按照我国现行会计制度规定，总分类科目一般由财政部统一制定，部分科目的二级科目在会计准则中也有规定。而明细分类科目，除了会计制度规定设置的外，各单位可以根据实际需要自行设置。需要指出的是，也不是所有的总账科目都要设置明细科目，有的总分类科目就不需要设置明细分类科目。如库存现金、银行存款等。

表2.1为我国最新《企业会计准则》规定的工商企业常用的一级会计科目表。

表2.1 我国工商企业常用一级会计科目表

一、资产类	二、负债类
库存现金	短期借款
银行存款	交易性金融负债
其他货币资金	应付票据
交易性金融资产	应付账款
应收票据	预收账款
应收账款	应付职工薪酬
预付账款	应交税费
应收股利	应付利息
应收利息	应付股利
其他应收款	其他应付款

续表 2.1

坏账准备	长期借款
材料采购	应付债券
在途物资	长期应付款
原材料	预计负债
材料成本差异	**三、所有者权益类**
库存商品	实收资本(或股本)
发出商品	资本公积
商品进销差价	盈余公积
委托加工物资	本年利润
周转材料	利润分配
存货跌价准备	**四、成本类**
持有至到期投资	生产成本
持有至到期投资减值准备	制造费用
可供出售金融资产	劳务成本
长期股权投资	研发支出
长期股权投资减值准备	**五、损益类**
长期应收款	主营业务收入
固定资产	其他业务收入
累计折旧	公允价值变动损益
固定资产减值准备	投资收益
在建工程	营业外收入
工程物资	主营业务成本
在建工程减值准备	其他业务成本
固定资产清理	营业税金及附加
无形资产	销售费用
累计摊销	管理费用
无形资产减值准备	财务费用
商誉	资产减值损失
长期待摊费用	营业外支出
待处理财产损溢	所得税费用

第三节 会计账户

一、账户的概念及其与会计科目的关系

如前所述,为了记录经济业务,提供会计信息,需要对会计对象按照一定的标志划分为若干个项目,我们称这些项目为会计要素。这是对会计对象的第一次分类,也是最基本的分类。为了分门别类地核算并向信息使用者提供所需的详细会计信息,就需要在会计要素的基础上进行再分类,这些对会计要素进行详细分类的项目就是会计科目。然而会

计科目仅仅是对会计要素进行了细化,还无法提供信息使用者对于会计要素增减变化的具体信息,这就需要在科目的基础上设置账户。

所谓账户,俗称"户头",是对会计要素的增减变动及其结果进行分类记录、反映的工具。账户是会计信息的"储存器",设置账户是会计核算的一种专门方法。利用账户,可以分类地、连续地记录经济业务增减变动情况,再通过整理和汇总等方法,反映会计要素的增减变动及其结果,从而提供各种有用的信息。

会计账户和会计科目是两个既有区别又相互联系的概念。联系是:账户是根据会计科目设置的。会计科目就是账户的名称,设置会计科目和开设账户的目的都是分类提供会计信息,两者所反映的经济内容是一致的。区别是:会计科目仅是分类核算的项目,而账户既有名称又有具体结构;会计科目是进行分类核算的依据,而账户则是记录经济业务的载体。简言之,会计科目无结构,账户有结构。在实际工作中,会计科目和账户往往作为同义词来理解,互相通用,不加区别。

二、账户的基本结构

设置账户的目的主要是反映会计要素的增减变化及其余额,账户的全部结构中用来登记增加额、减少额和余额的那部分结构,就是账户的基本结构。

会计主体每天有各种会计事项不断发生,会计要素的具体内容也必然随之发生变化,而且这种变化不管多么错综复杂,从数量上看不外乎增加和减少两种情况。所以用来积累企业在某一会计期间内各种有关数据的账户,在结构上就应分为两方,即左方和右方。一方登记增加数,另一方则登记减少数。至于哪一方登记增加,哪一方登记减少,则由所采用的记账方法和所记录的经济内容决定。不会因企业实际所使用的账户具体格式不同而发生变化。

一个完整的账户结构应包括:
(1)账户名称,即会计科目;
(2)会计事项发生的日期;
(3)摘要,即经济业务的简要说明;
(4)凭证号数,即表明账户记录的依据;
(5)金额,即增加额、减少额和余额。

表2.2 为会计实务中常见的三栏式的账户结构。

表 2.2 总分类账

科目名称:

年		凭证号	摘要	借方金额	贷方金额	借或贷	余额
月	日						

为了说明问题和便于学习,会计教学中,我们通常用一条水平线和一条将水平线平分的垂直线来表示账户,称为丁字账账户(亦称 T 字形账户)。丁字账账户结构如表 2.3 所示。

表 2.3　丁字账账户结构

左方(借方)	账户名称(会计科目)	右方(贷方)

每个账户一般有四个金额要素,即期初余额、本期增加发生额、本期减少发生额和期末余额。账户如有期初余额,首先应当在记录增加额的那一方登记,会计事项发生后,要将增减内容记录在相应的栏内。一定期间记录到账户增加方的数额合计,称为增加发生额;记录到账户减少方的数额合计,称为减少发生额。正常情况下,账户四个数额之间的关系如下:

账户期末余额=账户期初余额+本期增加发生额-本期减少发生额

账户本期的期末余额转入下期,即为下期的期初余额。每个账户的本期发生额反映的是该类经济内容在本期内变动的情况,而期末余额则反映变动的结果。

三、账户的分类

账户以会计科目作为它的名称并具有一定的格式,因而账户的分类与会计科目的分类相关,账户也通常按照其反映的经济内容和体现会计信息的详细程度分类。

(一)账户按照其反映的经济内容分类

同会计科目分类一样,账户按照其反映的经济内容通常分为以下五类。

1. 资产类账户

资产类账户,是用来反映和监督各种资产(包括各种财产、债权和其他权利)增减变动和结果的账户。例如,"库存现金""银行存款""应收账款""在途物资""原材料""库存商品""固定资产""无形资产""长期股权投资"等账户均为典型的资产类账户。

2. 负债类账户

负债类账户,是用来反映和监督各种负债的增减变动和结果的账户。例如,"短期借款""应付账款""应付职工薪酬""应交税费""应付股利""长期借款""应付债券"等账户为典型的负债类账户。

3. 所有者权益类账户

所有者权益类账户,是用来反映和监督所有者权益增减变动和结果的账户。例如,"实收资本"(或"股本")"资本公积""盈余公积""本年利润""利润分配"等账户为典型的所有者权益类账户。

4. 成本类账户

成本类账户,是用来反映和监督企业存货在取得或形成的过程中,其成本归集和计算过程的账户。例如,"生产成本""制造费用"。

5. 损益类账户

损益类账户,是用来反映和监督企业生产经营过程中取得的各种收入和所发生的各种耗费的账户。包括收入类账户和费用类账户。例如,"主营业务收入""其他业务收入""投资收益"等账户为典型的收入类账户;"主营业务成本""营业税金及附加""管理费用""财务费用""销售费用""资产减值损失"等账户为典型的费用类账户。

(二)账户按其体现会计信息的详细程度分类

账户按其体现会计信息的详细程度分类就是根据总分类科目开设总分类账户,根据明细科目开设明细账户。

1. 总分类账户

总分类账户是指对会计要素的具体内容进行总括分类的账户。总分类账户是根据总分类科目开设的账户,又称"总账账户"或"一级账户"或者"统御账户"。总分类账户所提供的是综合资料,如"原材料"总分类账户提供的是企业全部材料的增减变化及结存情况。由于总分类账户提供的是总括核算指标,因而一般只用货币计量。

2. 明细分类账户

明细分类账户是指用来提供某一总分类账户所属较为详细经济信息的账户,用来对会计要素的具体内容进行明细分类核算的账户,简称明细账。明细账户提供的是明细分类核算指标,因而除了用货币量度外,有的还用实物量度,进行辅助的计量。

四、总分类账和明细分类账的关系及两者的平行登记

(一)总分类账和明细分类账的关系

总分类账户与明细分类账户两者之间是密切相关的,总分类账户对所属明细分类账户起着控制和统御作用,是明细分类账户的综合化;明细分类账户对其应属的总分类账户起详细的补充说明作用,是总分类账户的具体化。两者结合,构成了完整的账户应用体系。

(二)总分类账和明细分类账的平行登记

平行登记是指对发生的每一笔经济业务,都要根据相同的会计凭证,一方面计入总分类账户的同时,另一方面计入总分类账户所属的明细分类账户的一种记账方法。

平行登记的要点可归纳如下:

(1)依据相同。对发生的经济业务,都要以相关的会计凭证为依据,既登记有关总分类账户,又登记其所属明细分类账户。

(2)方向相同。将经济业务计入总分类账户和明细分类账户,记账方向必须相同。即总分类账户计入借方,明细分类账户也应计入借方;总分类账户计入贷方,明细分类账户也应计入贷方。

(3)期间相同。对每项经济业务在计入总分类账户和明细分类账户的过程中,可以有先有后,但必须在同一会计期间(如同一个月)全部登记入账。

(4)金额相等。计入总分类账户的金额,必须与计入其所属明细分类账户的金额之和相等。

通过平行登记,总分类账户与明细分类账户之间在登记金额上就形成了如下关系:

总分类账户期初余额=所属各明细分类账户期初余额之和
总分类账户借方发生额=所属各明细分类账户借方发生额之和
总分类账户贷方发生额=所属各明细分类账户贷方发生额之和
总分类账户期末余额=所属各明细分类账户期末余额之和

第四节 复式记账原理

在按一定的原则设置了会计科目,并按会计科目开设了账户之后,就需要采用一定的记账方法将会计要素的增减变动登记在账户中。

一、记账方法概述

在整个会计核算体系中记账方法处于非常重要的地位。所谓记账方法,是指按照一定的规则,使用一定的符号,在账户中登记各项经济业务的技术方法。会计上的记账方法,最初是单式记账法,随着社会经济的发展和人们的实践与总结,单式记账法逐步改进,从而演变为复式记账法。

(一)单式记账法

单式记账法是对发生经济业务之后所产生会计要素的增减变动一般只在一个账户中进行记录的方法,属于一种不完整的比较简单的记账方法。

例如,用现金购买材料,仅在现金账上记录一笔现金的减少,或者只记录材料发生了增加。也有同时在现金账与实物账之间进行记录的,但两个账户分别进行记录,不反映它们之间的联系。

显然,单式记账法具有朴素的自然形成的特点,优点是记账手续比较简单。但由于它只记录经济业务发生时的一个重要方面,其账户的设置是不完整的,各个账户之间又互不联系,因此无法全面反映各项经济业务的来龙去脉,也不能正确核算成本和盈亏,更不便于检查账户记录的正确性、真实性。所以,这种记账方法只适用于经济业务非常简单的单位。

单式记账法有几千年的历史,在15世纪前后随着复式记账法的完善而逐步退出,目前只有极少数小型企业使用单式记账法。

(二)复式记账法

所谓复式记账法,是指对任何一项经济业务,都必须用相等的金额在两个或两个以上的有关账户中相互联系地进行登记,借以反映会计对象具体内容增减变化。

例如,企业以现金支付办公费用。采用复式记账法,这项经济业务除了要在有关的现金账户中做减少的登记外,还要在有关费用账户中做增加的记录。这样登记的结果表明,企业现金的付出与费用的发生两者之间是相互联系的。又如,企业购入材料一批,货已收到,款尚未支付。采用复式记账法,这项经济业务除了要在负债账户中做增加应付款的登记外,还要在有关的资产账户中做增加材料的记录。这样登记的结果,就使得债务的发生同材料的购进两者之间的关系对应起来。

复式记账法有两个特点:

(1)由于对每一项经济业务都要在相互联系的两个或两个以上的账户中做记录,根据账户记录的结果,不仅可以了解每一项经济业务的来龙去脉,而且可以通过会计要素的增减变动全面、系统地了解经济活动的过程和结果;

(2)由于复式记账法要求以相等的金额在两个或两个以上的账户同时记账,因此可以对账户记录的结果进行试算平衡,以检查账户记录的正确性。

因此,复式记账法作为一种科学的记账方法一直被广泛运用。目前,国内外的企业和行政事业单位所采用的记账方法,一般都属于复式记账法。

复式记账法是与单式记账法相对应的一个大的概念种类,它包括几种具体的方法,有借贷记账法、增减记账法、收付记账法等。其中,借贷记账法是世界各国普遍采用的一种记账方法,也是在我国应用最广泛的一种记账方法。我国的记账方法曾经在很长一段时间内不统一,除了使用借贷记账法,还允许增减记账法、收付记账法同时存在,导致会计工作十分混乱。改革开放以后,人们认识到必须统一记账方法。从20世纪90年代开始,财政部颁布的有关会计方面的法规明文规定,中国境内的所有企业、行政事业单位都应该采用借贷记账法记账。采用借贷记账法在相关账户中记录各项经济业务,可以清晰地表明经济业务的来龙去脉,同时便于进行试算平衡和检查账户记录的正确性。

二、借贷记账法

(一)借贷记账法及其由来

借贷记账法是以会计方程式为理论基础,以"借""贷"为记账符号,以"有借必有贷,借贷必相等"为记账规则反映各项会计要素增减变动情况的一种复式记账方法。

借贷记账法起源于13世纪初的意大利北部城邦佛罗伦萨,当时佛罗伦萨商业比较发达,银钱借贷十分频繁,钱庄业主为了记清楚账目,把整个账簿分为应收账款和应付账款,并为每一个债权人和债务人开设一个账户。他们把吸收的存款,记在债权人即贷主的名下,表示欠人即债务;对于付出的放款,记在债务人即借主的名下,表示人欠,即债权。这时的"借、贷"二字表示债权、债务关系的变化。"借"和"贷"站在同一主体的角度表示两个方向相反的资金流向。因此这种经营银钱的商人即钱庄主就称为高利贷主。钱庄主的这种对自身借贷业务给予记录并逐渐形成体系和专业化的方法就是借贷记账法的雏形。不过那时的记账方法基本还是单式记账,复式记账还处于萌芽阶段,账户也只是叙述式的。

后来这种记账方法传到了热那亚,热那亚人对该方法进行了改进,将每个账户都分为左和右对照式,分别用借方和贷方表示。在应收账款和商品及现金账户下,账户借方登记别人欠我的,贷方登记别人还我的,借方减去贷方后的差额表示还有多少未收回的款项;在应付账款科目下,贷方登记我欠别人的,借方登记我还别人的,贷方减去借方后的差额表示还有多少未归还的款项,并在保留债权、债务的基础上又加入了商品和现金账户,并且采用复式记账:凡购买商品和收回现金都记于账户的借方,卖出商品或支付现金都记于账户的贷方。

之后该方法又传到意大利名城威尼斯,威尼斯商人在此基础上进行了进一步的改进,又加入了收入、费用等损益账户和资本(权益)账户,出售商品不再直接减少商品账户,而是先要计入收入账户的贷方,待月末再贷记商品账户,一笔汇总出库转入商品成本账户;收入要从借方定期转入利润的贷方,费用支出也不再直接减少利润,而要先计入费用的借方,月末也要从贷方一笔转入利润的借方,收入和成本、费用,具有归集或汇总及过渡性质,被称为暂记性账户,最终结果都要转入利润账户,利润的贷方减去利润的借方就是经营所得。利润账户也具有汇总和过渡性质,最终要归属于资本(权益)账户。资本账户是用来登记投资者权益的,其主要功能就是用来反映资本的增值。增加了收入、成本、费用和资本账户,复式记账法就完善起来,从而适应了商人的需要,当时称为意大利式借贷记账法,也称威尼斯记账法。

1494年意大利数学家卢卡·帕乔利在他的《算术、几何与比例概要》一书中详细、全面、系统地介绍了威尼斯记账法,并从理论上给予了必要的阐述,使它的优点及方法开始逐渐被欧洲各商业组织接受,成为近代会计的重要里程碑。借贷记账法即因为他所提出的"借""贷"符号而得名,也成为复式记账法的代称。

借贷记账方式与此前各民族独立发展出的单式记账法相比,是一次重大飞跃,对任何一笔经济业务,都必须用相等金额分别在借方和贷方录入两个或两个以上有关账户。

其恒等式为:

$$\text{Asset}(资产) = \text{Liability}(负债) + \text{Equity}(权益)$$

等式的左边为 Debit(借方),右边为 Credit(贷方)。它可以近似地简化理解为,左边的资产是"欠"的(资产的占用),右边是"欠谁的"(资产的来源)。这里的"借"和"贷",更大程度上是记账符号,无论是汉语还是英语,都不能直接用字面意思去理解。

18世纪,借贷记账法传到了英国,琼斯首创英式记账法,增加了分录簿,上面载有摘要、会计科目、借方金额和贷方金额几个栏次,即在借方和贷方两个方面对经济业务进行对照登记,并简明扼要地说明经济业务,从此该方法正式命名为复式簿记,相当于今天的记账凭证,是会计记账的依据。之后人们所说的复式簿记,就是指借贷记账法。

中国会计技术经两千余年发展,之后出现过"四柱式""三脚账""四脚账""龙门账"等记账方式。虽然有人认为民间的"龙门账"已有了原始复式记账法的意味,但龙门账只是把所有账目划分为"进、缴、存、该"四大类别,从未曾演进出会计科目的概念。

中国的现代银行是与借贷记账法一同出现的,以1908年成立的大清银行为发端,此后东南沿海民间资本创建的新型银行都采用了借贷记账法。但西式会计技术并未触动当时已开设全国分支机构的传统票号。借贷记账法多在西方列强在中国开办的工厂和被西方列强控制的部门使用。

1949年新中国成立以后,中国的会计系统起初照搬苏联经验,使用了苏联人发明的收付记账法。后来又创立了增减记账法等。此时借贷记账法也得到了一定的应用。然而"文化大革命"期间,借贷记账法被彻底批判为资产阶级记账法,强调不同会计技术有其阶级性。

"文化大革命"结束后,随着国门的逐渐打开,中国在记账法上开始向国际靠拢,逐渐恢复借贷记账法,并与国际接轨。

(二)借贷记账法的理论要点

1. 记账符号:以"借""贷"作为记账符号

如前所述,"借、贷"两字的含义,最初是从借贷资本家(钱庄主)的角度来解释的,即用来表示债权、应收款和债务、应付款的增减变动。这时候"借、贷"两字表示债权、债务的变化。随着社会经济的发展,经济活动的内容日益复杂,记录的经济业务已不再局限于货币资金的借贷业务,而逐渐扩展到财产物资、经营损益等。为了求得账户记录的统一,对非货币资金借贷业务,也以"借、贷"两字记录其增减变动情况。这样"借、贷"两字就逐渐失去原来的含义,而转化为纯粹的记账符号。因此,现在讲的"借、贷"已失去原来的字面含义,只作为记账符号使用,用以标明记账的方向。

2. 理论基础:会计恒等式是借贷记账法的理论基础

借贷记账法的对象是会计要素的增减变动过程及其结果。这个过程及结果可用如下会计等式表示:

$$资产 = 负债 + 所有者权益$$
$$收入 - 费用 = 利润$$
$$资产 = 负债 + 所有者权益 + (收入 - 费用)$$
$$资产 + 费用 = 负债 + 所有者权益 + 收入$$

上述会计等式主要揭示了会计主体内各会计要素之间的数字平衡关系和各要素增减变化的相互联系。资产、负债和所有者权益分列于等式的两边,左边是资产,右边是负债和所有者权益,形成对立统一的关系。

会计等式要求每一次记账的借方、贷方金额是平衡的;一定时期账户的借方、贷方的金额是平衡的;所有账户的借方、贷方余额的合计数是平衡的;在一个账户中记录的同时必然要有另一个或两个以上账户的记录与之相对应。从一个账户来看是相反方向记账,借方记录增加额,贷方一定记录减少额;反之,贷方记录增加额,借方一定记录减少额。从等式两边的不同类账户来看,资产类账户是借方记录增加额,贷方记录减少额;与之相反,负债和所有者权益类账户是贷方记录增加额,借方记录减少额。

会计等式对记账方法的要求决定了借贷记账法的账户结构、记账规则、试算平衡的基本理论,因此说会计恒等式是借贷记账法的理论基础。

3. 账户结构

在借贷记账法下,账户的基本结构是:左方为借方,右方为贷方,但哪一方登记增加,哪一方登记减少,则要根据账户反映的经济内容来决定。

(1)资产、成本、费用类账户。这一类账户,它的增加记借方,减少记贷方。期末余额在借方,表示资产或者成本的实有数。由于费用类账户中当期增加的费用,一般会在期末从贷方转出,因此费用类账户期末一般无余额。

资产、成本类账户期末余额的计算公式为:

资产、成本的期末余额 = 期初借方余额 + 本期借方发生额 − 本期贷方发生额

实际上就是期初的借方余额 + 本期增加额 − 本期减少额 = 期末余额。表 2.4 表示

资产、成本、费用类账户的丁字账账户结构。

表 2.4 资产、成本、费用类账户的丁字账账户结构

借方		资产、成本、费用类账户	贷方
资产、成本期初余额	×××		
资产、成本、费用增加额	×××	资产、成本、费用减少或转出额	×××
	×××		×××
	……		……
本期发生额合计	×××	本期发生额合计	×××
资产、成本期末余额	×××		

(2) 负债、所有者权益、收入类账户。这类账户的结构是：本期增加记在贷方，减少记在借方，余额在贷方表示负债、所有者权益。由于收入类账户中当期增加的收入，一般会在期末从借方转出，因此收入类账户期末一般无余额。

负债、所有者权益类账户的期末余额计算公式为：

负债、所有者权益的期末余额=期初贷方余额+本期贷方发生额-本期借方发生额

表 2.5 表示负债、所有者权益、收入类账户的丁字账账户结构。

表 2.5 负债、所有者权益、收入类账户的丁字账账户结构

借方		负债、所有者权益、收入类账户	贷方
负债、所有者权益、收入的减少或者转出额		负债、所有者权益期初余额	×××
		负债、所有者权益、收入的增加额	×××
	×××		×××
	……		……
本期发生额合计	×××	本期发生额合计	×××
		负债、所有者权益期末余额	×××

综上所述，在借贷记账法下，账户的结构首先分为左右两方，左方为借方，右方为贷方。借方登记资产的增加、成本费用的增加、负债所有者权益的减少、收入利润的减少；贷方登记资产的减少、成本费用的减少、负债所有权益的增加、收入利润的增加。余额如果在借方就是资产，如果在贷方就是负债、所有者权益，这就是借贷记账法账户的基本结构。这些账户的结构模式可以归纳为表 2.6。

表 2.6 账户结构汇总表

账户类型	借方	贷方	余额方向
资产类账户	增加	减少	借方
负债类账户	减少	增加	贷方
所有者权益类账户	减少	增加	贷方
成本类账户	增加	减少	借方
收入类账户	减少	增加	一般无余额
费用类账户	增加	减少	一般无余额

4.记账规则:以"有借必有贷,借贷必相等"为借贷记账法的记账规则

记账规则,是指运用记账方法记录经济业务时所应遵守的规则。记账规则是记账的依据,也是核对账目的依据。借贷记账法的记账规则是:根据复式记账原理和借贷记账法账户结构的特点,对每一项经济业务都以相等的金额,以借贷相反的方向在两个或两个以上相互关联的账户中进行登记。因此,借贷记账法的记账规则可以概括为"有借必有贷,借贷必相等"。

运用借贷记账法的记账规则登记经济业务的基本步骤为:

首先,根据业务内容,分析经济业务事项登记的账户,并判断账户涉及的会计要素。一项经济业务发生后,首先要分析该项经济业务应该登记哪些账户,并判断这些账户涉及的会计要素是资产类账户、负债类账户、所有者权益类账户,还是收入类账户、成本类或者费用类账户。

其次,确定这些要素是增加还是减少,其变化方向及其金额。在第一步的基础上,确定经济业务登记账户的金额是多少,是增加了还是减少了。

最后,确定应计入哪个(或哪些)账户的借方,哪个(或哪些)账户的贷方。根据账户结构,确定账户及其增减情况,进一步确定应该计入该账户的借方还是贷方。

【例2.1】佳庆公司从银行取得金额为30 000元的一笔短期借款,存入银行。

此项业务的发生,使得佳庆公司的一项负债"短期借款"增加了,同时增加了公司的一项资产"银行存款"。属于资产和负债同增的业务,资产增加记在借方,负债增加记在贷方,金额相等。

【例2.2】佳庆公司从银行提取现金5 000元备用。

此项业务的发生,使得公司一项资产"库存现金"增加,另一项资产"银行存款"减少。属于资产内部此增彼减的业务,资产的增加记在借方,资产的减少记在贷方,金额相等。

【例2.3】佳庆公司用银行存款偿还到期的应付款项,金额为8 000元。

此项业务的发生,使得公司一项资产"银行存款"减少,另一项负债"应付账款"也减少了。属于资产和负债同时减少的业务,资产减少记在贷方,负债减少记在借方,金额相等。

【例2.4】佳庆公司宣布向股东分配现金股利10万元。

分配股利属于公司税后利润分配的一项内容,会使公司所有者权益减少,因此,此项业务的发生,会使佳庆公司一项所有者权益"利润分配"减少,同时宣布分配现金股利后,又形成了对股东的负债,增加了一项负债"应付股利"。属于权益内部此增彼减的业务,所有者权益减少记在借方,负债的增加记在贷方,金额相等。

大家可以对照借贷记账法的记账结构和记账规则,将本章第一节九种情况经济业务一一进行对照分析。可以看出无论经济业务涉及什么样的会计要素增减变化,都会涉及两个或两个以上账户的变化,并且记账的方向一定是有借有贷,且借贷总金额相等。

5.会计分录或记账公式

(1)账户对应关系和对应账户。

运用借贷记账法记账时,在有关账户之间都会形成"应借应贷"的相互关系。这种关系就叫作账户的对应关系。发生对应关系的账户就叫作对应账户。

例如，用银行存款购买原材料，那么在银行存款和原材料两个账户之间就会形成这种对应关系。为了保证账户对应关系的正确性，登账前应该先根据经济业务所涉及账户及其借贷方向和金额，编制会计分录，据以登账。

(2)会计分录。

会计分录简称分录，又称记账公式，就是标明某项经济业务的应借应贷账户及其金额的记录。会计分录又分简单会计分录和复合会计分录。

简单会计分录是指一个账户的借方只同另一个账户贷方发生对应关系的会计分录，即"一借一贷"的会计分录。

复合会计分录是指一个账户的借方同几个账户贷方发生对应关系，或者相反，一个账户的贷方同几个账户的借方发生对应关系的会计分录，即"一借多贷"或者"多借一贷"的会计分录。还有一种是几个账户的借方同几个账户的贷方发生对应关系的会计分录，也就是"多借多贷"的会计分录。因此，复合会计分录既包括"一借多贷"和"多借一贷"，也包括"多借多贷"的会计分录。

会计分录的本质是确认所记录经济业务中的对应关系和对应账户。在实际工作中，会计分录是通过编制记账凭证来完成的。在学习和考试中，我们往往通过会计分录代替记账凭证。

(3)编制会计分录的步骤。

①一项业务发生后，首先分析这项业务涉及的会计要素，是资产、成本、费用还是负债、所有者权益、收入；金额是增加还是减少。

②根据第一步分析，结合账户结构和会计科目表，确定应该计入哪个账户的借方和哪个账户的贷方。

③按照规范写出会计分录，并检查分录中应借应贷账户是否正确，借贷方金额是否相等，有无错误。

【例2.5】佳庆公司用银行存款10万元归还长期借款。

按上述步骤分析，这一项业务涉及的是资产和负债的同时减少，资产减少记贷方，负债减少记借方。反映银行存款和长期借款增减变动的账户是"银行存款"和"长期借款"。编制如下会计分录：

借：长期借款　　　　　　　　　　　　　　　　　　　　　　　　100 000
　　贷：银行存款　　　　　　　　　　　　　　　　　　　　　　　100 000

【例2.6】佳庆公司生产产品领用原材料5 000元，车间一般消耗领用原材料500元。如果用简单的会计分录则应该做两笔分录：

生产产品领用原材料：

借：生产成本　　　　　　　　　　　　　　　　　　　　　　　　　5 000
　　贷：原材料　　　　　　　　　　　　　　　　　　　　　　　　　5 000

车间领用原材料：

借：制造费用　　　　　　　　　　　　　　　　　　　　　　　　　　500
　　贷：原材料　　　　　　　　　　　　　　　　　　　　　　　　　　500

这是两笔简单的分录。上述分录也可以编成一个复合分录：

借:生产成本	5 000
制造费用	500
贷:原材料	5 500

(4) 编写会计分录要求。

通过上面的例子,我们初步了解了会计分录的构成,那么编写规范的会计分录有哪些要求呢?这些要求归纳如下:

①会计分录一定是既有借方又有贷方,且每一方按照顺序都由三个要素构成:记账符号、账户名称(会计科目)、记账金额,账户名称和记账金额之间要有一定空格;

②先写借方的内容,再写贷方的内容;

③借方和贷方内容要错开写,贷方内容要比借方内容向后错开一定距离;

④每个账户只能占一行,经济业务涉及几个账户,就占几行,不要把涉及的账户都放在同一行;

⑤对于复合分录,多个借方账户或者多个贷方账户只需要在第一个账户前标明记账符号即可,同一记账方向的账户名称和相应金额对齐,表示记账方向相同;

⑥记账金额如果以人民币"元"为单位,可以只写金额,"元"字可以省略不写;反过来,如果教材或练习中给出的分录,只有金额没有标明计量单位,我们一般也都默认计量单位为"元"。如果涉及金额较大,在以"万元"或者"亿元"为单位记录比较方便的情况下,若所有分录的计量单位都相同,则可以在编写分录前统一标明分录的计量单位为"万元"或"亿元"等,在编写每个分录时则可以省略计量单位;但是如果有的分录适宜以"元"为计量单位,有的分录则适合采用"万元"为单位等,计量单位不能统一,则需要在每个分录的记账金额后标出计量单位。

6. 登记账户或者过账

登记账户,又称过账。在会计实际工作中,编制好记账凭证后,需要进一步根据这些凭证将相关信息登记到有关序时或者分类账簿中去,这个过程称为过账。过账的具体内容和要求将在本书后面章节详细阐述。在教学中,我们则是根据编制好的会计分录登记到丁字账账户中去。

登记丁字账账户时,首先要注明业务的顺序号,然后再列出金额。

【例 2.7】根据下面会计分录登记相应账户。

| 借:原材料 | 1 000 |
| 　贷:银行存款 | 1 000 |

根据上面分录的内容,首先开设原材料和银行存款的丁字账账户,登记期初余额(假设本例中原材料和银行存款的期初余额为已知的),然后分别登记原材料账户的顺序号和借方金额,登记银行存款账户的顺序号和贷方金额,这样登记就可以表明经济业务的来龙去脉。

本例以例题的编号为业务的顺序号。登记结果如表 2.7 所示。

表 2.7 过账表

借方	原材料		贷方
期初余额	6 000		
(7)	1 000		

借方	银行存款		贷方
期初余额	150 000		
		(7)	1 000

通过上面两个丁字账账户的登记,就把【例 2.7】的业务登记到相应账户记录中了。

账户登完后,期末要进行结账,即结出账户的本期发生额和期末余额。本期全部业务登记完成以后,在最后一笔业务下面画一条线,首先结算本期借贷方发生额合计。在计算本期发生额的时候要注意,不要把期初余额加进来。然后在本期发生额合计下面再画一条线,结算它的期末余额。期末余额等于期初余额加上本期增加方发生额减去本期减少方发生额。本例中涉及两个账户都是资产类账户,因此两个账户的期末余额都等于期初的借方余额加上本期借方发生额合计减去本期贷方发生额合计。

假设佳庆公司本月就发生了上面【例 2.1】至【例 2.7】的业务,那么发生每一项业务都需要编制会计分录(同学们可以自己尝试将前面【例 2.1】至【例 2.4】的会计分录补上),然后根据分录,按照前面所述办法,开设相应账户,登记期初余额,并把上面所有业务的顺序号和金额登记到有关账户中,并在月末进行结账。下面仍以原材料和银行存款两个账户为例,将前面相关业务都登记到这两个账户中,并结账,最后的结果见表 2.8。

表 2.8 结账表

借方	原材料		贷方
期初余额	6 000		
(7)	1 000	(6)	5 500
本期发生额	1 000	本期发生额	5 500
期末余额	1 500		

借方	银行存款		贷方
期初余额	150 000	(2)	5 000
		(3)	8 000
(1)	30 000	(5)	100 000
		(7)	1 000
本期发生额	30 000	本期发生额	114 000
期末余额	66 000		

所有账户期末结账后,就可以根据账户的记录进行试算平衡了。

7. 试算平衡

试算平衡是根据会计等式的平衡原理,按照记账规则的要求,检查账户记录的正确性的一种方法。试算平衡包括发生额试算平衡和余额试算平衡两项内容。

(1)试算平衡的原理。

发生额平衡原理:借贷记账法的记账规则。因为每一笔经济业务的会计分录都是有借有贷,借贷相等,因此所有账户的本期借方发生额合计与本期贷方发生额合计必定相等。

余额平衡原理:会计恒等式。账户的借方期末余额表示资产总计,而期末贷方余额则表示权益总计,按照会计恒等式,所有账户的期末借方余额合计与期末贷方余额合计也必定相等。

根据上述原理,可以检查账簿记录是否正确。这个过程通常是采用编制总分类账发生额及余额试算平衡表进行的。试算平衡表的格式如表2.9所示。

表2.9　总分类账发生额及余额试算平衡表

年　月　日　　　　　　　　　　　　　　　　　　　　　　　　　单位:元

会计科目	期初余额		本期发生额		期末余额	
	借方	贷方	借方	贷方	借方	贷方
合　计						

(2)试算平衡表的填列。

①把涉及的会计科目按资产负债表和利润表的科目顺序填入试算平衡表中"会计科目"一列。②把各账户的期初余额按照账户的借方或者贷方数分别填入表中"期初余额"一列的相应位置。③按照各账户本期发生(比如本月发生、本年发生等)的数据,将每个账户的借方、贷方发生的合计数填入试算平衡表中"本期发生额"一列的相应位置。④将各账户结账后计算出的期末余额,填到试算平衡表中"期末余额"一列的借方或者贷方中。一般资产类、成本类为借方余额,负债类、所有者权益类为贷方余额。⑤将试算平衡表最后一行合计栏中相应各栏数据计算出来,核对本期发生额借方和贷方、期末余额的借方和贷方是否相等,以检查账户记录的正确性。

需要指出的是,经过试算的本期发生额和期末余额相应借贷双方数额如果不等,说明记账肯定有错误。但是如果试算结果相等,也不能保证记账完全正确,因为有些错误并不影响这种平衡关系。

那么哪些错误通过试算平衡不能发现呢？具有对应关系的两个账户,借方和贷方都多记、少记或者漏记了相同的金额,应借应贷项目写错,借贷方向弄反或者错用了账户,或者一笔业务多记,另一笔业务少记,金额正好相互抵消等,这些错误都无法通过试算平衡发现。

习　题

1. 会计等式有哪几个？
2. 经济业务包括哪几种类型？
3. 什么是账户？账户和会计科目有什么联系和区别？
4. 账户的基本构成要素是怎样的？
5. 简述借贷记账法的基本原理。

第三章 制造企业的生产经营业务核算

【学习目标】

1. 了解制造企业的主要经济业务流程及特点,熟悉其筹资渠道、供应、生产及销售过程、财务成果形成及分配等业务的主要核算内容;

2. 掌握制造企业经营过程核算的主要账户,并能运用这些账户对生产经营过程进行正确的账务处理。

第一节 制造企业主要的生产经营活动

企业是指依法设立的以营利为目的、从事商品的生产经营和服务等活动的独立核算的经济组织。这个组织主要是通过对各种资源的组合和处理,向其他单位或个人提供所需的产品或服务。企业要将最原始的投入转变为顾客所需要的商品或服务,不仅需要自然资源、人力资源,而且还需要资本。

制造企业作为一种重要的企业组织类型,不仅要将原始的材料转换为满足顾客需求的商品,而且要在市场经济的竞争中不断谋求发展,对其所拥有的资本、财产实现保值增值。这就决定并要求企业的管理将是复杂且要不断完善的。对过去的交易、事项的结果和未来经营的可能效果进行分析、评价,是管理的重要职能,企业会计作为一个为其内、外部利益相关者提供信息的职能部门,通过对企业经营过程进行核算,必定有助于企业管理的完善。

制造企业的一般经济活动包括:资金筹集、供应、生产、销售、财务成果形成及分配等业务,通常经历货币资金→储备资金→生产资金→成品资金→货币资金的循环过程。会计核算运用借贷记账法,记载整个资金的循环过程。

首先,企业要从各种渠道筹集生产经营所需要的资金,其筹集的渠道主要包括接受投资者的投资和向债权人借入各种款项。完成资金的筹集就意味着资金投入企业,制造企业的生产经营活动从筹集资金开始,主要围绕着供应、生产、销售三个阶段进行。

企业筹集到的资金最初一般表现为货币资金形态,也就是说,货币资金形态是资金运动的起点。企业筹集到的资金首先进入到供应过程。在供应阶段,为了保证生产的需要,以货币资金购买原材料等劳动对象形成储备资金,购买机器设备等劳动资料形成固定资金,为生产产品做好物资上的准备,使企业的货币资金转化为储备资金形态和固定资金形态。因劳动资料大多属于固定资产,一旦完成购买即可供企业长期使用,所以供应过程的主要核算内容就是购买原材料业务,包括支付材料价款和税款、发生采购费用、计算采购成本、材料验收入库并结转成本等。

生产过程是制造企业生产经营过程的中心环节。在生产过程中,生产工人借助于劳动资料对劳动对象进行加工,制造出适销对路、满足顾客需求的产品。生产过程既是产品的制造过程,又是物化劳动和活劳动的消耗过程。物化劳动消耗主要反映了劳动资料和劳动对象的耗费,即厂房、机器设备等劳动手段在参加生产过程中所发生的折旧费用和各种材料的材料成本;活劳动消耗主要指劳动力的消费,即支付给生产工人及其他职工的工资和福利等人工费用。生产过程中发生的这些生产费用总和构成产品的生产成本。在生产过程中,物质的形态是先形成为产品,又逐渐转化为产成品;资金形态随着实物的变化,逐渐由储备资金、固定资金转化为生产资金,继而转化为成品资金。

销售过程是产品价值的实现过程,也是制造企业生产经营过程的最后阶段。在销售过程中,企业通过销售产品,并按照销售价格与购买方办理各种款项的结算,收回货款,从而使得成品资金又转化为货币资金,回到了资金运动的起点,完成了一次资金的循环。同时,销售过程中产生的各种包装费、广告费等销售费用,需要计算并及时缴纳的各种销售税金,结转销售成本,这些均属于销售过程的核算内容。

对于制造企业来说,除了生产和销售等主营业务之外,还要发生一些诸如销售材料、出租固定资产等附营业务,以及进行对外投资以获得收益的投资业务。主营业务、其他业务及投资业务共同构成了企业的经营业务,此外企业还会发生非经营业务,从而发生营业外收入或者产生营业外支出。企业在生产经营过程中所获得的各项收入遵循配比的要求抵偿各项成本、费用之后的差额,形成企业的所得,即利润。企业所实现的利润,扣除所得税费用之后,即税后利润,要按照国家规定的程序在各有关方进行合理分配,如果发生亏损,要按照规定程序进行弥补。这样通过利润分配,一部分资金退出企业,一部分资金以公积金等形式继续参加企业的资金周转。

综上可以看出,制造企业在经营过程中发生的主要经济业务内容为:(1)资金筹集业务;(2)供应过程业务;(3)生产过程业务;(4)销售过程业务;(5)财务成果形成与分配业务。其中,供应、生产和销售三个过程构成了制造企业的主要经济业务。为了全面、连续、系统地反映和监督由上述企业各项业务所组成的生产经营活动过程和结果,也就是企业再生产过程中的资金运动,企业必须根据各项经济业务的具体内容和管理要求,相应地设置不同的账户,并运用借贷记账法,对各项经济业务的发生进行账务处理,以提供管理上所需要的各种会计信息。

第二节 资金筹集业务核算

一、资金筹集业务概述

筹资业务是企业经营的起点,也是企业生产经营的必要前提。筹资业务是企业根据其生产经营活动对资金的需要,通过一定的渠道,采取适当的方式,获取所需资金的一种经济活动。制造企业的资金包括向投资者筹集的资金和向银行及其他金融机构等债权人借入的资金。两者的区别主要在于,对于借入资金,企业具有按时偿还本息的义务;而对于投入资金,投资者不能随意抽回资金,投资者对于企业享有一定经营管理权,并依法享有红利分享权,但是其对企业资产的要求权要滞后于借入资金。

二、投资者投入资本的核算

企业向投资者筹集资金,就是接受投资者货币资金、实物资产、无形资产等的出资。在会计核算中,企业向投资者筹集资金,就会形成实收资本、资本公积,从而要求对引起投入资本发生的交易或事项进行账务处理。

实收资本是指企业实际收到的投资者投入的资本,它是企业所有者权益中的主要部分。企业的资本按照投资主体的不同,分为国家投入资本、法人投入资本、个人投入资本和外商投入资本等。按照投入资本的不同物质形态,分为货币投资、实物投资、证券投资和无形资产投资等。

(一)主要账户的设置

1."实收资本(股本)"账户

该账户是所有者权益类账户,用来核算企业(非股份制或者股份制)投资者投入企业的各种资产的价值。本账户贷方登记的是投资者作为资本投入的货币资金、实物资产、无形资产等,以及资本公积、盈余公积转增资本的金额,借方登记的是按法定程序报经批准减少的注册资本金额,期末余额在贷方,表示实收资本或股本总额。一般情况下,除企业将资本公积、盈余公积转增资本外,"实收资本"金额不能随意变动。明细账可以按投资者设置。

"实收资本"账户丁字账结构如表 3.1 所示。

表 3.1 实收资本账户结构

借方	实收资本	贷方
	期初余额:期初实收资本实有额	
实收资本减少额	实收资本增加额	
	期末余额:期末实收资本实有额	

2."资本公积"账户

该账户是所有者权益类账户,用来核算企业所有者投入的资金超过其在注册资本中所占份额的部分。该账户贷方登记资本公积增加的金额,借方登记资本公积减少的金额,期末余额在贷方,反映企业资本公积的实际结存金额。本账户应分别按"资本溢价(或股本溢价)""其他资本公积"等设置明细分类账,进行明细分类核算。

"资本公积"账户丁字账结构如表 3.2 所示。

表 3.2 资本公积账户结构

借方	资本公积	贷方
	期初余额:期初资本公积实有额	
资本公积减少额	资本公积增加额	
	期末余额:期末资本公积实有额	

3."银行存款"账户

该账户是资产类账户,用来核算企业存入银行或者其他金融机构的各种款项,包括人民币存款和外汇存款。企业的外埠存款、银行本票存款、银行汇票存款、信用卡存款、信用证保证金存款、存出投资款等,通过"其他货币资金"账户核算,不计入本账户。本账户借方登记银行存款增加金额,贷方登记银行存款减少金额,期末余额在借方,表示企业存在银行或其他金融机构的各种款项的结存余额。本账户明细核算通过设置银行存款日记账来进行。在有外币存款的企业,应分别按照人民币和各种外币设置"银行存款日记账"进行明细分类核算。

"银行存款"账户丁字账结构如表3.3所示。

表3.3 银行存款账户结构

借方	银行存款	贷方
期初余额:期初银行存款余额		
存入款的金额		提取或支付款的金额
期末余额:银行存款的结存额		

4."无形资产"账户

该账户是资产类账户,用来核算企业所持有的无形资产的增减变动及结余情况,包括专利权、非专利技术、商标权等。本账户借方登记企业购入、自行开发等取得的无形资产增加金额,贷方登记无形资产减少金额,期末余额在借方,表示实有的无形资产的金额。本账户应按照无形资产的项目设置明细分类账,进行明细分类核算。

"无形资产"账户丁字账结构如表3.4所示。

表3.4 无形资产账户结构

借方	无形资产	贷方
期初余额:期初无形资产金额		
无形资产的增加金额		无形资产的减少金额
期末余额:无形资产实存金额		

5."固定资产"账户

该账户是资产类账户,用来核算企业拥有或控制的固定资产原价的增减变动及其结余情况。该账户借方登记固定资产原价的增加,贷方登记固定资产原价的减少。期末余额在借方,表示固定资产原价的结余额。该账户应按照固定资产的种类设置明细账户,进行明细核算。

"固定资产"账户丁字账结构如表3.5所示。

表3.5 固定资产账户结构

借方	固定资产	贷方
期初余额:期初固定资产原值		
固定资产原值的增加		固定资产原值的减少
期末余额:期末固定资产原值		

(二)投入资本的核算举例

【例3.1】2015年12月3日华泰公司接受某单位投入的货币资金300 000元,已存入银行存款账户中,投入的固定资产经评估确认价值为 500 000 元。

【分析】这项经济业务涉及"实收资本""银行存款"和"固定资产"三个账户,投入资产的增加应分别计入"银行存款"和"固定资产"账户的借方,形成的权益应计入"实收资本"账户的贷方。对这项经济业务应做如下会计分录:

借:银行存款　　　　　　　　　　　　　　　　　　　　　　　　300 000
　　固定资产　　　　　　　　　　　　　　　　　　　　　　　　500 000
　　贷:实收资本　　　　　　　　　　　　　　　　　　　　　　　800 000

【例3.2】2015 年 12 月 5 日华泰公司接受外商投资一项专利权,经评估确认价值为 230 000 元。

【分析】这项经济业务涉及"无形资产"和"实收资本"两个账户,无形资产增加应计入"无形资产"账户的借方,形成的权益应计入"实收资本"的贷方。对这项经济业务应做如下会计分录:

借:无形资产　　　　　　　　　　　　　　　　　　　　　　　　230 000
　　贷:实收资本　　　　　　　　　　　　　　　　　　　　　　　230 000

【例3.3】2015 年 12 月 6 日华泰公司接受蓝天公司投资一项固定资产,价值为 300 000 元,双方确定投入资本占财产价值的60%,其余部分做资本公积处理。

【分析】这项经济业务涉及"固定资产""实收资本"和"资本公积"三个账户,接受固定资产应计入"固定资产"账户的借方,形成的权益应计入"实收资本"和"资本公积"账户的贷方。对这项经济业务应作如下会计分录:

借:固定资产　　　　　　　　　　　　　　　　　　　　　　　　300 000
　　贷:实收资本　　　　　　　　　　　　　　　　　　　　　　　180 000
　　　　资本公积——资本溢价　　　　　　　　　　　　　　　　　120 000

三、借入资本的核算

企业向债权人借入资金,就是企业以各种方式向债权人举借债务。在会计核算中,企业向债权人筹集资金,就会形成企业的各种负债,从而要求对引起各种负债形成的交易或事项进行账务处理。

为了满足生产经营活动需要的资金,企业向银行或者其他金融机构等借入的偿还期限在一年以下的各种借款为短期借款;向银行等金融机构借入的偿还期在一年以上的各种款项,为长期借款。企业借入的各种款项必须按照规定的用途使用,按期支付利息并按期归还本金。短期借款属于企业的流动负债,短期借款的核算包括取得借款、支付借款利息和归还借款三项主要内容。长期借款的核算要复杂一些,"长期借款"账户不但核算借款的本金,还包括借款的利息数,在初级会计阶段,借入资本的核算主要以掌握短期借款的核算为主。

(一)主要账户的设置

进行短期借款本金和利息的核算,需要设置"短期借款""财务费用"和"应付利息"三个主要的账户。

1. "短期借款"账户

该账户是负债类账户,企业取得短期借款本金时,表明短期债务增加,应计入"短期借款"账户的贷方;企业归还短期借款本金时,表明短期债务减少,应计入"短期借款"账户的借方,期末余额在贷方,表示尚未归还的短期借款本金数。本账户应按债权人设置明细账,或按借款种类进行明细分类核算。

"短期借款"账户丁字账结构如表3.6所示。

表3.6 短期借款账户结构

借方	短期借款	贷方
	期初余额:期初短期借款本金结余额	
短期借款本金的减少(偿还)	短期借款本金的增加(取得)	
	期末余额:期末短期借款本金结余额	

短期借款必须按期归还本金并按时支付利息,短期借款的利息属于企业为筹集资金而发生的一项耗费,在会计核算中,应将其作为期间费用,即财务费用加以确认。如果银行对企业的短期借款按月计收利息,或者借款到期收回本金时一并计收利息且利息数额不大时,企业可以在收到银行的计息通知或在实际支付利息时,直接将其计入当期损益(财务费用)。如果银行对企业的短期借款按季度或者半年等较长期间计收利息,或者借款到期收回本金时一并计收利息且利息数额较大时,为了正确地计算各期损益额,保持各个期间损益额的均衡性,企业通常按照权责发生制的要求,采取预提的方法按月计提借款利息,计入预提期间损益(财务费用),待季度或者半年等结息期终了或到期支付利息时,再冲销应付利息这项负债。

2. "财务费用"账户

该账户是损益类账户,用来核算企业为筹集生产经营所需资金等而发生的各种筹资费用,包括利息支出(减利息收入)、佣金、汇兑损失(减汇兑收益)以及相关手续费、企业发生的现金折扣或收到的现金折扣等。借方登记发生的财务费用,贷方登记发生的应冲减财务费用的利息收入、汇兑收益,若财务费用支出大于收入的差额,则在贷方登记期末转入"本年利润"账户的财务费用净额;如果收入大于支出,则反方向结转。经过结转之后,该账户期末没有余额。"财务费用"账户应按照费用项目设置明细账户,进行明细分类核算。

此处需要指出,为构建固定资产而筹集长期资金所发生的诸如借款利息支出等的费用,在固定资产尚未完工交付使用之前发生的,应予以资本化,计入有关固定资产的构建成本,不在该账户核算;在固定资产建造完工投入使用之后发生的利息支出,则应计入当期损益,计入该账户。

"财务费用"账户丁字账结构如表3.7所示。

表3.7 财务费用账户结构

借方	财务费用	贷方
利息支出、手续费、汇兑损失等		利息收入、汇兑收益等 期末转入"本年利润"账户的余额

3. "应付利息"账户

该账户是负债类账户,用来核算企业按照合同约定应支付的利息。其贷方登记按预先标准计算提取的应由本期负担的利息费用,借方登记实际支付的利息费用,余额一般在贷方,表示已经预期但尚未支付的利息费用。该账户应按照费用种类设置明细账户,进行明细分类核算。一般短期借款利息银行是按季扣除,月末预提利息时,并未支付给银行,因此欠了银行的钱,形成企业的一项负债,因此计入"应付利息"账户的贷方,季末银行扣息时(归还利息),应付利息减少才计入"应付利息"账户的借方。

"应付利息"账户丁字账结构如表 3.8 所示。

表 3.8 应付利息账户结构

借方	应付利息	贷方
	期初余额:应付利息的实有数	
以后实际支付的利息费用	预先提取计入损益的利息费用	
	期末余额:尚未支付的应付利息的实有数	

(二)借入资本的核算举例

【例 3.4】华泰公司因生产经营的临时性需要,于 2016 年 4 月 15 日向银行申请取得期限为 6 个月的借款 2 000 000 元,存入银行。

【分析】这项经济业务涉及"银行存款"和"短期借款"两个账户,银行存款的增加是资产的增加,应计入"银行存款"账户的借方,短期借款的增加是负债的增加,应计入"短期借款"账户的贷方。对这项经济业务应做如下会计分录:

借:银行存款　　　　　　　　　　　　　　　　　　　　　　　2 000 000
　　贷:短期借款　　　　　　　　　　　　　　　　　　　　　　2 000 000

【例 3.5】承【例 3.4】,假如上述华泰公司取得的借款年利率为 6%,利息按季度结算,经计算其 4 月份应负担的利息为 5 000 元。

【分析】该项经济业务,首先应按照权责发生制的原则,计算本月应负担的利息额,本月应负担的借款利息为 5 000 元(2 000 000×6%÷12×15÷30)。借款利息属于企业的一项财务费用,由于利息是按季度结算的,所以本月的利息虽然在本月计算并由本月来负担,但却不在本月实际支付,因此这项经济业务涉及"财务费用"和"应付利息"两个账户,财务费用的增加属于费用的增加,应计入"财务费用"账户的借方,应付利息的增加属于负债的增加,应计入"应付利息"账户的贷方。对这项经济业务应做如下会计分录:

借:财务费用　　　　　　　　　　　　　　　　　　　　　　　5 000
　　贷:应付利息　　　　　　　　　　　　　　　　　　　　　　5 000

【例 3.6】承【例 3.5】,华泰公司在 6 月末用银行存款支付本季度的银行借款利息 25 000 元(五六月份的利息计算和处理方法基本同于 4 月份,只是时间为一个月)。

【分析】这项经济业务涉及"应付利息"和"银行存款"两个账户,银行存款的减少是资产的减少,应计入"银行存款"账户的贷方,应付利息的减少是负债的减少,应计入"应付利息"账户的借方。对这项经济业务应做如下会计分录:

借:应付利息　　　　　　　　　　　　　　　　　　　　　　　25 000
　　贷:银行存款　　　　　　　　　　　　　　　　　　　　　　25 000

【例3.7】华泰公司在2016年10月16日用银行存款2 000 000元偿还到期的银行临时借款本金,用5 000元支付本月应负担的借款利息。

【分析】这项经济业务涉及"银行存款""短期借款"和"财务费用"三个账户,银行存款的减少是资产的减少,应计入"银行存款"账户的贷方,短期借款的减少是负债的减少,应计入"短期借款"账户的借方,本期应负担的财务费用的增加,应计入"财务费用"账户的借方。对这项经济业务应做如下会计分录:

借:短期借款　　　　　　　　　　　　　　　　　　　　2 000 000
　　财务费用　　　　　　　　　　　　　　　　　　　　　　5 000
　贷:银行存款　　　　　　　　　　　　　　　　　　　　2 005 000

第三节　供应过程的核算

资金在企业经营过程中的不同阶段,其运动的方式和表现形式是不同的,所以核算的内容也就不同。在供应过程中,企业用货币资金购买原材料等劳动对象形成储备资金,购买机器设备等劳动资料形成固定资金,为生产产品做好物资上的准备,货币资金分别转化为储备资金形态和固定资金形态。因此,供应过程业务的核算可以分为材料采购业务的核算和固定资产购置业务的核算。

一、材料采购业务的核算

(一)材料采购业务的核算内容

企业要进行正常的生产经营活动,就必须购买和储备一定品种和数量的原材料。原材料是产品制造企业生产产品不可缺少的物质要素。在生产过程中,材料经过加工而改变其原来的实物形态,构成产品实体的一部分,或者实物消失而有助于产品的生产。因此,产品制造企业要有计划地采购材料,既要保证及时、按质、按量地满足生产上的需要,同时又要避免储备过多,不必要地占用资金。

企业储存备用的材料,通常都是向外单位采购而得的。在材料采购过程中,一方面企业要从供应单位购进各种材料,计算购进材料的采购成本;另一方面企业要按照经济合同约定的结算办法支付材料的买价和各种采购费用,与供应单位发生货款结算关系。在材料采购业务的核算过程中,还涉及增值税进项税额的计算与处理问题。为了完成材料采购业务的核算,需要设置一系列的账户。

1. 材料采购成本的确定

购入的原材料,其实际采购成本由以下几项内容组成。

(1)购买价款,指购货发票所注明的货款金额;

(2)采购过程中发生的运杂费(包括运输费、包装费、装卸费、保险费、仓储费等,不包括按规定根据运输费的一定比例计算的可抵扣的增值税税额);

(3)材料在运输途中发生的合理损耗;

(4)材料入库之前发生的整理挑选费用(包括整理挑选中发生的人工费支出和必要

的损耗,并减去回收的下脚废料价值);

(5)按规定应计入材料采购成本中的各项税金,如为国外进口材料支付的关税等;

(6)其他费用,如大宗物资的市内运杂费等(注意:市内零星运杂费、采购人员差旅费以及采购机构的经费等不构成材料的采购成本,而是计入期间费用)。

以上第(1)项应当直接计入所购某种材料的采购成本,第(2)~(6)项,凡能分清是某种材料直接负担的,可以直接计入某种材料的采购成本,不能分清的,应按材料的质量等标准分配计入某种材料的采购成本。

按照我国会计规范的规定,企业的原材料可以按照实际成本计价组织收发核算,也可以按照计划成本计价组织收发核算,具体采用哪一种方法,由企业根据具体情况自行决定。

2. 增值税核算简介

增值税是以商品(含应税劳务和应税服务)在流转过程中产生的增值额为征税对象而征收的、并实行税款抵扣制的一种流转税①。增值税主要对在中华人民共和国境内销售货物或者提供加工、修理修配劳务以及进口货物的单位和个人,就其取得的货物或应税劳务、应税服务的增值额和货物进口金额为计税依据计算税款的一种流转税。

增值税是一种价外税,采用两段征收法,分为增值税进项税额和销项税额。企业应交纳增值税计算如下:

当期应纳增值税 = 当期销项税额 − 当期进项税额

其中,销项税额是指纳税人销售货物或提供应税劳务,按照销售额和规定的税率计算并向购买方收取的增值税税额。

销项税额 = 销售货物或提供应税劳务价款 × 增值税税率

进项税额是指纳税人购进货物或接受应税劳务所支付或负担的增值税税额。

进项税额 = 购进货物或接受应税劳务价款 × 增值税税率

增值税的进项税额与销项税额是相对应的,销售方的销项税额就是购买方的进项税额。按照现行税制规定,增值税的税率,除低税率和零税率适用范围外,一般纳税人的增值税税率为17%和13%。

属于增值税一般纳税人企业,购入材料支付材料价款的同时,需支付增值税进项税额,并取得增值税专用发票,其进项税额应单独核算,不包括在购入材料成本中。

同理,一般纳税人企业在销售货物或应税劳务时,如果开具的是增值税专用发票,则收取的价款和增值税税款是分别注明的,价款部分作为商品销售收入核算,而收取的增值税税款则作为销项税额单独核算;如果不能开具增值税专用发票(如销售给消费者或小规模纳税人等),只能开具普通发票,则只能将销售货物或应税劳务的价款和增值税税款合并定价并合并收取,但是在核算时,仍需要先将含增值税的销售额换算成不含增值税的

---

① 流转税是指以纳税人商品生产、流通环节的流转额或者数量以及非商品交易的营业额为征税对象的一类税收,主要包括增值税、消费税、营业税、关税等。流转税是可转嫁税负的税,即交税人不一定是实际负税人,最终消费者才是实际税负人。相对于流转税,其他诸如所得税、土地使用税、房产税等税种,为非流转税。

销售额,再将价款和增值税销项税额分开核算。

（二）原材料按实际成本计价的核算

当企业的经营规模较小,原材料的种类不是很多,而且原材料的收、发业务的发生也不是很频繁的情况下,企业可以按照实际成本计价的方法进行原材料的收、发核算。其特点是从材料的收、发凭证到材料明细分类账和总分类账全部按照实际成本进行计量。

$$购入材料的实际成本 = 实际买价 + 采购费用$$

1. 原材料按实际成本计价主要账户的设置

(1)"在途物资"账户。

该账户是资产类账户,用来核算企业采用实际成本进行材料物资日常核算时外购材料的买价和各种采购费用,据以计算、确定购入材料的实际采购成本。该账户借方登记购入材料的实际采购成本（买价和采购费用),贷方登记完成采购过程、已验收入库材料实际采购成本的结转数,期末余额在借方,表示尚未运达企业或者已运达企业但尚未验收入库的在途材料的成本。"在途物资"账户应按照供应单位和购入材料的品种或种类设置明细账户,进行明细分类核算。

"在途物资"账户丁字账结构如表3.9所示。

表3.9 在途物资账户结构

借方	在途物资	贷方
期初余额:期初在途材料的实际成本		
本期购入材料的实际成本		本期验收入库材料的实际成本
期末余额:期末尚未验收入库材料的实际成本		

对于"在途物资"账户,在具体使用时,要注意以下两个问题：

第一,企业对于购入的材料,不论是否已经付款,一般都应先计入该账户,在材料验收入库结转成本时,再将其成本转入"原材料"账户。

第二,购入材料过程中发生的除买价之外的采购费用,如果能够分清是某种材料直接负担的,可直接计入该种材料的采购成本,否则就应进行分配。分配时,首先根据材料的特点确定分配的标准,一般来说可以选择的分配标准有材料的质量、体积、买价等,然后计算材料采购费用分配率,最后计算各种材料的采购费用负担额,即：

$$材料采购费用分配率 = 共同性采购费用额 \div 分配标准的合计数$$

$$某种材料应负担的采购费用额 = 该种材料的分配标准 \times 材料采购费用分配率$$

(2)"原材料"账户。

该账户是资产类账户,用来核算企业库存材料实际成本的增减变动及其结存情况。其借方登记已验收入库材料实际成本的增加,贷方登记发出材料的实际成本（即库存材料实际成本的减少),期末余额在借方,表示库存材料实际成本的期末结余额。"原材料"账户应按照材料的保管地点、材料的种类或类别设置明细账户,进行明细分类核算。

"原材料"账户丁字账结构如表3.10所示。

表 3.10 原材料账户结构

借方	原材料	贷方
期初余额：上期结存的材料成本		
本期验收入库的材料成本		本期发出的材料成本
期末余额：期末库存原材料成本		

(3)"应付账款"账户。

该账户是负债类账户，用来核算企业购买原材料、商品和接受劳务供应等经营活动应支付的款项。其贷方登记应付供应单位的款项（买价、税金和代垫运杂费等）的增加，借方登记应付供应单位款项的减少（即偿还）。期末余额一般在贷方，表示尚未偿还的应付款的结余额。该账户应按照供应单位的名称设置明细账户，进行明细分类核算。

"应付账款"账户丁字账结构如表 3.11 所示。

表 3.11 应付账款账户结构

借方	应付账款	贷方
		期初余额：上期末尚未归还的应付账款
本期归还的应付账款		本期增加的应付账款
		期末余额：期末尚未归还的应付账款

(4)"预付账款"账户。

该账户是资产类账户，用来核算企业按照合同规定向供应单位预付购料款、与供应单位发生的结算债权的增减变动及其结余情况（企业进行在建工程预付的工程价款，也在该账户核算）。其借方登记结算债权的增加，即预付款的增加，贷方登记收到供应单位提供的材料物资而应冲销的预付款债权，即预付款的减少。期末余额一般在借方，表示尚未结算的预付款的结余额。如果该账户期末余额出现在贷方，则表示企业实际收到的物资款大于原来的预付款的差额，即企业尚未补付的款项。该账户应按照供应单位的名称设置明细账户，进行明细分类核算。

"预付账款"账户丁字账结构如表 3.12 所示。

表 3.12 预付账款账户结构

借方	预付账款	贷方
期初余额：期初未冲销的预付款项		
本期预付的货款		本期冲销的预付货款
期末余额：期末尚未冲销的预付款项		

(5)"应付票据"账户。

该账户是负债类账户，用来核算企业采用商业汇票①结算方式购买材料物资等而开出、承兑商业汇票的增减变动及其结余情况。其贷方登记企业开出、承兑商业汇票的增加，借方登记到期偿还的商业汇票金额，即商业汇票的减少。期末余额在贷方，表示尚未

---

① 商业汇票是出票人签发的，委托付款人在指定日期无条件支付确定的金额给收款人或者持票人的票据。商业汇票分为商业承兑汇票和银行承兑汇票。商业承兑汇票由银行以外的付款人承兑（付款人为承兑人），银行承兑汇票由银行承兑。

到期的商业汇票的期末结余额。该账户应按照债权人设置明细账户,进行明细分类核算,同时设置"应付票据备查簿",详细登记商业汇票的种类、号数、出票日期、到期日、票面金额、交易合同号和收款人姓名或收款单位名称以及付款日期和金额等资料。应付票据到期结清时,在备查簿中注销。

"应付票据"账户丁字账结构如表3.13所示。

表3.13 应付票据账户结构

借方	应付票据	贷方
		期初余额:期初尚未到期的商业汇票结余额
到期应付票据的减少		开出、承兑商业汇票的增加
		期末余额:期末尚未到期的商业汇票结余额

(6)"应交税费"账户。

"应交税费"账户是负债类账户,用来核算企业按税法规定应缴纳的各种税费的计算与实际缴纳情况。如增值税、消费税、营业税、城市维护建设税、所得税、资源税、房产税、土地使用税、车船使用税、教育费附加、矿产资源补偿费等,贷方登记应缴纳的各种税费,借方登记实际缴纳的各种税费,包括支付的增值税进项税额等。期末余额方向不固定,如果在贷方,表示未交税费的结余额,期末余额在借方,表示多交的税费。"应交税费"账户应按照税费品种设置明细账户,进行明细分类核算。企业缴纳的印花税、耕地占用税以及其他不需要预计应交数的税费,不在该账户核算。

"应交税费"账户丁字账结构如表3.14所示。

表3.14 应交税费账户结构

借方	应交税费	贷方
期初余额:至上期末止多交的税费		期初余额:至上期末止未交的税费
实际缴纳的各种税费		计算出的应交而未交的税费
期末余额:至本期末止多交的税费		期末余额:至本期末止未交的税费

(7)"应交税费——应交增值税"账户。

"应交税费——应交增值税"账户是最复杂的一个应交税费明细分类账户,具体说明如下:

"应交增值税"分为"进项税额""已交税费""减免税款""出口抵减内销产品应纳税额""转出未交增值税""销项税额""出口退税""进项税额转出""转出多交增值税"9个专栏或者三级明细进行核算。

上述三级明细科目,前5项在借方登记、后4项在贷方登记。

本科目期末结转后没有贷方余额,企业尚未缴纳的税费全部转入"应交税费——未交增值税"明细科目;期末如为借方余额,反映尚未抵扣的税金,企业多缴纳的税金全部结转至"应交税费——多交增值税"明细账中。

本书中对于上述增值税各个专栏的内容不做全面阐述,仅给出"应交税费——应交增值税"比较简单的丁字账结构,如表3.15所示。

表 3.15 应交税费——应交增值税账户结构

借方 应交税费——应交增值税	贷方
期初余额:至上期尚未抵扣的增值税	
	本期销售货物或提供应税劳务收取的销项税额
本期购入货物或接受应税劳务支付的进项税额	
期末余额:至本期尚未抵扣的增值税	

2. 原材料按实际成本计价的核算举例

【例 3.8】华泰公司从友谊工厂购进以下材料:甲材料 5 000 千克,单价 25 元;乙材料 2 000 千克,单价 20 元;增值税税率为 17%,全部款项用银行存款支付。(假设华泰公司原材料核算采用实际成本法)

【分析】对于该项经济业务,首先应计算材料的买价和增值税的进项税额。甲材料的买价为 125 000 元(25×5 000),乙材料的买价为 40 000 元(20×2 000),甲、乙两种材料的买价共计 165 000 元,增值税进项税额为 28 050 元(165 000×17%)。该项经济业务的发生,涉及"在途物资""应交税费——应交增值税""银行存款"三个账户,其中,买价的增加是资产的增加,应该计入"在途物资"账户的借方,增值税进项税额的增加是负债的减少,应该计入"应交税费——应交增值税"账户的借方,银行存款的减少是资产的减少,应该计入"银行存款"账户的贷方。对这项经济业务应做如下会计分录:

借:在途物资——甲材料   125 000
          ——乙材料   40 000
   应交税费——应交增值税(进项税额)   28 050
  贷:银行存款   193 050

【例 3.9】华泰公司用银行存款 7 000 元支付上述业务的外地运杂费,按照材料的质量比例进行分配。

【分析】由于这笔运费属于甲、乙两种材料的共同性采购费用,因此,首先需将此 7 000 元在甲、乙两种材料中按照分配标准"质量"进行分配,然后再做分录增加两种材料的实际成本。计算如下:

分配率=7 000÷(5 000+2 000)=1 元/千克
甲材料应负担的运杂费=1×5 000=5 000 元
乙材料应负担的运杂费=1×2 000=2 000 元

该项经济业务的发生使材料的采购成本增加,甲材料的采购成本增加 5 000 元,乙材料的采购成本增加 2 000 元,同时使银行存款减少 7 000 元。该经济业务涉及"银行存款""在途物资"两个账户,采购成本的增加是资产的增加,应计入"在途物资"账户的借方,银行存款的减少是资产的减少,应计入"银行存款"账户的贷方。对这项经济业务应做如下会计分录:

借:在途物资——甲材料   5 000
          ——乙材料   2 000
  贷:银行存款   7 000

【例 3.10】华泰公司从红旗工厂购进丙材料 7 500 千克,发票注明的价款为 225 000

元,增值税税额 38 250 元(225 000×17%),红旗工厂代垫材料运杂费 4 000 元,账单、发票已到,但材料的价款、税款及运杂费尚未支付。

【分析】该项经济业务的发生使得材料的买价增加 225 000 元,运杂费增加 4 000 元,买价及运杂费均计入材料的采购成本,增值税进项税额增加 38 250 元;同时该公司的应付款项增加 267 250 元。该项经济业务涉及"在途物资""应交税费——应交增值税""应付账款"三个账户,采购成本的增加是资产的增加,应计入"在途物资"账户的借方,增值税进项税的增加是负债的减少,应计入"应交税费——应交增值税"账户的借方,应付账款的增加是负债的增加,应计入"应付账款"账户的贷方。对这项经济业务应做如下会计分录:

  借:在途物资——丙材料   229 000
    应交税费——应交增值税(进项税额)   38 250
   贷:应付账款——红旗工厂   267 250

【例 3.11】华泰公司按照合同规定用银行存款预付给胜利工厂订货款 200 000 元。

【分析】该项经济业务的发生使公司的预付货款增加 200 000 元,银行存款减少 200 000 元。该项经济业务涉及"预付账款""银行存款"两个账户。预付货款的增加是资产的增加,应计入"预付账款"账户的借方,银行存款的减少是资产的减少,应计入"银行存款"账户的贷方。对这项经济业务应做如下会计分录:

  借:预付账款   200 000
   贷:银行存款   200 000

【例 3.12】华泰公司收到胜利工厂发运来的已预付货款的丙材料,随货物附来的发票注明该批丙材料的价款为 420 000 元,增值税进项税额为 71 400 元,除冲销原预付款 200 000 元之外,不足部分用银行存款支付。另发生运杂费 5 000 元,用现金支付。

【分析】该项经济业务的发生使得公司的预付款项减少 200 000 元,丙材料的采购成本增加 425 000 元(420 000+5 000),增值税进项税额增加 71 400 元,银行存款减少 291 400 元,库存现金减少 5 000 元。该项经济业务涉及"预付账款""在途物资""应交税费——应交增值税""银行存款""库存现金"五个账户。预付货款的减少是资产的减少,应计入"预付账款"账户的贷方,采购成本的增加是资产的增加,应计入"在途物资"账户的借方,增值税进项税额的增加是负债的减少,应计入"应交税费——应交增值税"账户的借方,银行存款的减少是资产的减少,应计入"银行存款"账户的贷方,现金的减少是资产的减少,应计入"库存现金"账户的贷方。对这项经济业务应做如下会计分录:

  借:在途物资——丙材料   425 000
    应交税费——应交增值税(进项税额)   71 400
   贷:预付账款   200 000
    银行存款   291 400
    库存现金   5 000

【例 3.13】华泰公司签发并承兑一张商业汇票购入丁材料,该批材料的含税总价款共为 418 860 元,增值税税率为 17%。

【分析】该项经济业务出现的含税总价款为 418 860 元,应将其拆分为不含税价款和

增值税税额两部分:

不含税价款=含税价款÷(1+税率)= 418 860÷(1+17%)= 358 000(元)

增值税税额=含税价款-不含税价款(或者不含税价款×税率)= 60 860(元)

该项经济业务的发生使得公司的应付票据增加 418 860 元,丁材料的采购成本增加 358 000 元,增值税进项税额增加 60 860 元。该项经济业务涉及"应付票据""在途物资""应交税费——应交增值税"三个账户。应付票据的增加是负债的增加,应计入"应付票据"账户的贷方,采购成本的增加是资产的增加,应计入"在途物资"账户的借方,增值税进项税额的增加是负债的减少,应计入"应交税费——应交增值税"账户的借方。对这项经济业务应做如下会计分录:

借:在途物资——丁材料　　　　　　　　　　　　　　　　　358 000
　　应交税费——应交增值税(进项税额)　　　　　　　　　　60 860
　贷:应付票据　　　　　　　　　　　　　　　　　　　　　　418 860

【例3.14】本月购入的甲、乙、丙、丁材料已验收入库,结转各种材料的实际采购成本。

【分析】首先计算各材料的实际采购成本,然后根据各材料的实际采购成本由"在途物资"账户转入"原材料"账户。计算过程如下:

甲材料的实际采购成本=125 000+5 000=130 000(元)

乙材料的实际采购成本=40 000+2 000=42 000(元)

丙材料的实际采购成本=229 000+425 000=654 000(元)

丁材料的实际采购成本=358 000(元)

该项经济业务的发生使得公司采购入库的原材料的实际采购成本增加 1 184 000 元,同时使得公司的材料采购支出结转 1 184 000 元。该项经济业务涉及"在途物资"和"原材料"两个账户。库存材料的增加是资产的增加,应计入"原材料"账户的借方,结转材料采购支出是资产的减少,应计入"在途物资"账户的贷方。对这项经济业务应做如下会计分录:

借:原材料——甲材料　　　　　　　　　　　　　　　　　　130 000
　　　　　——乙材料　　　　　　　　　　　　　　　　　　 42 000
　　　　　——丙材料　　　　　　　　　　　　　　　　　　654 000
　　　　　——丁材料　　　　　　　　　　　　　　　　　　358 000
　贷:在途物资——甲材料　　　　　　　　　　　　　　　　130 000
　　　　　　——乙材料　　　　　　　　　　　　　　　　　42 000
　　　　　　——丙材料　　　　　　　　　　　　　　　　 654 000
　　　　　　——丁材料　　　　　　　　　　　　　　　　 358 000

(三)原材料按计划成本计价的核算

1. 原材料按计划成本核算的基本程序

原材料按照实际成本进行计价核算,能够比较全面、完整地反映原材料资金的实际占用情况,可以准确地计算出生产过程中生产产品成本的材料费用额。但是,当企业材料的种类较多,收发次数较频繁时,这种核算方法下的核算工作量就比较大,而且不便于考核材料的采购业务成果,分析材料采购计划的完成情况。所以在我国的一些大、中型企业,原材料可以按照计划成本计价进行收、发核算。

原材料按照计划成本进行计价核算,是指原材料的日常收入、发出和结存均按预先制定的计划成本计价,并设置"材料成本差异"账户,登记实际成本与计划成本之间的差异,月末,再通过对原材料成本差异的分摊,将发出原材料的计划成本和结存原材料的计划成本调整为实际成本进行反映。

材料按计划成本组织收、发核算的基本程序如下:

首先,企业应结合各种原材料的特点、实际采购成本等资料确定原材料的计划单位成本,计划单位成本一旦确定,在年度内一般不进行调整。

其次,平时购入或以其他方式取得原材料,按其计划成本和计划成本与实际成本之间的差异额分别在有关账户中进行分类登记。

最后,平时发出的材料按计划成本核算,月末再将本月发出材料应负担的差异额进行分摊,随同本月发出材料的计划成本计入有关账户,其目的就在于将不同用途消耗的原材料的计划成本调整为实际成本。

发出材料应负担的差异额必须按月分摊,不得在季末或年末一次分摊。另外,《企业会计准则》规定,对于发出材料应负担的成本差异,除委托外部加工物资而发出的材料可按上月(即月初)差异率计算外,其余都应使用当月的差异率,除非当月差异率与上月差异率相差不大。计算方法一经确定,不得随意改变。

2. 原材料按计划成本核算主要账户的设置

(1)"原材料"账户。

该账户是资产类账户,用来核算企业库存材料计划成本的增减变动及其结存情况。按计划成本设置的"原材料"账户和按实际成本设置的"原材料"账户基本相同,只不过将其实际成本改为计划成本。该账户的借方、贷方和期末余额均表示材料的计划成本。

(2)"材料采购"账户。

该账户是资产类账户,用来核算企业购入原材料的实际成本和结转入库的计划成本,并据以计算、确定购入材料的成本差异额。其借方登记购入材料的实际成本和结转入库材料实际成本小于计划成本的节约差异,贷方登记入库材料的计划成本和结转入库材料实际成本大于计划成本的超支差异。期末余额在借方,表示在途材料的实际采购成本。该账户应按照供应单位和材料的种类设置明细账户,进行明细分类核算。

"材料采购"账户丁字账结构如表3.16所示。

表 3.16 材料采购账户结构

借方	材料采购	贷方
期初余额:期初在途材料的实际采购成本		
购入材料的实际采购成本		结转入库材料的计划成本
结转入库材料的节约差异额		结转入库材料的超支差异额
期末余额:至本期末在途材料的实际采购成本		

(3)"材料成本差异"账户。

该账户是资产类账户,用来核算企业收入材料实际成本与计划成本之间的超支或节约差异额的增减变动及其结余情况。其借方登记结转入库材料的超支差异额和结转发出材料应负担的节约差异额,贷方登记结转入库材料的节约差异额和结转发出材料应负担的超支差异额。期末余额若在借方,表示库存材料实际成本大于计划成本的超支差异额,期末余额若在贷方,表示库存材料实际成本小于计划成本的节约差异额。

"材料成本差异"账户丁字账结构如表3.17所示。

表3.17 材料成本差异账户结构

借方	材料成本差异	贷方
结转入库材料的超支差异额		结转入库材料的节约差异额
结转发出材料应负担的节约差异额		结转发出材料负担的超支差异额
期末余额:库存材料的超支差异额		期末余额:库存材料的节约差异额

原材料按照计划成本计价核算,除了上述三个账户之外,其余账户均与原材料按照实际成本计价核算的相关账户相同。

3. 原材料按计划成本计价的核算举例

【例3.15】华泰公司用银行存款购买甲材料3 000千克,发票注明价款为90 000元,增值税税额为15 300元。另外,公司用现金支付该批材料的运杂费3 000元。(假设华泰公司原材料核算采用计划成本法)

【分析】该项经济业务的发生,使得公司的材料采购支出增加93 000元,其中,买价90 000元,运杂费3 000元属于采购费用,增值税进项税额增加15 300元,同时公司的银行存款减少105 300元,库存现金减少3 000元。该项经济业务涉及"银行存款""库存现金""材料采购""应交税费"四个账户。材料采购支出增加属于资产的增加,应计入"材料采购"账户的借方,增值税进项税额的增加是负债的减少,应计入"应交税费——应交增值税"账户的借方,银行存款、库存现金的减少均属于资产的减少,应分别计入"银行存款""库存现金"的贷方。该项经济业务应做如下会计分录:

借:材料采购——甲材料　　　　　　　　　　　　　　　　93 000
　　应交税费——应交增值税(进项税额)　　　　　　　　15 300
　贷:银行存款　　　　　　　　　　　　　　　　　　　105 300
　　　库存现金　　　　　　　　　　　　　　　　　　　　3 000

【例3.16】承【例3.15】,上述甲材料验收入库,其计划成本为90 000元,结转该批甲材料的计划成本和差异额。

【分析】由【例3.15】可知,该批材料的实际成本为93 000元,其计划成本为90 000元,所以该批材料成本的超支差异额为3 000元。结转验收入库材料的计划成本时,使得公司的材料采购支出减少90 000元,库存材料计划成本增加90 000元;结转入库材料成本超支差异额,使得库存材料成本超支差异额增加3 000元,材料采购支出减少3 000元,因此该项经济业务涉及"原材料""材料采购""材料成本差异"三个账户。库存材料的增加是资产的增加,应计入"原材料"账户的借方,材料采购成本结转是资产的减少,应计入"材料采购"账户的贷方,材料成本超支差异的增加,计入"材料成本差异"账户的借方。该项经济业务应做如下会计分录:

借:原材料——甲材料　　　　　　　　　　　　　　　　90 000
　贷:材料采购——甲材料　　　　　　　　　　　　　　　90 000

借:材料成本差异	3 000	
贷:材料采购——甲材料		3 000

上述两笔分录可以合并为:

借:原材料——甲材料	90 000	
材料成本差异	3 000	
贷:材料采购——甲材料		93 000

二、固定资产购置业务的核算

（一）固定资产的含义

企业会计准则中对固定资产的定义是,企业为生产商品、提供劳务、出租或经营管理而持有的、使用寿命超过一个会计年度的有形资产。从固定资产的定义可以看出,固定资产具有以下三个特征:第一,固定资产是为生产商品、提供劳务、出租或经营管理而持有的;第二,固定资产的使用寿命超过一个会计年度;第三,固定资产为有形资产。

固定资产是企业资产中比较重要的一部分,从一定程度上说它代表着企业的生产能力和生产规模,因此,对其正确地加以确认与计量就成为会计核算过程中一个非常重要的内容。固定资产的确认应考虑以下两个因素:第一,该固定资产包含的经济利益很可能流入企业;第二,该固定资产的成本能够可靠地计量。固定资产是企业的劳动资料,从其经济用途来看,固定资产是用于生产经营活动而不是为了出售,这一特征是区别固定资产与商品、产品等流动资产的重要标志。

（二）企业取得固定资产时入账价值的确定

按照《企业会计准则》的规定,固定资产应当按照实际成本计算。固定资产取得时的实际成本是指企业构建固定资产达到预定可使用状态前所发生的一切合理的、必要的支出,它反映的是固定资产处于预定可使用状态时的实际成本。企业可以从各种渠道取得固定资产,不同渠道形成的固定资产,其价值构成的具体内容可能不同,因而固定资产取得时的入账价值应根据具体情况和涉及的具体内容分别确定。一般来说,构成固定资产取得时实际成本的具体内容包括买价、运输费、保险费、包装费、安装成本等。

1. 自行建造固定资产的入账价值

对于自行建造的固定资产已达到预定可使用状态,但尚未办理竣工决算的,会计准则规定应自达到预定可使用状态之日起,根据竣工决算、造价或工程实际成本等相关资料,按估计的价值转入固定资产,并计提折旧。这就意味着,是否达到"预定可使用状态"是衡量可否作为固定资产进行核算和管理的标志,而不再拘泥于"竣工决算"这个标准,这也是实质重于形式原则的一个具体应用。

企业固定资产在达到预定可使用状态前发生的一切合理的、必要的支出中既有直接发生的,如支付的固定资产的买价、包装费、运杂费、安装费等,也有间接发生的,如固定资产建造过程中应予以资本化的借款利息等,这些直接的和间接的支出对形成固定资产的生产能力都有一定的作用,理应计入固定资产的价值。

因此,自行建造完成的固定资产,按照建造该项固定资产达到预定可使用状态前所发生的一切合理的、必要的支出作为其入账价值。

2.外购固定资产的入账价值

(1)外购固定资产的成本内容。

对于外购固定资产的成本,包括购买价款、进口关税和其他税费(按照2016年最新税制改革的要求,外购固定资产涉及的增值税应当作为进项税额计入"应交税费"账户),使固定资产达到预定可使用状态前所发生的可归属于该项资产的场地整理费、运输费、装卸费、安装费和专业人员服务费等(一笔款项购入多项没有单独标价的固定资产,应当按照各项固定资产公允价值比例对总成本进行分配,分别确定各项固定资产的成本)。

(2)外购固定资产增值税的抵扣说明。

我国外购固定资产进项增值税的抵扣伴随着我国增值税的税制改革经历了由不得抵扣,到部分抵扣,再到全部抵扣的过程。

①不允许抵扣阶段。按照我国1993年颁布的《中华人民共和国增值税暂行条例》的要求,企业外购固定资产的增值税是不可以抵扣的,要计入固定资产的成本,作为增值税课税对象的增值额相当于国民生产总值,因此将这种类型的增值税称作"生产型增值税"。

②部分抵扣阶段。生产型增值税制约了企业技术改进的积极性,为了改变这种情况,自2004年7月1日起,先行在我国东北部、中部等部分地区进行了增值税的改革试点、取得成功经验后,自2009年1月1日起,在全国实施增值税转型改革,其核心就是在企业计算应缴增值税时,允许扣除购入机器设备所含的增值税,但是与企业技术更新无关且容易混为个人消费的自用消费品(如小汽车、游艇等)所含的进项税额,不得予以抵扣。这次税制改革将购入的部分固定资产的进项税额纳入允许抵扣的范围,从全社会的角度来看,增值税相当于只对消费品征税(除了不动产等外),其税基总值与全部消费品总值一致,因此可以看成是完成了从生产型向消费型增值税税制改革的重要一步。

③全部抵扣阶段。2016年3月18日召开的国务院常务会议决定,自2016年5月1日起,中国将全面推开营改增①试点,将建筑业、房地产业、金融业、生活服务业全部纳入营改增试点,至此,营业税退出历史舞台,增值税制度更加规范。营改增通过统一税制,贯通服务业内部和第二、第三产业之间的抵扣链条,从制度上消除重复征税,使税收的中性原则得以充分体现。同时,将不动产纳入抵扣范围,比较完整地实现了规范的消费型增值税制度。

营改增后,原增值税一般纳税人购进服务、无形资产或者不动产,取得的增值税专用发票上注明的增值税额为进项税额,准予从销项税额中抵扣。

2016年5月1日后取得并在会计制度上按固定资产核算的不动产或者2016年5月1日后取得的不动产在建工程,其进项税额应自取得之日起分2年从销项税额中抵扣,第一年抵扣比例为60%,第二年抵扣比例为40%。融资租入的不动产以及在施工现场修建

---

① 营改增,即营业税改征增值税,是指以前缴纳营业税的应税项目改成缴纳增值税,增值税只对产品或者服务的增值部分纳税,减少了重复纳税的环节,目的是加快财税体制改革,进一步减轻企业赋税。

的临时建筑物、构筑物,其进项税额不适用上述分2年抵扣的规定。

原增值税一般纳税人自用的应征消费税的摩托车、汽车、游艇,其进项税额准予从销项税额中抵扣。

原增值税一般纳税人从境外单位或者个人购进服务、无形资产或者不动产,按照规定应当扣缴增值税的,准予从销项税额中抵扣的进项税额为自税务机关或者扣缴义务人取得的解缴税款的完税凭证上注明的增值税额。

纳税人凭完税凭证抵扣进项税额的,应当具备书面合同、付款证明和境外单位的对账单或者发票。资料不全的,其进项税额不得从销项税额中抵扣。

综上所述,企业自2016年5月1日以后购进的固定资产,只要取得可以用来抵扣的进项税额发票作为凭证,即可以按照上述规定的比例分2年从企业当期的销项税额中予以抵扣。

(三)主要账户的设置

1."固定资产"账户

该账户是资产类账户,用来核算企业拥有或控制的固定资产原价的增减变动及其结余情况,其账户借方、贷方、余额均登记固定资产的原值,具体结构同本章第一节所述。在使用该账户时,必须注意,只有固定资产达到预定可使用状态时,其原价已经形成,才可以计入"固定资产"账户。

2."在建工程"账户

该账户是资产类账户,用来核算企业为进行固定资产基建、安装、技术改造以及大修理等工程而发生的全部支出(包括安装设备的支出),并据以计算确定该工程成本的各账户。该账户借方登记工程支出的增加,贷方登记结转完工工程的成本。期末余额在借方,表示未完工工程的成本。"在建工程"账户应按工程内容,如建筑工程、安装工程、在安装设备、待摊支出以及单项工程等设置明细账户,进行明细核算。

"在建工程"账户丁字账结构如表3.18所示。

表3.18 在建工程账户结构

借方	在建工程	贷方
期初余额:期初尚未完工的在建工程		
本期在建工程发生的全部支出		本期完工转入固定资产的成本
期末余额:期末尚未完工的在建工程		

(四)固定资产购置业务的核算举例

以机器设备为例,企业固定资产购置业务的核算,有两种情况:一种是不需要安装,即可投入生产使用;另外一种则需要安装、调试以后才能投入生产使用。如果购入的是需要安装的设备,那么核算中需要先通过"在建工程"账户,登记购进时支付的价款、包装费、运杂费、安装费等,在安装完工交付使用时,再将购进和安装时所发生的全部支出,也就是它的原始价值从"在建工程"账户的贷方转入"固定资产"账户的借方。

【例3.17】华泰公司购入不需要安装的机器设备一台,买价是18 000元,增值税率17%,包装费和运杂费360元,全部款项已用银行存款支付。(假设本例和例【3.18】华泰公司发生的固定资产购置业务均发生在2016年5月1日营改增税制改革之后)

【分析】这项业务的发生,一方面使企业的固定资产成本增加了 18 360 元,同时伴随价款发生的增值税进项税额,按照现行税制规定,可以单独核算,即增值税进项税额增加了 3 060 元(18 000×17%);另一方面使企业的银行存款减少了 21 420 元。因此,这项经济业务涉及"固定资产""应交税费——应交增值税"和"银行存款"三个账户。固定资产的增加是资产的增加,应该按其原始价值计入"固定资产"账户的借方。增值税进项税额的增加,是应交税费的减少,计入"应交税费——应交增值税"账户的借方,银行存款的减少,是资产的减少,应该按照购置该项固定资产的全部支出,计入"银行存款"账户的贷方。那么这项业务的会计分录就是:

借:固定资产 18 360
　　应交税费——应交增值税(进项税额)　　　　　　　　　　　　　　3 060
　贷:银行存款　　　　　　　　　　　　　　　　　　　　　　　　　21 420

【例 3.18】华泰公司购入需要安装的机器设备一台,买价和税金分别是 26 000 元和 4 420 元,包装费和运杂费 420 元,一共 30 840 元,全部款项已用银行存款支付。在安装过程中,耗用原材料 1 200 元,耗用人工 700 元,安装完毕,经过验收合格交付使用。

【分析】这个例子包括三项经济业务。

一是购入需要安装的固定资产业务。

这项经济业务的发生,一方面是企业的购入使在建工程支出增加了 26 420 元,增值税进项税额增加了 4 420 元,另一方面使企业银行存款减少了 30 840 元。

二是安装工程业务。这个业务使库存原材料减少了 1 200 元,应付职工薪酬增加了 700 元,同时使"在建工程"中的安装成本增加。

三是安装完毕验收业务。这个业务使在建工程成本减少,同时增加了固定资产的价值。

因此,这项经济业务涉及的账户有"在建工程""应交税费——应交增值税(进项税额)""银行存款""原材料""应付职工薪酬"和"固定资产"等账户。在建工程支出(包括原材料的消耗和应付职工薪酬的费用的发生)的增加是资产的增加,应该计入"在建工程"账户的借方。增值税进项税额的增加,是应交税费的减少,计入"应交税费——应交增值税"账户的借方,银行存款和库存原材料的减少是资产的减少,应该计入"银行存款"和"原材料"账户的贷方。应付职工薪酬的增加是负债的增加,应该计入"应付职工薪酬"账户的贷方。

这项业务应该编制如下会计分录:

(1)借:在建工程　　　　　　　　　　　　　　　　　　　　　　　　26 420
　　　应交税费——应交增值税(进项税额)　　　　　　　　　　　　　4 420
　　贷:银行存款　　　　　　　　　　　　　　　　　　　　　　　　30 840
(2)借:在建工程　　　　　　　　　　　　　　　　　　　　　　　　 1 900
　　贷:原材料　　　　　　　　　　　　　　　　　　　　　　　　　 1 200
　　　 应付职工薪酬　　　　　　　　　　　　　　　　　　　　　　　　700
(3)借:固定资产　　　　　　　　　　　　　　　　　　　　　　　　28 320
　　贷:在建工程　　　　　　　　　　　　　　　　　　　　　　　　28 320

第四节 生产过程的核算

一、生产过程业务概述

生产过程是制造企业生产经营过程的第二阶段。在生产过程中,工人借助于劳动资料对劳动对象进行加工,制成劳动产品。因此,生产过程既是产品的制造过程,又是物化劳动(劳动资料和劳动对象)和活劳动的消耗过程。

在生产过程中,企业为了制造产品,要消耗各种材料、燃料、动力,要发生固定资产磨损,要支付职工薪酬和其他费用,为制造产品而发生的这些费用称为生产费用。所以生产费用的发生、归集和分配,以及产品成本的形成,是生产过程核算的主要内容。费用和成本有着密切的联系,费用的发生过程也就是成本的形成过程,费用是产品成本形成的基础。但费用与成本也有一定的区别,费用是在一定期间为了进行生产经营活动而发生的各项耗费,费用与发生的期间直接相关,即费用强调"期间";而成本则是为生产某一产品或提供某一劳务所耗费的费用,与负担者直接相关,即成本强调"对象"。

生产费用按其计入产品成本方式的不同,分为直接费用和间接费用。直接费用指企业生产产品过程中实际消耗的直接材料和直接人工。间接费用指企业为生产产品和提供劳务而发生的各项间接支出,通常为制造费用。各产品成本项目的具体内容可以分别描述如下:

直接材料,是指企业在生产产品和提供劳务的过程中所消耗的、直接用于产品生产,构成产品实体的各种原材料、主要材料、外购半成品及有助于产品形成的辅助材料等。

直接人工,是指企业在生产产品和提供劳务的过程中,直接从事产品生产的工人工资、津贴、补贴和福利等。

制造费用,是指企业为生产产品和提供劳务而发生的各项间接费用,其构成内容比较复杂,包括间接的职工薪酬、折旧费、修理费、办公费、水电费、机物料消耗等。

二、生产过程的核算

企业为了正确、合理地归集和分配各项生产费用,及时地计算各种产品的制造成本,正确地核算管理费用和财务费用,在生产过程中主要设置"生产成本""制造费用""应付职工薪酬""累计折旧""库存商品""管理费用""其他应收款"等账户。

(一)主要账户的设置

1."生产成本"账户

该账户是成本类账户,用来归集和分配企业进行工业性生产所发生的各项生产费用,进而根据该账户可以正确地计算产品生产成本。该账户借方登记企业在产品生产过程中所发生的全部生产费用,包括直接计入产品生产成本的直接材料、直接人工和期末按照一定的方法分配计入产品生产成本的制造费用;贷方登记结转完工入库产成品的实际生产成本。期末余额若在借方,表示尚未完工的在产品的实际成本,即生产资金的占用额。该账户可以按照生产产品的品名或种类设置明细分类账户,进行明细分类核算。

"生产成本"账户丁字账结构如表 3.19 所示。

表 3.19　生产成本账户结构

借方	生产成本	贷方
期初余额:期初在产品生产成本		
发生的生产费用,包括直接材料、直接人工、制造费用		结转完工验收入库的产成品生产成本
期末余额:期末在产品生产成本		

2."制造费用"账户

该账户是成本类账户,用来归集和分配企业生产车间(基本生产车间和辅助生产车间)范围内为组织和管理产品生产活动而发生的各项间接生产费用,包括车间范围内发生的管理人员的薪酬、折旧费、修理费、办公费、水电费、机物料消耗、季节性停工损失等。该账户借方登记实际发生的各项制造费用,贷方登记期末经分配转入"生产成本"账户借方的制造费用额。期末一般无余额。该账户可以按不同的生产车间及制造费用的项目设置明细分类账户,进行明细分类核算。

"制造费用"账户丁字账结构如表 3.20 所示。

表 3.20　制造费用账户结构

借方	制造费用	贷方
归集车间范围内发生的各项间接费用		期末分配转入"生产成本"的制造费用

3."应付职工薪酬"账户

该账户是负债类账户,用来核算企业应付给职工的各种薪酬总额与实际发放情况,并反映和监督企业与职工薪酬结算情况。该账户贷方登记本月计算的应付职工薪酬总额,包括各种工资、奖金、津贴和福利费,同时应付的职工薪酬应作为一项费用按其经济用途分配计入有关的成本、费用账户,借方登记本月实际已经支付的职工薪酬数额。期末余额一般在贷方,表示本期应付职工薪酬大于实付职工薪酬的数额,即应付而未付的职工薪酬。该账户应按照"工资""职工福利""社会保险费""住房公积金""工会经费""职工教育经费""辞退福利"等应付职工薪酬项目进行明细分类核算。

"应付职工薪酬"账户丁字账结构如表 3.21 所示。

表 3.21　应付职工薪酬账户结构

借方	应付职工薪酬	贷方
		期初余额:期初应付未付的职工薪酬
实际支付的职工薪酬		期末计算分配的职工薪酬
		期末余额:期末应付未付的职工薪酬

4."累计折旧"账户

折旧就是根据固定资产预计使用所限,在其原值减去净残值(有的固定资产无净残值)的基础上,系统分摊每月的成本。按照配比原则,固定资产的成本不仅仅是为取得当期收入而发生的成本,也是为取得以后各项收入而发生的成本,即固定资产成本是为在固定资产有效使用期内取得收入而发生的成本,自然要以提取折旧的方式与各期收入相配比。

"累计折旧"账户是"固定资产"账户的调整账户,属于资产类账户,用来核算企业固定资产已计提折旧的累计情况。该账户贷方登记按月提取的折旧额,即累计折旧的增加,借方登记因减少固定资产而减少的累计折旧。期末余额在贷方,表示已提折旧的累计额。该账户只进行总分类核算,不进行明细分类核算。各项固定资产已提折旧的具体情况,一般通过设置固定资产卡片账来详细记录。

"累计折旧"账户丁字账结构如表3.22所示。

表3.22 累计折旧账户结构

借方	累计折旧	贷方
		期初余额:截至上期末固定资产累计折旧额
因固定资产减少而减少的折旧额		提取的固定资产折旧的增加
		期末余额:截至本期末固定资产累计折旧额

5."库存商品"账户

该账户是资产类账户,用来核算和监督已生产完工并验收入库产品的增加变动及结存情况,包括企业库存的外购商品、自制产成品、自制半成品、存放在门市部准备出售的商品、发出展览的商品以及寄存在外的商品等。该账户借方登记验收入库商品成本的增加,包括外购、自产、委外加工等,贷方登记发出库存商品的成本,即库存商品成本的减少。期末余额在借方,表示库存商品成本的结余额。该账户应按照商品的种类、品种和规格等设置明细账,进行明细分类核算。

"库存商品"账户丁字账结构如表3.23所示。

表3.23 库存商品账户结构

借方	库存商品	贷方
期初余额:期初库存产品实际成本		
本期完工入库的产品成本		本期发出的产品实际成本
期末余额:期末库存产品实际成本		

6."管理费用"账户

管理费用核算的内容比较广泛,包括企业在筹建期间发生的开办费、董事会和行政管理部门在企业的经营管理中发生的或者应由企业统一负担的公司经费(包括行政管理人员工资、职工福利费、差旅费、办公费、董事会会费、折旧费、修理费、物料消耗、低值易耗品摊销及其他公司经费)、工会经费、董事会费、业务招待费、房产税、车船使用税、土地使用税、印花税、技术转让费和研究费等。该账户是损益类账户,借方登记本期实际发生的管理费用,贷方登记期末转入"本年利润"账户的管理费用,期末结转后无余额。该账户应按照管理费用项目开设明细账进行明细分类核算。

"管理费用"账户丁字账结构如表3.24所示。

表3.24 管理费用账户结构

借方	管理费用	贷方
本期发生的各项管理费用		期末转入"本年利润"账户的余额

7."其他应收款"账户

该账户属于资产类账户,核算企业各种应收、暂付款项,包括企业拨出的各种备用金,应收的各种罚款、赔款,应向职工收取的各种代垫款项。借方登记企业发生的各种应收、暂付款项,贷方登记已经收回的款项,期末余额在借方,表示本期尚未收回的款项。

"其他应收款"账户丁字账结构如表 3.25 所示。

表 3.25 其他应收款账户结构

借方	其他应收款	贷方
期初余额:上期末尚未收回的款项		
本期发生的各项应收、暂付款项		已收回的款项
期末余额:本期末尚未收回的款项		

(二)生产费用的归集与分配

1. 材料费用的归集与分配

产品制造企业通过供应过程采购的各种原材料,经过验收入库之后,就形成了生产产品的物资储备,生产产品及其他方面领用时,就形成了材料费。对于直接用于某种产品生产的材料费,应直接计入该产品生产成本明细账中的直接材料费项目;对于由几种产品共同耗用、应由这些产品共同负担的材料费,应先在"制造费用"账户中进行归集,然后再同其他间接费用一起,在选择适当的标准在各种产品之间进行分配之后,计入各有关成本计算对象。

在材料发出时,应根据材料领料凭证标明的领料部门和用途,正确区分成本费用进行材料费用的核算。其中,生产车间生产某种产品领用的原材料,为直接材料费用,表明某种产品的直接生产费用的增加,应计入"生产成本——某产品"账户的借方;对于车间一般性消耗原材料,即领用的材料费用由几种产品共同耗用、应由几种产品共同负担的间接生产费用,则先通过"制造费用"账户的借方归集,期末再按照某种标准分配到各个产品中去;对于行政管理部门领用的原材料,与生产产品的耗费没有直接关系,属于企业共同负担费用的增加,则计入"管理费用"账户的借方。

【例 3.19】华泰公司 2015 年 12 月 8 日,仓库发出甲材料 112 437 元,其中,生产 A 产品耗用 60 450 元,生产 B 产品耗用 48 360 元,车间一般耗用 2 418 元,厂部一般耗用 1 209 元。

【分析】该项经济业务的发生,使得公司的直接材料费用增加 108 810 元,其中,计入 A 产品的直接材料费为 60 450 元,计入 B 产品的直接材料费 48 360 元,应计入"生产成本"账户的借方,还使得制造费用增加 2 418 元,管理费用增加 1 209 元,应分别计入"制造费用"账户和"管理费用"账户的借方,同时,公司的甲材料减少 112 437 元,应计入"原材料"账户的贷方。对该项经济业务应做如下会计分录:

```
借:生产成本——A 产品                        60 450
        ——B 产品                          48 360
    制造费用                                2 418
    管理费用                                1 209
    贷:原材料——甲材料                      112 437
```

【例 3.20】华泰公司 2015 年 12 月 23 日,仓库发出一批材料,其种类和用途为:甲材料 66 495 元,其中,生产 A 产品耗用 36 270 元,生产 B 产品耗用 24 180 元,车间一般耗用 3 627 元,厂部一般耗用 2 418 元;乙材料 87 696 元,其中,生产 A 产品耗用 52 920 元,生产B产品耗用30 240元,车间一般耗用3 024元,厂部一般耗用1 512元。

【分析】该项经济业务的发生,使得公司的库存原材料减少154 191元(66 495+87 696),应计入"原材料"账户的贷方,也使得公司的直接材料费增加143 610元(89 190+54 420),是生产成本的增加,应计入"生产成本"账户的借方,同时使得公司的制造费用增加6 651元(3 627+3 024),管理费用增加3 930元(2 418+1 512),应分别计入"制造费用"账户和"管理费用"账户的借方。对该项经济业务应做如下会计分录:

```
借:生产成本——A产品                    89 190
        ——B产品                      54 420
    制造费用                           6 651
    管理费用                           3 930
   贷:原材料——甲材料                    66 495
          ——乙材料                    87 696
```

2. 人工费用的归集与分配

《企业会计准则》将职工薪酬定义为"企业为获得职工提供的服务而给予各种形式的报酬以及其他相关支出"。职工薪酬主要包括:(1)职工工资、奖金、津贴和补贴;(2)职工福利费,主要包括职工因公负伤赴外地就医路费、职工生活困难补助、未实行医疗统筹企业职工医疗费用,以及按规定发生的其他职工福利费;(3)社会保险费,指企业按规定向社会保险经办机构缴纳的医疗保险费、养老保险费、失业保险费、工伤保险费和生育保险费;(4)住房公积金,指企业按规定向住房公积金管理机构缴存的住房公积金;(5)工会经费和职工教育经费,指企业开展工会活动和职工教育及职业技能培训等的相关支出;(6)其他,指除了以上五项以外的各种非货币性福利、因解除与职工的劳动关系给予的补偿以及其他与获得职工提供的服务相关的支出。

月末,企业应该根据一定的职工薪酬计算方法,对职工薪酬进行核算。直接参加产品生产的职工薪酬,应直接计入其产品成本,计入"生产成本——某产品"账户的借方;车间管理人员职工薪酬,计入"制造费用"账户的借方;企业行政管理部门人员的职工薪酬,计入"管理费用"账户的借方。应由在建工程、无形资产负担的职工薪酬,计入固定资产或无形资产的成本。同时公司应付给职工的各项薪酬为公司负债的增加,应计入"应付职工薪酬"账户的贷方。

【例3.21】华泰公司经计算本月应付职工工资总额320 000元,编制的"工资费用分配表"如表3.26所示。

表3.26 华泰公司工资费用分配表

××年12月31日   单位:元

职工类别(部门)	分配标准(生产工人工时)	分配率/(元/小时)	分配额
A产品生产工人	4 600	25	115 000
B产品生产工人	3 400	25	85 000
车间管理人员			68 000
厂部管理人员			52 000
合计	8 000		320 000

【分析】该项经济业务的发生,使得公司的直接人工费用增加 200 000 元,其中,计入 A 产品的生产成本 115 000 元,计入 B 产品的生产成本 85 000 元,均应计入"生产成本"账户的借方,也使得公司的制造费用增加 68 000 元,管理费用增加 52 000 元,应分别计入"制造费用"账户和"管理费用"账户的借方,同时还使得公司应付给职工的工资增加 320 000 元,应计入"应付职工薪酬"账户的贷方。对该项经济业务应做如下会计分录:

借:生产成本——A 产品　　　　　　　　　　　　　　　　　115 000
　　　　　——B 产品　　　　　　　　　　　　　　　　　　 85 000
　　制造费用　　　　　　　　　　　　　　　　　　　　　　 68 000
　　管理费用　　　　　　　　　　　　　　　　　　　　　　 52 000
　贷:应付职工薪酬　　　　　　　　　　　　　　　　　　　 320 000

【例 3.22】华泰公司根据有关规定,确定按本月应付工资总额的 14% 计提职工福利费。所编制的"职工福利费计算表"如表 3.27 所示。

表 3.27　华泰公司职工福利费用计算表

××年 12 月 31 日　　　　　　　　　　　　　　　　　　　　　单位:元

职工类别(部门)	工资总额	计提比例/%	分配额
A 产品生产工人	115 000	14	16 100
B 产品生产工人	85 000	14	11 900
车间管理人员	68 000	14	9 520
厂部管理人员	52 000	14	7 280
合计	320 000		44 800

【分析】该项经济业务的发生,使得公司的直接人工费用增加 28 000 元,其中,计入 A 产品的生产成本 16 100 元,计入 B 产品的生产成本 11 900 元,均应计入"生产成本"账户的借方,也使得公司的制造费用增加 9 520 元,管理费用增加 7 280 元,应分别计入"制造费用"账户和"管理费用"账户的借方,同时还使得公司应付给职工的薪酬增加 44 800 元,应计入"应付职工薪酬"账户的贷方。对该项经济业务应做如下会计分录:

借:生产成本——A 产品　　　　　　　　　　　　　　　　　16 100
　　　　　——B 产品　　　　　　　　　　　　　　　　　　 11 900
　　制造费用　　　　　　　　　　　　　　　　　　　　　　 9 520
　　管理费用　　　　　　　　　　　　　　　　　　　　　　 7 280
　贷:应付职工薪酬　　　　　　　　　　　　　　　　　　　 44 800

【例 3.23】华泰公司开出现金支票从银行提取现金 320 000 元,以备发放工资。

【分析】该项经济业务的发生,使得公司的库存现金增加 320 000 元,属于资产的增加,应计入"库存现金"账户的借方,同时使得公司的银行存款减少 320 000 元,是资产的减少,应计入"银行存款"账户的贷方。对该项经济业务应做如下会计分录:

借:库存现金　　　　　　　　　　　　　　　　　　　　　　320 000
　贷:银行存款　　　　　　　　　　　　　　　　　　　　　 320 000

【例 3.24】华泰公司以现金 320 000 元发放本月职工工资。

【分析】该项经济业务的发生,使得公司的库存现金减少 320 000 元,属于资产的减少,应计入"库存现金"账户的贷方,同时使得公司对员工的应付职工薪酬减少,是负债的减少,应计入"应付职工薪酬"账户的借方。对该项经济业务应做如下会计分录:

  借:应付职工薪酬   320 000
    贷:库存现金   320 000

3. 制造费用的归集与分配

  制造费用是产品制造企业为了生产产品和提供劳务而发生的各种间接费用。具体内容包括:(1)间接用于产品生产的费用,如机物料消耗费用,车间生产用的固定资产的折旧费、修理费、保险费,车间生产用的照明费、劳动保护费等;(2)直接用于产品生产,但管理上不要求或者不便于单独核算,因而没有单独设置成本项目进行核算的某些费用,如生产工具的摊销费、设计制图费、试验费以及生产工艺用的动力费等;(3)车间用于组织和管理生产的费用,如车间管理人员的工资及福利费,车间管理用的固定资产折旧费、修理费,车间管理用的摊销费、水电费、差旅费、办公费等。企业须将上述费用按照发生的不同空间范围在"制造费用"账户的借方中予以归集、汇总,然后选用一定的标准,期末将制造费用总计在各种产品之间进行合理的分配,以便于准确地确定各种产品应负担的制造费用。分配后通过"制造费用"账户贷方全部转入"生产成本"账户的借方,结转后,"制造费用"账户无余额。

  【例3.25】华泰公司2015年12月25日,开出转账支票3 953元从晨星文具商场购入办公用品,其中,属于车间的为1 411元,行政管理部门的2 542元,直接交付使用。

  【分析】该项经济业务的发生,使得公司的制造费用增加1 411元,管理费用增加2 542元,应分别计入"制造费用"账户和"管理费用"账户的借方,同时使得公司的银行存款减少3 953元,应计入"银行存款"账户的贷方。对该项经济业务应做如下会计分录:

  借:制造费用   1 411
    管理费用   2 542
    贷:银行存款   3 953

  【例3.26】华泰公司2015年12月29日,以银行存款支付本月水电费50 000元,其中,车间耗用30 000元,厂部耗用20 000元。

  【分析】该项经济业务的发生,使得公司的制造费用增加30 000元,管理费用增加20 000元,应分别计入"制造费用"账户和"管理费用"账户的借方,同时使得公司的银行存款减少50 000元,应计入"银行存款"账户的贷方。对该项经济业务应做如下会计分录:

  借:制造费用   30 000
    管理费用   20 000
    贷:银行存款   50 000

  【例3.27】华泰公司2015年12月31日,计提本月固定资产折旧费80 000元,其中,车间固定资产应计提折旧50 000元,厂部固定资产应计提折旧30 000元。

  【分析】该项经济业务的发生,使得公司的制造费用增加50 000元,管理费用增加30 000元,应分别计入"制造费用"账户和"管理费用"账户的借方,同时使得固定资产的折旧费增加80 000元,应计入"累计折旧"账户的贷方。对该项经济业务应做如下会计分录:

借:制造费用　　　　　　　　　　　　　　　　　　　　　　　　50 000
　　管理费用　　　　　　　　　　　　　　　　　　　　　　　　30 000
　　贷:累计折旧　　　　　　　　　　　　　　　　　　　　　　　80 000

【例 3.28】华泰公司 2015 年 12 月 31 日,对厂部的固定资产进行日常修理,共花费 1 145 元,用银行存款支付。

【分析】该项经济业务的发生,使得公司的管理费用增加 1 145 元,应计入"管理费用"账户的借方,同时使得公司的银行存款减少 1 145 元,应计入"银行存款"账户的贷方。对该项经济业务应做如下会计分录:

借:管理费用　　　　　　　　　　　　　　　　　　　　　　　　1 145
　　贷:银行存款　　　　　　　　　　　　　　　　　　　　　　　1 145

【例 3.29】华泰公司 2015 年 12 月 31 日市场营销部采购员孙某出差回来,报销差旅费 1 520 元,交回现金 280 元,并结清原预借差旅费 1 800 元。

【分析】该项经济业务的发生,使得公司的管理费用增加 1 520 元,库存现金增加 280 元,应分别计入"管理费用"账户和"库存现金"账户的借方,同时,预借的差旅费的减少属于其他应收款的减少,应计入"其他应收款"账户的贷方。对该项经济业务应做如下会计分录:

借:管理费用　　　　　　　　　　　　　　　　　　　　　　　　1 520
　　库存现金　　　　　　　　　　　　　　　　　　　　　　　　　280
　　贷:其他应收款　　　　　　　　　　　　　　　　　　　　　　1 800

【例 3.30】华泰公司 2015 年 12 月 31 日,临时替职工林某垫支医药费 818 元,现金付讫。

【分析】该项经济业务的发生,使得公司库存现金减少,是资产的减少,应计入"库存现金"账户的贷方,同时使得公司为职工垫支的医药费应计入的"其他应收款"账户增加 818 元,属于资产的增加,计入"其他应收款"账户的借方。对该项经济业务应做如下会计分录:

借:其他应收款　　　　　　　　　　　　　　　　　　　　　　　　818
　　贷:库存现金　　　　　　　　　　　　　　　　　　　　　　　　818

【例 3.31】华泰公司 2015 年 12 月 31 日,结转本月制造费用,编制"制造费用分配表",将本月发生的制造费用总额按照产品耗用工时比例分配计入所生产的 A,B 产品生产成本中。

根据华泰公司"制造费用"总分类账户的记录,本月发生的制造费用总额为 168 000元,本例按照产品耗用工时的比例进行分配,所编制的"制造费用分配表"如表 3.28 所示。

表 3.28　华泰公司制造费用分配表

××年 12 月 31 日　　　　　　　　　　　　　　　　　　　　单位:元

分配对象(产品名称)	分配标准(产品耗用工时)	分配率/(元/小时)	分配额
A 产品	4 600	21	96 600
B 产品	3 400	21	71 400
合计	8 000		168 000

【分析】表中所分配的制造费用,其计算方法如下:

制造费用分配率=168 000÷(4 600+3 400)=21 元/小时

A 产品应分配制造费用=4 600×21=96 600 元

B 产品应分配制造费用=3 400×21=71 400 元

根据月末编制的"制造费用分配表",该项经济业务的发生,一方面使得公司的生产成本增加了 168 000 元,其中,A 产品的生产成本增加了 96 600 元,B 产品的生产成本增加了 71 400 元,应计入"生产成本"账户的借方,同时使得公司的制造费用减少 168 000 元,应计入"制造费用"账户的贷方。对该项经济业务应做如下会计分录:

借:生产成本——A 产品　　　　　　　　　　　　　　　　　　96 600
　　　　——B 产品　　　　　　　　　　　　　　　　　　　　71 400
　贷:制造费用　　　　　　　　　　　　　　　　　　　　　　168 000

4. 完工产品生产成本的计算与结转

通过上述各项费用的归集和分配,生产车间在生产过程中发生的各项费用,已经集中反映在"生产成本"账户及其明细账的借方,这些费用都是当月发生的产品费用,并不是当月完工产成品的成本。要计算出当月完工成品的成本,还要将当月发生的生产费用,加上月初在产品成本,然后再将其在当月完工产品和月末在产品之间进行分配,以求得当月完工成品的生产成本。

当月发生的生产费用和月初、月末在产品及当月完工产品生产成本四项费用的关系可用式(3.1)或式(3.2)表达。

$$\text{月初在产品成本} + \text{当月发生生产费用} = \text{当月完工产品生产成本} + \text{月末在产品成本} \quad (3.1)$$

$$\text{当月完工产品生产成本} = \text{月初在产品成本} + \text{当月发生生产费用} - \text{月末在产品成本} \quad (3.2)$$

由于式(3.1)与式(3.2)中"月初在产品成本"和"当月发生生产费用"是已知数,所以,月末确定完工产品实际生产成本就需要把这两项已知生产费用的合计在完工产品与月末在产品之间进行分配。

生产费用在完工产品与在产品之间的分配,在成本计算工作中是一个重要而又比较复杂的问题。企业应当根据在产品数量的多少、各月在产品数量变化的大小、各项费用比重的大小及定额管理基础的好坏等具体条件,选择既合理又简便的分配方法。这部分内容主要在《成本会计》课程中学习,在本书中我们只需要掌握两种特殊的情况,即完工产品实际成本和月末在产品成本其中一项为零,当月全部生产费用不需要进行分配,当月生产的产品要么全部完工验收入库,要么全部未完工成为在产品,留待下期继续核算生产成本。

生产费用完成了在完工产品和月末在产品之间的分配后,完工产品的总成本和单位成本就能确定了,进而可以据以结转完工入库产品的实际成本。这时增加了完工入库产品的成本,计入"库存商品"账户的借方,同时减少了正在加工产品的生产成本,计入"生产成本"账户的贷方。

【例3.32】华泰公司 2015 年 12 月 31 日,生产车间完工 A,B 两种产品(假设月初 A,B

两种产品"生产成本"账户余额为零),其中 A 产品完工总成本为 377 340 元,B 产品完工总成本为 271 080 元。A,B 产品现已验收入库,结转成本。

【分析】该项经济业务的发生,在产品生产完工入库结转成本时,使公司的库存商品成本增加,其中,A 产品成本增加 377 340 元,B 产品成本增加 271 080 元,应计入"库存商品"账户的借方,同时由于结转入库商品实际成本而使生产过程中占用资金减少 648 420 元,应计入"生产成本"账户的贷方。对该项经济业务应做如下会计分录:

借:库存商品　　　　　　　　　　　　　　　　　　　　648 420
　贷:生产成本——A 产品　　　　　　　　　　　　　　　377 340
　　　　——B 产品　　　　　　　　　　　　　　　　　271 080

第五节　销售过程的核算

一、销售过程业务概述

销售过程是企业生产经营过程的最后阶段,也是产品价值的实现过程,其主要任务是将生产的商品销售出去,以满足社会的需要,同时取得销售收入,使企业的生产耗费得到补偿。为了顺利地实现商品的销售,不仅会发生包装、广告、运输等销售费用,还要按国家的规定计算交纳销售税金。因此,销售过程核算的主要内容包括:确认销售收入的实现;与购货方办理价款的结算;结转销售成本;支付各种销售费用;计算交纳销售税金等。

制造企业在销售过程中,除了发生销售商品、自制半成品以及提供工业性劳务等业务,即主营业务之外,还可能发生一些其他业务,如销售材料、出租包装物、出租固定资产等。所以本节主要介绍制造企业主营业务收支和其他业务收支的核算。

(一)主营业务与其他业务概念

(1)主营业务是指企业为完成其经营目标而从事的日常活动中的主要活动,可根据企业营业执照上规定的主要业务范围确定,例如工业、商品流通企业的主营业务是销售商品,银行的主营业务是贷款和为企业办理结算等。

(2)其他业务是指企业在经营过程中发生的除主营业务之外的其他销售业务,包括销售材料、出租包装物、出租固定资产、出租无形资产、出租商品、用材料进行非货币性资产交换或债务重组等活动。

主营业务与其他业务是相对的概念,企业在实际工作中需要根据管理需要,自行确定各类业务类型及核算范围。

(二)销售收入的确认

企业生产经营活动所得的收入应该按照权责发生制的要求,根据收入实现原则加以确认与计量。按照《企业会计准则》的要求,企业销售商品收入的确认,必须同时符合以下条件:

(1)企业已将商品所有权上的主要风险和报酬转移给购买方;

(2)企业既没有保留通常与所有权相联系的继续管理权,也没有对已售出的商品实施有效控制；

（3）收入的金额能够可靠计量；

（4）与交易相关的经济利益能够流入企业；

（5）相关的已发生或将发生的成本能够可靠计量。

二、销售过程的核算

（一）主要账户的设置

1."主营业务收入"账户

该账户是损益类账户，用来核算和监督企业在一定会计期间因销售商品、提供劳务而获取的收入。该账户贷方登记企业销售商品、提供劳务而取得的收入，借方登记发生销售退回和销售折让等冲减本期的主营业务收入和期末转入"本年利润"账户的主营业务收入。结转之后，该账户期末无余额。"主营业务收入"账户应按照主营业务的种类设置明细分类账户，进行明细分类核算。

"主营业务收入"账户的丁字账结构如表3.29所示。

表3.29 主营业务收入账户结构

借方	主营业务收入	贷方
销售退回等冲减的主营业务收入 期末转入"本年利润"账户的主营业务收入		本期实现的主营业务收入

2."主营业务成本"账户

该账户是损益类账户，用来核算企业经营主营业务而发生的实际成本及其结转情况。该账户借方登记已销售商品、提供劳务的实际成本数，贷方登记销售退回等应冲减的销售成本和期末转入"本年利润"账户的主营业务成本的结转数。结转之后，该账户期末无余额。"主营业务成本"账户应按照主营业务的种类设置明细分类账户，进行明细分类核算。

"主营业务成本"账户的丁字账结构如表3.30所示。

表3.30 主营业务成本账户结构

借方	主营业务成本	贷方
发生的主营业务成本		销售退回等冲减的主营业务成本 期末转入"本年利润"账户的主营业务成本

主营业务成本的计算公式如下：

本期应结转的主营业务成本=本期销售商品的数量×单位商品的生产成本 (3.3)

式（3.3）中单位商品的生产成本的确定，应考虑期初库存商品成本和本期入库的商品的成本，可以分别采用先进先出法、后进先出法、一次加权平均法和个别计价法等方法来确定，计算方法一经确定，不得随意变动。

3. "营业税金及附加"账户

营业税金及附加是企业在销售商品过程中,因实现了商品的销售额,而向国家税务机关缴纳的各种营业税金及附加,主要包括消费税、营业税、城市维护建设税、资源税及教育费附加等。这些税金及附加一般是根据当月的销售额或应税额,按照规定的税率计算,于下月初缴纳。

该账户是损益类账户,用来反映企业主营业务和其他业务负担的各种税金及附加的计算和结转情况。该账户借方登记按照有关的计税依据计算出来的各种税金及附加额,贷方登记期末转入"本年利润"账户的营业税金及附加额。结转之后,该账户期末无余额。该账户应按照主营和其他业务应负担的各种税金及附加的种类设置明细分类账户,进行明细分类核算。

"营业税金及附加"账户的丁字账结构如表 3.31 所示。

表 3.31 营业税金及附加账户结构

借方	营业税金及附加	贷方
计算出的营业税、消费税、城市维护建设税等		期末转入"本年利润"账户的营业税金及附加

4. "其他业务收入"账户

该账户是损益类账户,用来核算和监督企业除主营业务之外的其他经营活动实现的收入。该账户贷方登记企业取得的其他业务收入,借方登记期末转入"本年利润"账户的其他业务收入。结转之后,该账户期末无余额。该账户应按照其他业务的种类设置明细分类账户,进行明细分类核算。

"其他业务收入"账户的丁字账结构如表 3.32 所示。

表 3.32 其他业务收入账户结构

借方	其他业务收入	贷方
期末转入"本年利润"账户的其他业务收入		本期实现的其他业务收入

5. "其他业务成本"账户

该账户是损益类账户,用来核算企业除主营业务之外的其他业务成本的发生及其结转情况。该账户借方登记其他业务成本,包括材料销售成本、提供劳务的成本及费用的发生,即其他业务成本的增加,贷方登记期末转入"本年利润"账户的其他业务成本额。结转之后,该账户期末无余额。该账户应按照其他业务的种类设置明细分类账户,进行明细分类核算。

"其他业务成本"账户的丁字账结构如表 3.33 所示。

表 3.33 其他业务成本账户结构

借方	其他业务成本	贷方
其他业务成本的发生(增加)		期末转入"本年利润"账户的其他业务成本

6. "销售费用"账户

该账户是损益类账户,用来核算企业销售商品、提供劳务的过程中发生的各种费用,包括运输费、保险费、包装费、展览费和广告费以及为销售本企业产品而专设的销售机构的职工薪酬、业务费、折旧费等经营费用。该账户借方登记各项销售费用的发生额,贷方登记各期末转入"本年利润"账户的数额。结转之后,该账户期末无余额。该账户按照费用项目设置明细分类账户,进行明细分类核算。

"销售费用"账户的丁字账结构如表 3.34 所示。

表 3.34 销售费用账户结构

借方	销售费用	贷方
本期发生的各项销售费用		期末转入"本年利润"账户的费用额

7. "应收账款"账户

该账户是资产类账户,用来核算企业因销售商品、提供劳务等应向购货单位或接受劳务的单位收取的款项,代购货单位垫付的各种款项也在该账户中核算。该账户借方登记由于销售商品以及提供劳务等而发生的应收账款,贷方登记已经收回的应收账款。若期末余额在借方,则表示尚未收回的应收账款;若期末余额在贷方,则表示预收的账款。该账户应按不同的购货单位或接受劳务的单位设置明细分类账户,进行明细分类核算。

"应收账款"账户的丁字账结构如表 3.35 所示。

表 3.35 应收账款账户结构

借方	应收账款	贷方
期初余额:截至上期末尚未收到的应收账款		期初余额:截至上期末的预收款余额
本期发生的应收账款		本期收回的应收账款
期末余额:截至本期末尚未收到的应收账款		期末余额:截至本期末的预收款余额

8. "应收票据"账户

该账户是资产类账户,用来核算企业因销售商品而收到购货单位开出并承兑的商业承兑汇票或银行承兑汇票的增减变动及其结余情况。该账户借方登记企业收到购买单位开出并承兑的商业汇票,表明企业应收票据款的增加,贷方登记票据到期收回的款项,表明应收票据款的减少。期末余额在借方,表示尚未到期的应收票据款的结余额。该账户不设置明细账户。为了了解每张应收票据的结算情况,企业应设置"应收票据备查簿"逐笔登记每张应收票据的详细资料。

"应收票据"账户的丁字账结构如表 3.36 所示。

表 3.36 应收票据账户结构

借方	应收票据	贷方
期初余额:期初尚未收回应收票据款		
本期收到的商业汇票(增加)		到期(或提前贴现)的票据(减少)
期末余额:期末尚未收回应收票据款		

9. "预收账款"账户

该账户是负债类账户,用来核算企业按照合同的规定预收购买单位订货款的增减变动及结余情况。该账户贷方登记预收购买单位订货款的增加,借方登记销售实现时冲减的预收货款。期末余额若在贷方,则表示企业预收款的结余额;期末余额若在借方,则表示购货单位应补付给本企业的款项。该账户按照购货单位设置明细分类账户,进行明细分类核算。

注:对于预收账款业务不多的企业,可以不单独设置"预收账款"账户,而将预收的款项直接计入"应收账款"账户的贷方,此时,应收账款账户就成为双重性质的账户。

"预收账款"账户的丁字账结构如表 3.37 所示。

表 3.37 预收账款账户结构

借方 预收账款	贷方
期初余额:截至上期末购货方应补付的货款	期初余额:截至上期末预收款的结余
销售实现冲减的预收款	预收款的增加
期末余额:截至本期末购货方应补付的货款	期末余额:截至本期末预收款的结余

(二)销售过程核算举例

【例 3.33】华泰公司向东红工厂销售 A 产品 50 台,每台售价 4 800 元,发票注明该批 A 产品价款 240 000 元,增值税税额 40 800 元,公司收到一张已承兑的含全部款项的商业汇票。

【分析】该项经济业务的发生,使得公司的应收票据款项增加 280 800 元,应计入"应收票据"账户的借方,同时使得公司的主营业务收入增加 240 000 元,增值税销项税额增加 40 800 元,应分别计入"主营业务收入"账户和"应交税费——应交增值税"账户的贷方。对该项经济业务应做如下会计分录:

借:应收票据 280 800
　　贷:主营业务收入 240 000
　　　　应交税费——应交增值税(销项税额) 40 800

【例 3.34】华泰公司按合同规定预收光明工厂订购 B 产品的货款 600 000 元,存入银行。

【分析】该项经济业务的发生,使得公司银行存款增加 600 000 元,应计入"银行存款"账户的借方,同时使得公司的预收款项增加 600 000 元,应计入"预收账款"账户的贷方,对该项经济业务应做如下会计分录:

借:银行存款 600 000
　　贷:预收账款——光明工厂 600 000

【例 3.35】华泰公司赊销给甲机车厂 A 产品 120 台,发票注明的价款为 576 000 元,增值税税额 97 920 元。

【分析】该项经济业务的发生,使得公司的应收款项增加 673 920 元,应计入"应收账款"账户的借方,同时使得公司的主营业务收入增加 576 000 元,增值税销项税额增加 97 920 元,应分别计入"主营业务收入"账户和"应交税费——应交增值税"账户的贷方。对该项经济业务应做如下会计分录:

借:应收账款——甲机车厂 673 920
　　贷:主营业务收入 576 000

　　　　应交税费——应交增值税(销项税额)　　　　　　　　　　　　　　97 920

【例3.36】承【例3.34】,华泰公司向光明工厂发出B产品70台,发票注明的价款为1 400 000元,增值税销项税额238 000元。原预收款不足,其差额部分当即收到并存入银行。

【分析】该项经济业务的发生,使得公司的主营业务收入增加1 400 000元,增值税销项税额增加238 000元,应分别计入"主营业务收入"账户和"应交税费——应交增值税"账户的贷方,原预收款项600 000元,不足款项差额为1 038 000元(1 400 000+238 000-600 000),故此次收到的银行存款为1 038 000元,使得公司的银行存款增加1 038 000元,冲减原预收账款600 000元,应分别计入"银行存款"账户和"预收账款"账户的借方。对该项经济业务应做如下会计分录:

　　借:银行存款　　　　　　　　　　　　　　　　　　　　　　　　1 038 000
　　　　预收账款——光明工厂　　　　　　　　　　　　　　　　　　　 600 000
　　　　贷:主营业务收入　　　　　　　　　　　　　　　　　　　　　　1 400 000
　　　　　　应交税费——应交增值税(销项税额)　　　　　　　　　　　　 238 000

【例3.37】承【例3.33】至【例3.36】华泰公司在月末结转本月已销售的A,B产品的销售成本。其中,A产品的单位成本为3 200元,B产品的单位成本为13 600元。

【分析】首先要计算已销售的A,B产品的销售成本。本期销售A产品170台(50+120),其销售总成本为544 000元,本期销售B产品70台,销售成本为952 000元。该项经济业务的发生使得公司的销售成本增加1 496 000元(544 000+952 000),应计入"主营业务成本"账户的借方,同时使得公司的库存商品成本减少1 496 000元,应计入"库存商品"账户的贷方。对该项经济业务应做如下会计分录:

　　借:主营业务成本　　　　　　　　　　　　　　　　　　　　　　1 496 000
　　　　贷:库存商品——A产品　　　　　　　　　　　　　　　　　　　 544 000
　　　　　　　　　　——B产品　　　　　　　　　　　　　　　　　　　 952 000

【例3.38】华泰公司经计算,本月应缴纳城市建设税14 000元,教育费附加6 000元,消费税35 000元。

【分析】该项经济业务的发生,使得公司的营业税金及附加增加55 000元(14 000+6 000+35 000),应计入"营业税金及附加"账户的借方,同时使得公司的应交税费增加55 000元,应计入"应交税费"账户的贷方。对该项经济业务应做如下会计分录:

　　借:营业税金及附加　　　　　　　　　　　　　　　　　　　　　　 55 000
　　　　贷:应交税费——应交消费税　　　　　　　　　　　　　　　　　 35 000
　　　　　　　　　　——应交城建税　　　　　　　　　　　　　　　　　 14 000
　　　　　　　　　　——应交教育费附加　　　　　　　　　　　　　　　　6 000

【例3.39】华泰公司销售一批原材料,价款28 000元,增值税4 760元,款项已存入银行。

【分析】该项经济业务的发生,使得公司的银行存款增加32 760元,应计入"银行存款"账户的借方,同时使得公司的其他业务收入增加28 000元,增值税销项税额增加4 760元,应分别计入"其他业务收入"账户和"应交税费——应交增值税"账户的贷方。

对该项经济业务应做如下会计分录:
  借:银行存款   32 760
    贷:其他业务收入   28 000
      应交税费——应交增值税(销项税额)   4 760

【例3.40】华泰公司月末结转本月销售材料成本 16 000 元。

【分析】对该项经济业务的发生,使得公司的其他业务成本增加 16 000 元,应计入"其他业务成本"账户的借方,同时使得公司的库存材料成本减少 16 000 元,应计入"原材料"账户的贷方。对该项经济业务应做如下会计分录:
  借:其他业务成本   16 000
    贷:原材料   16 000

【例3.41】假设华泰公司下设一销售网点,经计算确定该网点销售人员的工资为 50 000 元。

【分析】该项经济业务的发生,使得公司的销售费用增加 50 000 元,应计入"销售费用"账户的借方,同时使得公司的应付职工薪酬增加 50 000 元,应计入"应付职工薪酬"账户的贷方。对该项经济业务应做如下会计分录:
  借:销售费用   50 000
    贷:应付职工薪酬   50 000

第六节 财务成果形成与分配业务核算

企业经营活动的目的就是要不断提高自身的盈利水平,增强获利能力。利润就是反映企业获利能力的重要指标。企业一定期间实现的利润或发生的亏损,就是企业在这一期间的财务成果。因此,在详细学习制造企业各项主要过程业务的核算后,我们需要进一步学习企业有关财务成果业务的核算,具体包括财务成果的形成与分配业务的核算。

一、财务成果形成的核算

(一)财务成果形成的业务概述

财务成果是企业在一定会计期间所实现的最终经营成果。按照配比的要求,将一定时期内存在因果关系的收入与费用进行配比而产生的结果,收入大于费用的差额部分称之为利润,反之称之为亏损。

根据利润的形成过程,有营业利润、利润总额和净利润这三个层次的概念。

1. 营业利润

营业利润是指企业在生产经营过程中通过销售活动将商品卖给购买方,实现收入,扣除当初的投入成本以及其他一系列费用的差额,具体指营业收入(包括主营业务收入和其他业务收入)减去营业成本(包括主营业务成本和其他业务成本)、营业税金及附加、期间费用、资产减值损失,然后加上公允价值变动收益、投资收益等。营业利润是企业最基本经营活动的成果,也是企业一定时期获得利润中最主要、最稳定的来源。营业利润的计算公式为：

营业利润=营业收入-营业成本-营业税金及附加-销售费用-管理费用-财务费用-资产减值损失+公允价值变动收益(-公允价值变动损失)+投资收益(-投资损失)

其中：

营业收入=主营业务收入+其他业务收入

营业成本=主营业务成本+其他业务成本

公允价值变动收益是指资产或负债因公允价值变动所形成的收益。公允价值是指在公平交易中，熟悉情况的交易双方自愿进行资产交换或者债务清偿的金额。

投资收益是对外投资所取得的利润、股利和债券利息等收入减去投资损失后的净收益。

2. 利润总额

利润总额是指企业在生产经营过程中各种收入扣除各种耗费后的盈余，反映企业在报告期内实现的盈亏总额。利润总额由营业利润加减非经营性质的收支等构成，是衡量企业经营业绩的一项十分重要的经济指标。利润总额的计算公式如下：

利润(或亏损)总额=营业利润+营业外收入-营业外支出

其中，营业外收入是指企业发生的与日常活动无直接关系的各项利得。例如，固定资产和无形资产处置利得、非货币性资产交换利得、政府补助、盘盈、接受捐赠、债务重组利得。

营业外支出是指企业发生的与日常活动无直接关系的各项损失。例如，固定资产和无形资产处置损失、非货币性资产交换损失、非常损失、盘亏、公益性捐赠支出、债务重组损失。

3. 净利润

净利润是指企业实现利润总额之后，扣除应向国家缴纳的所得税费用之后的利润，也称税后利润。

所得税费用指企业按照国家税法规定，对企业某一年度实现的经营所得和其他所得，按照规定的所得税税率计算缴纳的一种税款。当期所得税费用根据当期应纳税所得额和所得税税率(一般为25%)相乘获得。由于税法规定的应纳税的所得项目即税务利润通常和会计核算的会计利润不同，所以应纳税所得额通常不等于利润总额，应纳税所得额等于利润总额加减纳税调整额。但是在初级会计阶段，为简化起见，我们往往把利润总额看成是应纳税所得额。净利润的计算公式为：

净利润=利润总额-所得税费用=利润总额-应纳税所得额×所得税税率

(二)主要账户的设置

1. "本年利润"账户

该账户是所有者权益类账户，用来核算企业一定时期内净利润的形成或亏损的发生情况。该账户贷方登记会计期末转入的各项收入，包括主营业务收入、其他业务收入、投资收益和营业外收入等，借方登记会计期末转入的各项费用，包括主营业务成本、营业税金及附加、其他业务成本、管理费用、财务费用、销售费用、营业外支出和所得税费用等。

该账户年内期末余额如果在贷方，则表示实现的累计净利润；如果在借方，则表示累计发生的亏损。年末将本账户全部余额转入"利润分配——未分配利润"账户；如果是净利润,则转入"利润分配——未分配利润"账户的贷方;如果是损失,则转入"利润分配——未分配利润"账户的借方。结转之后,该账户年末余额为零。本账户一般不设置明细分类账户。

"本年利润"账户的丁字账结构如表3.38所示。

表3.38 本年利润账户结构

借方	本年利润	贷方
期末转入的各项费用: 　　主营业务成本 　　营业税金及附加 　　其他业务成本 　　管理费用 　　财务费用 　　销售费用 　　营业外支出 　　所得税费用		期末转入的各项收入: 　　主营业务收入 　　其他业务收入 　　投资收益(如为净损失则转入借方) 　　营业外收入
年内期末余额:累计亏损		年内期末余额:累计净利润

2. "所得税费用"账户

该账户是损益类账户,核算企业按照税法规定从当期损益中扣除的所得税。该账户借方登记从企业当期利润中扣除的所得税费用,贷方登记转入"本年利润"账户的数额,结转之后,该账户期末无余额。

"所得税费用"账户的丁字账结构如表3.39所示。

表3.39 所得税费用账户结构

借方	所得税费用	贷方
月末计算出来的所得税费用		期末转入"本年利润"账户的费用额

3. "营业外收入"账户

该账户是损益类账户,核算企业各项营业外收入的实现及结转情况。该账户贷方登记营业外收入的实现(即营业外收入的增加),借方登记期末转入"本年利润"账户的营业外收入额。结转之后,该账户期末无余额。该账户应按照收入的具体项目设置明细分类账户,进行明细分类核算。

"营业外收入"账户的丁字账结构如表3.40所示。

表3.40 营业外收入账户结构

借方	营业外收入	贷方
期末转入"本年利润"账户的营业外收入		本期实现的营业外收入(增加)

4. "营业外支出"账户

该账户是损益类账户,用来核算企业各项营业外支出的发生及其转销情况。该账户借方登记营业外支出的发生额(即营业外支出的增加),贷方登记期末转入"本年利润"账户的营业外支出额。结转之后,该账户期末无余额。

"营业外支出"账户的丁字账结构如表3.41所示。

表3.41 营业外支出账户结构

借方	营业外支出	贷方
营业外支出的发生(增加)		期末转入"本年利润"账户的营业外支出

5. "投资收益"账户

该账户是损益类账户,核算企业对外投资所获得收益的实现或损失的发生及结转情况。该账户贷方登记实现的投资收益和期末转入"本年利润"账户的投资净损失,借方登记发生的投资损失和期末转入"本年利润"账户的投资净收益。结转之后,该账户期末无余额。该账户应按照投资的种类设置明细分类账户,进行明细分类核算。

"投资收益"账户的丁字账结构如表3.42所示。

表3.42 投资收益账户结构

借方	投资收益	贷方
发生的投资损失		实现的投资收益
期末转入"本年利润"账户的投资净收益		期末转入"本年利润"账户的投资净损失

(三)财务成果形成的核算举例

【例3.42】华泰公司的某项长期股权投资采用成本法核算,该被投资单位宣告分配本年的现金股利,其中本公司应得60 000元。

【分析】该项经济业务的发生,使得公司的应收股利增加60 000元,应计入"应收股利"账户的借方,同时使得公司的投资收益增加60 000元,应计入"投资收益"账户的贷方。对该项经济业务应做如下会计分录:

借:应收股利　　　　　　　　　　　　　　　　　　　　　　60 000
　　贷:投资收益　　　　　　　　　　　　　　　　　　　　　　60 000

【例3.43】华泰公司收到某单位的违约罚款收入90 000元,存入银行。

【分析】该项经济业务的发生,使得公司的银行存款增加90 000元,应计入"银行存款"账户的借方,违约罚款收入属于营业外收入,所以该项业务的发生还使得公司的营业外收入增加90 000元,应计入"营业外收入"账户的贷方。对该项经济业务应做如下会计分录:

借:银行存款　　　　　　　　　　　　　　　　　　　　　　90 000
　　贷:营业外收入　　　　　　　　　　　　　　　　　　　　　90 000

【例3.44】华泰公司用银行存款30 000元支付一项公益性捐款。

【分析】企业的公益性捐款属于营业外支出,该项经济业务的发生,使得公司的营业外支出增加30 000元,应计入"营业外支出"账户的借方,同时使得公司的银行存款减少30 000元,应计入"银行存款"账户的贷方。对该项经济业务应做如下会计分录:

借:营业外支出　　　　　　　　　　　　　　　　　　　　　　30 000
　　贷:银行存款　　　　　　　　　　　　　　　　　　　　　　30 000

【例3.45】华泰公司在会计期末结转当期收入、费用等损益类账户。包括:主营业务收入 2 016 000 元,其他业务收入 28 814 元,投资收益 60 000 元,营业外收入 90 000 元,主营业务成本 1 496 000 元,其他业务成本 16 000 元,营业外支出 30 000 元,营业税金及附加 55 000 元,管理费用 89 626 元,销售费用 50 000 元。

【分析】该项经济业务的发生,一方面使得公司的有关损益类账户所记录的各种收入减少,从而使得公司的利润额增加,另一方面转销费用类账户中的各项费用,从而使得公司的利润额减少。对该项经济业务应做如下会计分录:

(1)结转收入:

借:主营业务收入	2 016 000
其他业务收入	28 814
营业外收入	90 000
投资收益	60 000
贷:本年利润	2 194 814

(2)结转费用:

借:本年利润	1 736 626
贷:主营业务成本	1 496 000
其他业务成本	16 000
营业外支出	30 000
营业税金及附加	55 000
管理费用	89 626
销售费用	50 000

【例3.46】月末将按照华泰公司本期实现的利润总额和 25% 的所得税税率,计算结转本期的所得税费用(假设没有纳税调整项)。

【分析】首先根据【例3.45】计算本期利润总额,然后计算应交所得税。然后再将所得税费用结转至"本年利润"账户。

本期应交所得税额 = 利润总额 × 25% = (2 194 814 - 1 736 626) × 25% = 114 547 元,该项经济业务的发生,使得公司的所得税费用增加 114 547 元,应计入"所得税费用"账户的借方,同时使得公司的应交税费增加 114 547 元,应计入"应交税费"账户的贷方。对该项经济业务应做如下会计分录:

借:所得税费用	114 547
贷:应交税费——应交所得税	114 547

将"所得税费用"结转至"本年利润"账户,同其他费用结转一样,分录如下:

借:本年利润	114 547
贷:所得税费用	114 547

"所得税费用"账户结转后,账户无余额,而"本年利润"账户的贷方余额为企业累计实现的净利润。

二、财务成果分配的核算

（一）财务成果分配的业务概述

企业通过利润形成过程的核算，形成了一定时期内的财务成果，即净利润。根据《中华人民共和国公司法》（以下简称《公司法》）等有关法规的规定，对于税后净利润需要按照法定程序在各有关方面进行合理的分配。分配顺序依次如下。

1. 弥补以前年度亏损

在五年内可以用税前利润弥补亏损；还可以用以前年度提取的法定盈余公积弥补。亏损未弥补完之前，不得提取法定盈余公积金。

2. 提取法定盈余公积

法定盈余公积金应按照本年实现净利润的一定比例提取，《公司法》规定公司制企业按净利润的10%提取；其他企业可以根据需要确定提取比例，但不得低于10%。公司提取的法定盈余公积金累积额超过注册资本50%以上的，可以不再提取。法定盈余公积的用途：弥补亏损；转增资本；企业扩大再生产；发放现金股利或利润等。

3. 提取任意盈余公积

公司制企业提取法定盈余公积后经股东大会决议，可提取任意盈余公积。非公有制企业经过类似权力机构批准也可提取任意盈余公积金。任意盈余公积金属于股东的合法权益，计提的目的是减少以后年度可供分配的利润，其主要用途是为了扩大再生产。任意盈余公积金计提标准由股东大会确定，如确因需要，经股东大会同意后，也可用于分配。

4. 向投资者分配利润或股利

可供向投资者分配的利润＝净利润－弥补以前年度的亏损－提取的法定盈余公积－提取的任意盈余公积＋以前年度未分配利润＋公积金转入数

可供向投资者分配的利润，应按下列顺序进行分配：（1）支付优先股股利；（2）支付普通股现金股利；（3）转作资本（或股本）的普通股股利。

5. 保留一定量的未分配利润

未分配利润是指企业实现的净利润经过弥补亏损、提取盈余公积和向投资者分配利润后留存在企业的、历年结存的利润。它在以后年度可继续进行分配，在未进行分配之前，属于所有者权益的组成部分。相对于所有者权益的其他部分来说，企业对于未分配利润的使用有较大的自主权。

（二）主要账户设置

1. "利润分配"账户

该账户是所有者权益类账户，用来核算企业一定时期内净利润的分配或亏损的弥补以及历年结存的未分配利润情况。该账户借方登记实际分配的利润额，包括提取的盈余公积金和分配给投资者的利润以及年末从"本年利润"账户转入的全年累计亏损额；年内贷方一般无发生额，年末贷方登记用盈余公积金弥补的亏损额以及年末从"本年利润"账户转入的全年实现的净利润额。年内期末余额如果在借方，则表示已分配的利润额，年末余额如果在借方，则表示未弥补的亏损额；年末余额如果在贷方，则表示未分配利润额。该账户一般设置"盈余公积补亏""提取法定盈余公积""提取任意盈余公积""应付现金股利或利润""转作资本(或股本)的股利""未分配利润"等明细分类账户。年末时,应将"利润分配"账户下的其他明细账户的余额转入"未分配利润"明细账户。结转之后,除"未分配利润"账户之外,其他明细分类账户均无余额。

"利润分配"账户的丁字账结构如表3.43所示。

表3.43 利润分配账户结构

借方	利润分配	贷方
实际分配的利润额: 　提取法定盈余公积 　应付现金股利 　转作资本的股利 　年末转入的亏损	盈余公积补亏 年末从"本年利润"账户转入的全年净利润	
年内余额:已分配利润额 年末余额:未弥补亏损额	期末余额:未分配利润	

2."盈余公积"账户

该账户是所有者权益类账户,用来核算企业从税后利润中提取的盈余公积金,包括法定盈余公积和任意盈余公积的增减变动及其结余情况。该账户贷方登记从企业税后利润中提取的盈余公积金的数额,借方登记盈余公积金弥补亏损或转增资本等方面的数额,即盈余公积金的减少额。期末余额在贷方,表示盈余公积金的实际结存数。该账户一般设置"法定盈余公积""任意盈余公积"等明细账户,进行明细分类核算。

"盈余公积"账户的丁字账结构如表3.44所示。

表3.44 盈余公积账户结构

借方	盈余公积	贷方
	期初余额:期初结余的盈余公积金	
实际使用的盈余公积金(减少)	年末提取的盈余公积金(增加)	
	期末余额:期末结余的盈余公积金	

3."应付股利"账户

该账户是负债类账户,用来核算企业按照股东大会或类似的权力机构决议分配给投资者的股利(现金股利)或者利润的增减变动及其结余情况(企业分配的股票股利不通过此账户核算)。该账户的贷方登记应付给投资者的现金股利或利润的增加,借方登记实际支付给投资者的现金股利或利润。期末余额在贷方,表示尚未支付的现金股利或利润。

"应付股利"账户的丁字账结构如表3.45所示。

表3.45 应付股利账户结构

借方	应付股利	贷方
	期初余额:期初尚未支付的利润或现金股利	
实际支付的利润或现金股利	应付未付的利润或现金股利	
	期末余额:尚未支付的利润或现金股利	

(三)财务成果分配的核算举例

【例3.47】假设华泰公司本期实现的净利润为467 600元,经股东大会批准,按净利润的10%提取法定盈余公积,按净利润的5%提取任意盈余公积。

【分析】首先计算应计提的法定盈余公积和任意盈余公积的数额,应计提的法定盈余公积=467 600×10%=46 760元,应计提的任意盈余公积=467 600×5%=23 380元。该项经济业务的发生使得公司的利润分配额增加70 140元,应计入"利润分配"账户的借方,同时使得公司的盈余公积增加70 140元,应计入"盈余公积"账户的贷方。对该项经济业务应做如下会计分录:

　　借:利润分配——提取法定盈余公积　　　　　　　　　　　　　46 760
　　　　　　　——提取任意盈余公积　　　　　　　　　　　　　　23 380
　　　贷:盈余公积——法定盈余公积　　　　　　　　　　　　　　　46 760
　　　　　　　——任意盈余公积　　　　　　　　　　　　　　　　23 380

【例3.48】华泰公司按照股东大会的决议,分配给股东现金股利80 000元。

【分析】对于现金股利,在股东大会批准利润分配方案之后,应立即进行账务处理。该项经济业务的发生,使得公司的利润分配额增加80 000元,应计入"利润分配"账户的借方,同时使得公司的应付股利增加80 000元,应计入"应付股利"账户的贷方。对该项经济业务应做如下会计分录:

　　借:利润分配——应付现金股利　　　　　　　　　　　　　　　80 000
　　　贷:应付股利　　　　　　　　　　　　　　　　　　　　　　　80 000

【例3.49】假设华泰公司本年实现的净利润为467 600元,年末结转本年实现的净利润。

【分析】该项经纪业务的发生,使得公司的本年利润减少467 600元,应计入"本年利润"账户的借方,同时使得公司的利润分配额增加467 600元,应计入"利润分配"账户的贷方。对该项经济业务应做如下会计分录:

　　借:本年利润　　　　　　　　　　　　　　　　　　　　　　　467 600
　　　贷:利润分配——未分配利润　　　　　　　　　　　　　　　467 600

【例3.50】华泰公司在年末结清利润分配账户所属的各有关明细账户。

【分析】该项经济业务的发生,应将"提取法定盈余公积"明细账户、"提取任意盈余公积"明细账户、"应付现金股利"明细账户的余额均反方向结转至"未分配利润"明细账户中。由【例3.47】和【例3.48】可知各明细账户的余额。对该项经济业务应做如下会计分录:

　　借:利润分配——未分配利润　　　　　　　　　　　　　　　　150 140
　　　贷:利润分配——提取法定盈余公积　　　　　　　　　　　　　46 760
　　　　　　　——提取任意盈余公积　　　　　　　　　　　　　　23 380
　　　　　　　——应付现金股利　　　　　　　　　　　　　　　　80 000

假设华泰公司年初没有未分配利润,那么本例结转业务后,"利润分配——未分配利润"账户出现贷方余额为317 460元(=467 600-150 140),这个余额表示的是累计未分配的利润。

习　题

1. 制造企业的主要经济业务有哪些？
2. 材料采购成本由哪些项目构成？
3. 采用计划成本计价，"材料采购""原材料""材料成本差异"三个账户之间有何关系？
4. 产品生产成本包括哪些内容？如何计算和结转完工产品的生产成本？
5. 商品销售收入如何确认？
6. 什么是财务成果？反映企业财务成果的指标有哪些？
7. 企业进行利润分配的顺序如何？

第四章 会计账户分类

【学习目标】
1. 了解账户分类的目的和标准;
2. 掌握账户按经济内容分类的具体内容;
3. 掌握账户按用途和结构分类的具体内容。

第一节 会计账户分类概述

为了全面核算企业生产、经营过程,会计上设置了众多账户进行核算,使之成为一个有机联系的体系。账户的分类就是在了解账户特性的基础上,研究账户体系中各账户之间存在的共性,进一步探明各种账户的经济内容、用途结构及其在整个账户体系中的地位和作用,明确各类账户的性质、内容、结构、特点和规律,正确地运用账户对企业的经济业务进行核算和反映。

对会计账户进行分类,一方面有助于建立完整的账户体系,全面核算企业各项经济业务;另一方面,有助于设计会计账簿格式,分类贮存会计信息。会计账户分类主要取决于账户的经济内容及用途和结构,因此可以从账户的经济内容及账户的用途和结构两个方面进行分类。其中,按经济内容分类又是账户分类的基础。

一、账户按经济内容分类

账户按经济内容分类的实质是按照会计对象的具体内容进行的分类。经济组织的会计对象就其具体内容而言,可以归结为资产、负债、所有者权益、收入、费用和利润六大会计要素。由于利润一般通过收入与费用的配比来实现,因此,从满足管理和会计信息使用者需要的角度考虑,账户按其经济内容可以分为资产类账户、负债类账户、所有者权益类账户、成本类账户和损益类账户五大类。

二、账户按用途和结构分类

账户按用途和结构分类,是指在账户按经济内容分类的基础上,对用途和结构基本相同的账户进行的适当分类。账户的用途是指账户的作用,即设置、运用账户的目的和账户记录所提供的经济信息,就是通过账户的记录能够提供什么核算资料,能够反映什么样的经济指标;账户的结构,是指在账户中如何提供核算资料,即账户的借方登记什么经济内容,账户的贷方登记什么经济内容,余额在哪个方向,反映什么经济内容等。

账户按照用途和结构可以分为盘存类账户、结算类账户、跨期摊配类账户、资本类账户、调整类账户、集合分配类账户、成本计算类账户、配比类账户和财务成果类账户九类。

账户按用途和结构分类,把所有在用途和结构上相互联系,并具有某些共性特点的账户加以归类,从个别到一般,从特性到共性,总结了同类账户在结构上和用途上的共同特点,这样,便于相关人员认识和掌握账户的使用规律,正确管理和运用账户。

第二节 会计账户按经济内容分类

账户按其经济内容可以分为资产类账户、负债类账户、所有者权益类账户、成本类账户和损益类账户五类。

一、资产类账户

按照流动性和变现能力的不同可以将资产类账户划分为流动资产类账户和非流动资产类账户。流动资产类账户主要有:库存现金、银行存款、其他货币资金、交易性金融资产、应收账款、应收票据、预付账款、原材料、库存商品等;非流动资产类账户主要有:长期股权投资、固定资产、在建工程、无形资产、长期待摊费用等。

二、负债类账户

负债类账户按照反映流动性强弱的不同可以划分为流动负债类账户和非流动负债类账户。流动负债类账户主要有:短期借款、应付账款、应付票据、预收账款、应交税费、应付职工薪酬、预提费用等;长期负债类账户主要有:长期借款、应付债券、长期应付款等。

三、所有者权益类账户

所有者权益类账户按照来源和构成的不同可以划分为投入资本类所有者权益账户和盈余积累类所有者权益账户。投入资本类所有者权益账户主要有:实收资本(股本)、资本公积;盈余积累类账户主要有:盈余公积、本年利润、利润分配等。

四、成本类账户

成本类账户按照费用发生时是可以直接归属于某一种产品成本还是需要先归集再分配计入产品成本,可以划分为直接计入类成本账户和分配计入类成本账户。直接计入类成本账户主要有:生产成本(包括基本生产成本、辅助生产成本)等,分配计入类成本账户主要有:制造费用等。

五、损益类账户

损益类账户是用来核算企业一定期间经营成果的账户,由于利润=收入−费用,因此损益类账户包括收入类账户和费用类账户。收入类账户主要有:主营业务收入、其他业务收入、营业外收入等;费用类账户主要有:主营业务成本、主营业务税金及附加、其他业务成本、营业外支出、管理费用、财务费用、销售费用、所得税费用等。

会计账户按经济内容分类如图4.1所示。

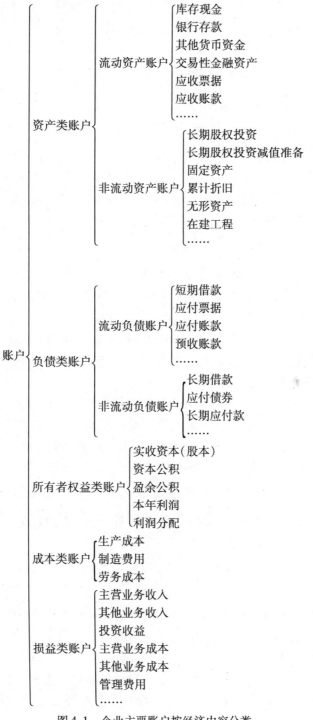

图 4.1　企业主要账户按经济内容分类

会计六大要素与会计账户按经济内容划分的五大类账户之间的对应关系如图 4.2 所示。

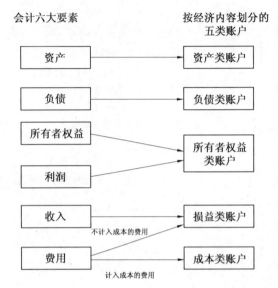

图 4.2　会计六大要素与按经济内容划分的五大类账户之间对应关系

由图 4.2 可知，会计六大要素与按经济内容划分的五大类账户之间存在如下对应关系：

(1) 资产、负债两个会计要素反映的经济特征分别对应着资产类账户和负债类账户。

(2) 由于利润最终归属于企业的所有者，所以所有者权益、利润两个会计要素反映的经济特征对应着所有者权益类账户。

(3) 损益类账户设置的目的是用于核算当期经营成果，即会计利润，而会计利润 = 收入 − 费用，因此，损益类账户包含了收入性质的账户和费用性质的账户；在费用性质的账户中，一部分费用构成产品的生产成本（材料费、人工费和制造费用），这部分费用对应着成本类账户；其他不计入产品生产成本的费用则划入损益类账户中。

第三节　会计账户按用途和结构分类

一、盘存账户

盘存账户是用来核算和监督各项财产物资和货币资金增减变动情况及其实有数额的账户。这类账户包括了企业主要的资产账户，如"库存现金""银行存款""原材料""库存商品""固定资产"等账户。

在借贷记账法下，盘存账户的特点是：借方登记各项财产物资和货币资金的增加数；贷方登记各项财产物资和货币资金的减少数；余额在借方，表示各项财产物资和货币资金的结存数。盘存账户的结构如表 4.1 所示。

表 4.1　盘存账户的结构

借方	账户名称	贷方
期初余额:期初各项财产物资和货币资金的结存数 发生额:本期各项财产物资和货币资金的增加数 期末余额:期末各项财产物资和货币资金的结存数		发生额:本期各项财产物资和货币资金的减少数

盘存账户具有以下特点:

(1)盘存账户可以通过实地盘点和核对账目来检查账户记录是否正确,账实是否相符;

(2)在各项财产物资和货币资金有结存的情况下,其余额在借方,而且,不仅总分类账户余额在借方,明细分类账户余额也在借方。

二、结算账户

结算账户是用以核算和监督本企业同其他单位或个人之间以及企业内部各部门之间发生的债权、债务结算情况的账户。按照结算性质的不同,又可以分为债权结算账户、债务结算账户和债权债务结算账户三种。

(一)债权结算账户

债权结算账户是用来核算和监督本企业债权增减变动情况及其实有数额的账户,如"应收账款""应收票据""其他应收款""预付账款"等账户都属于债权结算账户。

在借贷记账法下,债权结算账户的特点是:借方登记各种债权的增加数;贷方登记各种债权的减少数;余额在借方,表示各种债权的实有数。债权结算账户的结构如表 4.2 所示。

表 4.2　债权结算账户的结构

借方	账户名称	贷方
期初余额:期初各种债权的实有数 发生额:本期各种债权的增加数 期末余额:期末各种债权的实有数		发生额:本期各种债权的减少数

债权结算账户具有以下特点:

(1)为了保证核算资料的正确性,需要定期与有关债务单位或个人核对账目来保证账实相符,因此债权结算账户要求按债务单位或个人设置明细分类账户,进行明细分类账核算;

(2)对债权结算账户,无论总分类核算还是明细分类核算,都只需提供货币信息。

(二)债务结算账户

债务结算账户是用来核算和监督本企业债务增减变动情况及其实有数额的账户,如"应付账款""应付票据""其他应付款""预收账款""短期借款""应交税费"等账户都属于债务结算账户。

在借贷记账法下,债务结算账户的特点是:贷方登记各种债务的增加数;借方登记各种债务的减少数;余额在贷方,表示各种债务的实有数。债务结算账户的结构如表 4.3 所示。

表 4.3 债务结算账户的结构

借方	账户名称	贷方
发生额:本期各种债务的减少数	期初余额:期初各种债务的实有数 发生额:本期各种债务的增加数 期末余额:期末各种债务的实有数	

债务结算账户具有以下特点:

(1) 为了保证核算资料的正确性,需要定期与有关债权单位或个人核对账目来保证债务的真实性,因此债务结算账户要求按债权单位或个人设置明细分类账户,进行明细分类账核算;

(2) 对债务结算账户,无论总分类核算还是明细分类账核算,都只需提供货币信息。

(三) 债权债务结算账户

债权债务结算账户是用于核算和监督企业与其他单位或个人间债权、债务往来结算业务的账户。会计制度规定,预付货款情况不多的企业,可以不设置"预付账款"账户,发生预付货款业务时直接计入"应付账款"账户借方进行核算。这样,"应付账款"账户可以同时核算和监督应付账款和预付账款的增减变动,从而成为一个债权债务结算账户。同样道理,会计制度规定,预收货款情况不多的企业,可以不设置"预收账款"账户,发生预收货款业务时直接计入"应收账款"账户贷方进行核算。这样,"应收账款"账户可以同时核算和监督应收账款和预收账款的增减变动,也成为一个债权债务结算账户。

在借贷记账法下,债权债务结算账户的特点是:其借方登记企业债权的增加和债务的减少,贷方登记企业债务的增加和债权的减少;期末余额可能在借方也可能在贷方,在借方时表示企业拥有的债权,属资产性质;在贷方时表示企业承担的债务,属负债性质。债权债务结算账户的结构如表 4.4 所示。

表 4.4 债权债务结算账户的结构

借方	账户名称	贷方
期初余额:期初应收款项大于应付款项的差额 发生额:债权的增加数或债务的减少数 期末余额:期末债权实有数(期末应收款项大于应付款项的差额)		期初余额:期初应付款项大于应收款项的差额 发生额:债务的增加数或债权的减少数 期末余额:期末债务实有数(期末应付款项大于应收款项的差额)

债权债务结算账户具有以下特点:这类账户的余额既可以在借方,也可以在贷方;具体表现为债权还是债务,要通过余额的方向来判断。

三、资本账户

资本账户是指用来核算和监督投资者投入的资本或留存收益的增减变动及其实有数额的账户。资本账户主要有:实收资本(或股本)、资本公积、盈余公积、利润分配等。将"盈余公积"归入资本类账户是因为盈余公积是企业各期利润中留存的部分,是企业运用资本从事生产经营活动而获得的资本增值部分,其最终所有权仍属于企业所有者,本质上也是企业所有者对企业的投资。

在借贷记账法下,资本账户贷方登记各项投资和留存收益的增加数;借方登记各项投资和留存收益的减少数;余额在贷方,表示各项投资和留存收益的结存数。资本账户的结构如表4.5所示。

表4.5 资本账户的结构

借方	账户名称	贷方
发生额:本期投资和留存收益的减少数		期初余额:期初投资和留存收益的结存数 发生额:本期投资和留存收益的增加数 期末余额:期末投资和留存收益的结存数

资本账户具有以下特点:由于资本账户反应企业投资人对企业净资产的所有权,因此,该类账户无论是总分类账户还是明细分类账户,都只需提供货币信息,以总括说明资本规模及其增减变化。

四、跨期摊配账户

跨期摊配账户,是用来核算和监督应由各个成本计算期的产品成本或有关损益对象共同负担的费用,并将这些费用按照一定标准在各个成本计算期中进行分摊的账户。

跨期摊配账户的设置和运用,按照权责发生制原则的要求而采取的对费用的处理方法,可以分清计入成本计算对象的期间界限,以便正确计算各期的成本和利润。

根据费用的支付时间,跨期摊配账户分为资产类跨期摊配账户和负债类跨期摊配账户。

(一)资产类跨期摊配账户

资产类跨期摊配账户包括"待摊费用"账户和"长期待摊费用"账户,这些账户是用来核算和监督已经发生或支付,但应由本期和以后各期分摊费用的账户。"待摊费用"账户和"长期待摊费用"账户核算的区别在于摊销期限不同,"待摊费用"账户的摊销期限在一年以内(含一年),"长期待摊费用"账户的摊销期限大于一年。

在借贷记账法下,资产类跨期摊配账户借方登记已经支付的费用,贷方登记每期摊销的数额,余额在借方,表示尚未摊销的数额。资产类跨期摊配账户的结构如表4.6所示。

表4.6 资产类跨期摊配账户的结构

借方	账户名称	贷方
期初余额:期初时已经支付,但尚未分摊的数额 发生额:本期预付的数额		发生额:本期摊销的数额
期末余额:期末尚未分摊的数额		

(二)负债类跨期摊配账户

"预提费用"账户是负债类跨期摊配账户,这类账户是用来核算和监督已经预先提取计入各期成本或损益,但尚未实际支付的费用。与"待摊费用"账户的预付性质不同,"预提费用"账户具有后付的特点,因而属于企业的负债。

在借贷记账法下,负债类跨期摊配账户借方登记已经支付的费用,贷方登记每期预提的数额,余额在贷方,表示已经预提尚未支付的数额。负债类跨期摊配账户的结构如表4.7所示。

表 4.7 负债类跨期摊配账户的结构

借方	账户名称	贷方
发生额:本期支付的数额	期初余额:期初已经预提,但尚未支付的数额	
	发生额:本期按计划预提的数额	
	期末余额:期末已经预提,但尚未支付的数额	

跨期摊配账户具有以下特点:

(1)"待摊费用"账户、"长期待摊费用"账户和"预提费用"账户虽然性质和内容相反,但账户的结构上却存在相同之处,即借方都是登记已经支付的数额,贷方都是登记每期预提或摊销的数额;

(2)若实际支付的费用已经摊销完毕,或预提的费用已经全部支付,则跨期摊配账户没有余额。

五、调整账户

调整账户是指用以调整账户的余额,以取得被调整账户的实际余额的账户。它既是经济管理和会计控制的需要,又体现了会计谨慎性原则的要求。

在会计核算中,由于管理上的需要或其他原因,对于某些会计要素的具体项目,有时需要用两组不同的数字来记录和反映,并相应设置和运用两个账户。一个账户用来核算和监督会计要素的原始数字,另一个账户用来核算和监督原始数字的调整数字。将原始数字与调整数字相加或相减,就可以求得某项指标的实际数字,从而全面地反映会计内容,满足管理上对不同会计信息的需要。

记录反映原始数字的账户为被调整账户,记录反映调整数字的账户为调整账户。调整账户按其调整方式不同,可以分为备抵账户、附加账户和备抵附加账户三类。

(一)备抵账户

备抵账户是用来抵减被调整账户余额,以求得被调整账户实际余额的账户。在会计实务中,备抵调整账户运用最为广泛。如"累计折旧"账户是"固定资产"账户的备抵账户,"坏账准备"账户是"应收账款"账户的备抵账户。调整方式为:

被调整账户实际余额=被调整账户余额-调整账户余额

备抵账户的特点:被调整账户余额与备抵账户的余额,一定是在相反的方向,如果被调整账户的余额在借方,则备抵账户的余额一定在贷方;反之,若被调整账户的余额在贷方,则备抵调整账户的余额一定在借方。

备抵账户按照被调整账户的性质和内容又可以分为资产备抵账户和权益备抵账户两类。

1. 资产备抵账户

资产备抵账户是用来抵减某一资产账户的余额,以求得该资产的实际价值的账户,资产备抵账户与被调整账户都属于资产类账户。"累计折旧"账户就是典型的资产备抵账户,它与"固定资产"账户之间的关系,就是备抵调整的关系,即:

"固定资产"借方余额(原始价值)-"累计折旧"贷方余额=固定资产实际价值(净值)

其相互关系和调整方式如表 4.8 所示。

表 4.8　资产备抵账户的调整关系

借方	固定资产(被调整账户)	贷方
期末余额:800 000		

借方	累计折旧(调整账户)	贷方
		期末余额:200 000

固定资产净值 = 800 000 - 200 000 = 600 000 元

由表 4.8 可知,"累计折旧"(调整账户)与"固定资产"(被调整账户)从不同的方面描述了企业固定资产的现状,既有固定资产原始价值信息,用以揭示企业生产规模、生产能力大小,又有固定资产磨损价值和净值相互对照,可以说明固定资产的新旧程度,为企业固定资产管理提供了全面、系统的信息;而且,"累计折旧"(调整账户)与"固定资产"(被调整账户)登记方向相反,余额方向相反。

此外,"坏账准备"账户、"长期股权投资减值准备"账户等也是资产类性质的备抵账户。

2.权益备抵账户

权益备抵账户是用来抵减某一权益账户的余额,以求得该权益账户实际余额的账户,权益备抵账户与被调整账户都属于所有者权益类账户。"利润分配"账户就是一个典型的权益备抵账户,它与"本年利润"账户之间的关系就是调整与被调整的关系,即:

"本年利润"贷方余额(本年实现利润)-"利润分配"借方余额(已分配利润)= 未分配利润

其相互关系和调整方式如表 4.9 所示。

表 4.9　权益备抵账户的调整关系

借方	本年利润(被调整账户)	贷方
		期末余额:620 000

借方	利润分配(调整账户)	贷方
期末余额:350 000		

未分配利润 = 620 000 元 - 350 000 元 = 270 000 元

由表 4.9 可知,"利润分配"(调整账户)与"本年利润"(被调整账户)从不同的方面揭示了企业财务成果情况:既有利润总额的信息,反映企业经营业绩,又有利润分配和未分配利润的信息,用以说明企业实现的利润中有多大比例用于回报投资者,多大比例用于公司未来发展。而且,"利润分配"(调整账户)与"本年利润"(被调整账户)登记方向相反,余额方向相反。

(二)附加账户

附加账户是用来增加被调整账户的余额,以求得被调整账户实际余额的账户。调整方式为:

被调整账户实际余额 = 被调整账户余额 + 调整账户余额

附加调整账户的特点是:被调整账户余额与附加账户的余额,一定是在相同的方向,如果被调整账户的余额在借方,则附加账户的余额一定也在借方;反之,若被调整账户的余额在贷方,则附加调整账户的余额也一定在贷方。附加调整账户在实际工作中运用较少。

例如,在企业溢价发行债券的情况下,要设置"应付债券——面值"账户,以反映债券的总面值;同时,还要设置"应付债券——利息调整"账户,以反映债券发行价超过面值的溢价金额。"应付债券——面值"账户与"应付债券——利息调整"账户的期末贷方余额之和,表示该项负债的实际余额,即:

"应付债券——面值"贷方余额(票面价值)+
"应付债券——利息调整"贷方余额(溢价金额)=
应付债券实际余额

其相互关系和调整方式如表 4.10 所示。

表 4.10 附加账户的调整关系

借方	应付债券——面值(被调整账户)	贷方
	期末余额:1 000 000	

借方	应付债券——利息调整(调整账户)	贷方
	期末余额:40 000	

应付债券实际余额=1 000 000+40 000=1 040 000 元

由表 4.10 可知,"应付债券——利息调整"(调整账户)与"应付债券——面值"(被调整账户)从不同的方面揭示了发行债券的情况:既有反映企业发行债券总面值的信息,债券总面值乘以债券票面利率,可知企业每年要承担和支付的债券利息;又有发行债券溢价的信息,根据溢价金额和债券发行期限,计算每期分摊的溢价,可以获得每期实际计入财务费用的利息金额,为正确核算期间费用和利润提供了全面、系统的信息。

(三) 备抵附加账户

备抵附加账户是既用来抵减又用来增加被调整账户的余额,以求得被调整账户实际余额的账户。

备抵附加账户兼有备抵账户和附加账户的双重功能,其余额方向与被调整账户的余额方向可能相同,也可能相反。当调整账户的余额与被调整账户的余额方向一致时,该类账户起附加账户的作用,其调整方式与附加账户相同;当调整账户的余额与被调整账户的余额方向相反时,该类账户起备抵账户的作用,其调整方式与备抵账户相同。备抵附加账户既可能是借方余额,也可能是贷方余额,通常是差异类账户,如"材料成本差异"账户是"原材料"账户的备抵附加账户。

制造企业在采用计划成本进行材料的日常收发核算时,"原材料"账户按计划成本计价核算。为了反映原材料的实际成本,需要设置"材料成本差异"账户,用以调整"原材料"账户的账面余额。这样,"材料成本差异"账户与"原材料"账户之间就建立了一种调整与被调整的关系。其相互关系和调整方式如表 4.11 和表 4.12 所示。

表 4.11 备抵附加账户的调整关系(一)

借方	原材料(被调整账户)	贷方
期末余额:10 000(计划成本)		

借方	材料成本差异(备抵附加账户)	贷方
期末余额:120(超支差异)		

根据表 4.11 可知：

材料实际成本 = 10 000 + 120 = 10 120 元

表 4.12 备抵附加账户的调整关系（二）

借方	原材料（被调整账户）	贷方
期末余额：16 000（计划成本）		

借方	材料成本差异（备抵附加账户）	贷方
		期末余额：160（节约差异）

根据表 4.12 可知：

材料实际成本 = 16 000 - 160 = 15 840 元

综合上述分析，可以看出调整账户具有以下特点：

(1) 调整账户与被调整账户反映的经济内容相同，但用途和结构不同；

(2) 被调整账户反映会计要素的原始数字，而调整账户反映同一要素的调整数，因此，调整账户不能脱离被调整账户而独立存在；

(3) 调整方式是备抵还是附加取决于被调整账户余额与调整账户余额是在同一方向还是相反方向。

六、集合分配账户

集合分配账户是用来归集和分配企业在生产经营过程中的某一阶段所发生的有关费用的账户。属于这类账户的主要有"制造费用"账户。

在借贷记账法下，集合分配账户借方登记一定会计期间发生的应计入产品成本的间接费用，贷方登记期末结转分配进入"生产成本"账户的间接费用，期末结转分配之后，该账户通常无余额。集合分配账户的结构如表 4.13 所示。

表 4.13 集合分配账户的结构

借方	账户名称	贷方
发生额：汇集生产经营过程中某种费用的数额		发生额：按一定标准分配给应负担该费用的受益对象的数额
期末余额：一般无余额		

集合分配账户具有以下特点：

(1) 由于该类账户归集的成本费用，一般要在期末时全部分配到各受益对象中去，因此费用分配后，该类账户无余额；

(2) 为了考核费用的发生及预算的执行情况，该类账户一般要分项目进行明细分类核算；

(3) 集合分配账户所归集和分配的费用，是反映生产经营过程耗费的综合信息，所以该类账户一般只需提供货币信息。

七、成本计算账户

成本计算账户是用来反映和监督生产经营过程中某一阶段所发生的全部费用，并确定该阶段各成本计算对象实际成本的账户。这类账户主要包括"材料采购""生产成本"

"在建工程"等账户。

在借贷记账法下,成本计算账户的特点是:借方登记生产经营过程中某一阶段所发生的应计入成本的全部费用;贷方登记转出的实际成本;余额在借方,表示尚未完成的某一阶段成本计算对象的实际成本。成本计算账户的结构如表4.14所示。

表4.14 成本计算账户的结构

借方	账户名称	贷方
期初余额:尚未完成的经营过程中某一阶段成本计算对象的实际成本		
发生额:归集经营过程中某一阶段所发生的全部费用		发生额:结转已完成的某一阶段成本计算对象的实际成本
期末余额:尚未完成的经营过程中某一阶段成本计算对象的实际成本		

成本计算账户具有以下特点:

(1)成本计算账户既可提供某一计算对象的金额指标,又可提供其实物指标;

(2)为加强成本管理,成本计算账户应根据成本计算对象或费用控制的责任部门设置明细分类账,并按成本项目归集费用。

八、配比账户

配比账户是用来汇集经营过程中所取得的收入和发生的成本、费用以及营业外收入和营业外支出,借以在期末进行配合比较,计算确定经营期内财务成果的账户。配比账户按其性质不同又可以分为收入类配比账户和费用类配比账户。收入类配比账户主要有"主营业务收入""其他业务收入""营业外收入""投资收益"等账户;费用类配比账户主要有"主营业务成本""其他业务成本""营业外支出""营业税金及附加""管理费用""财务费用"等账户。

在借贷记账法下,配比账户的特点是:借方登记收入的结转及费用的增加;贷方登记收入的增加及费用的结转;期末收入和费用结转至"本年利润"账户后,配比账户无余额。配比账户的结构如表4.15所示。

表4.15 配比账户的结构

借方	收入账户	贷方
发生额:结转至"本年利润"账户		发生额:本期确认的收入额
		期末余额:无余额

借方	费用账户	贷方
发生额:本期发生的费用		发生额:结转至"本年利润"账户
期末余额:无余额		

配比账户具有以下特点:

(1)借贷记账法下,配比账户都是一方登记收入或费用的增加,另一方结转至"本年利润"账户,结转后期末无余额。

(2)为了考核收入的实现情况及费用的发生情况,收入类配比账户一般要按商品品种或业务种类进行明细核算;费用类配比账户一般分项目进行明细核算。

九、财务成果计算账户

财务成果账户是用来计算并反映一定期间企业全部经营业务活动的最终成果,并确定企业利润或亏损数额的账户。这类账户主要有"本年利润"账户,它是联结收入和费用要素的纽带,在会计账户体系中具有十分重要的地位。

在借贷记账法下,"本年利润"账户的特点是:贷方登记结转过来的各种收入;借方登记结转过来的各种费用、支出等。期末余额为借、贷两方发生额对比求得的差额,若为贷方余额,则表示期末累计实现的净利润;若为借方余额,则反映期末累计发生的亏损。"本年利润"账户的结构如表 4.16 所示。

年度终了,应将该账户的余额结转至"利润分配——未分配利润"账户,年终结转后,"本年利润"账户不再有余额。

表 4.16　财务成果账户的结构

借方	本年利润	贷方
期初余额:年度内截至该期期初累计发生的亏损额		期初余额:年度内截至该期期初累计实现的利润额
发生额:本期转入的各项费用		发生额:本期转入的各项收入
期末余额:期末累计发生的亏损		期末余额:期末累计实现的净利润

财务成果账户具有以下特点:

(1)年度内各期期末都有余额,贷方余额表示实现的净利润,借方余额表示发生的亏损。年度终了,该账户余额结转至"利润分配"账户,结转后该账户年初、年末不再有余额;

(2)无论总分类账还是明细分类账,都只需提供货币信息。

账户分类需要补充说明的有:

(1)账户按用途和结构进行分类不是唯一的分类方式,有些账户具有双重性质。如:"材料采购""生产成本""在建工程"等账户,既是成本计算账户,又属于盘存性质的账户。

(2)"待处理财产损溢"账户是一个双重性质的账户,用于核算企业在财产清查过程中查明的各种财产物资的盘盈、盘亏或毁损。该账户的借方,登记待处理财产盘亏或毁损数;贷方登记待处理财产盘盈数。结转待处理财产盘亏或毁损时记到该账户的贷方;结转待处理财产盘盈时记到该账户的借方。期末,如有借方余额,则反映尚未处理的财产物资净损失;如有贷方余额,则反映尚未处理的财产物资净收益。由于"待处理财产损溢"账户具有明显的过渡性质,因此表现为盘盈、盘亏尚未处理前,账户有余额,报经批准转销后,账户没有余额,所以没有列入账户分类内容。

习 题

1.账户按经济内容分类,可以分为哪几个大类?

2. 账户按用途和结构划分,可以分为哪几个大类?
3. 什么是结算账户?债权结算账户主要有哪些?债务结算账户主要有哪些?
4. 备抵账户主要有哪些?举例说明设置备抵账户的作用。
5. 什么是财务成果计算账户?设置这类账户的主要目的是什么?

第五章 会计凭证

【学习目标】
1. 了解会计凭证的概念、分类及填制会计凭证的意义;
2. 掌握原始凭证、记账凭证的填制方法和审核过程;
3. 熟悉会计凭证传递和保管的基本环节和要求。

第一节 会计凭证概述

一、会计凭证的概念

会计凭证,简称凭证,是财务会计工作中记录经济业务事项的发生和完成情况,明确经济责任的书面证明,是登记账簿的依据。

每一个会计主体,包括各企、事业单位,在日常的生产经营过程中,都会发生不同的经济业务,如材料的收发、现金的收付等,为了确保这些经济业务真实可靠,从而如实反映企业的生产经营状况,任何一个会计主体都需要填制或取得凭证,并加以审核。只有审核无误后的会计凭证才能作为记账的依据,从而使会计经济业务事项得到真实可靠的保证。

二、会计凭证的分类

会计凭证的种类较多,可以按照不同的标准对其进行分类。会计凭证按填制程序和用途不同,可分为原始凭证和记账凭证两大类,如图5.1所示。

三、会计凭证填制及审核的意义

任何一个会计主体,在日常生产经营活动中,都会发生各种各样的经济业务事项,例如,现金的收付、产品的出入库等,所有这些经济业务事项都必须有据可查,如实反映。所以,所有企、事业单位在办理经济业务事项时,都必须填制或取得会计凭证,审核通过后据以登记账簿,以保证会计记录的客观性、真实性和可靠性。如购买商品、材料等要由供货方开具发货票,支出款项要由收款方开出收款收据,商品、材料出库要有出库单等。上述发票、收据、出库单等就是会计凭证。

会计凭证作为记录会计信息的载体,主要包括"凭证—账簿—报表"三个阶段,在会计核算工作中,填制和审核会计凭证是首要环节,它是核算和监督经济业务事项的一种专门方法,是会计核算工作的基础。任何单位的经济业务发生时,都必须取得或填制会计凭证,由完成这一项经济业务的相关人员从外单位取得或自行填制,因此,填制和审核会计凭证这一项工作,可以保证会计任务得以完成,会计职能得以实现,同时对企业的有效经营起到促进作用。

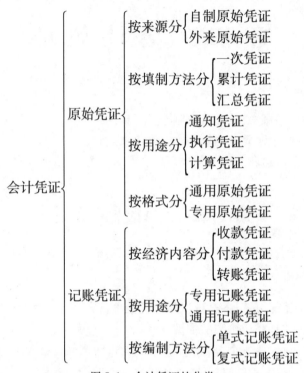

图5.1 会计凭证的分类

(1)会计凭证能够对经济业务加以审核,保证会计信息质量。为保证经济业务的真实科学,必须在记账前对会计凭证进行逐笔审核,因为经济业务是通过会计凭证进行记录的。企业每发生一笔经济业务,都要对会计凭证认真填制和严格审核,确保会计凭证可以如实地反映经济业务。通过审核会计凭证,可以对所发生的经济业务是否合规合法进行检查,从而有效地避免违规违法的经济业务的发生,使会计核算资料的真实性有良好的保证,同时为检查分析企业的经营状况提供基本资料。

(2)会计凭证是账簿登记的前提,为会计核算提供了依据。任何单位或个人发生经济业务时,都要填制会计凭证,因为每笔经济业务各不相同,都有自己发生的时间、地点、完成情况等,这就要求对会计凭证进行认真审核,经审核无误后入账,以保证可以如实地反映经济业务。对会计凭证进行审核的目的是检查所发生的经济业务是否合理合法,违规违法的会计凭证不能进行入账。

(3)会计凭证可以充分发挥会计检查的监督作用。会计凭证记录了单位发生的经济业务完成情况,这就要求对会计凭证认真审核和严格检查,这样对经济业务的合理合法性就有了进一步的保证,从而有利于加强企业的经济责任,有效监督财务纪律法规,保证财产完整,有效限制违规违法会计行为的发生,起到充分发挥会计监督的作用。

(4)会计凭证可以对企业内部控制起到强化作用。认真审核和严格检查会计凭证,可以对企业的相关部门和人员的经济责任进行规定,加强了企业内部控制。

会计凭证对每项经济业务进行记录,相关人员都要在上面进行签字或加盖印章,通过对会计凭证审核,可以确保各相关人员能够各司其职,防止滥用职权,并作为处理争议的书面法律效力的条件,加强了人员的经济责任,使相关人员在各自的职权范围内严格按照政策、计划等办理业务事项,提高责任感。

(5)会计凭证为企业管理者提供了有用的会计信息。会计凭证可以反映企、事业单位经济业务事项的发生和完成情况,是具有法律效力的书面证明,是形成会计资料的重要来源。会计人员依据会计凭证,对企业的经济业务活动有所了解,对其进行会计核算,从而为企业管理者提供有用的会计信息,保证企业监督工作顺利进行。

综上所述,会计凭证在企业日常经营过程中必不可少,每个企业都应重视会计凭证的取得和填制,从而有利于企业长久持续地发展下去。

第二节 原始凭证

一、原始凭证的概念

原始凭证是在经济业务事项发生或完成时取得或填制的,用以表明某项经济业务事项已经发生或完成并可明确经济责任、具有法律效力的书面证明。原始凭证既是进行会计核算的原始依据,又是实行会计监督的重要凭证。企、事业单位在办理经济业务事项的同时,必须填制或者取得原始凭证,并及时送交到会计机构对其进行审核处理。

二、原始凭证的分类

原始凭证可以按不同标准进行分类,具体分类情况如下。

(一)按来源分类

原始凭证按来源不同,可分为外来原始凭证和自制原始凭证两种。

1. 外来原始凭证

外来原始凭证,指经济业务事项发生时从外单位或个人直接取得的各种原始凭证,如购货时取得的发票,如表5.1所示。

2. 自制原始凭证

自制原始凭证指本单位经办人员在执行或完成某项经济业务时所填制的原始凭证。如领用材料时填制的领料单、差旅费报销单(表5.2)等。

表 5.1 增值税专用发票

开票日期：2014 年 8 月 15 日　　　　　　　　　　　　　　No.023809

收款人：李宇　　开票单位：北京联科创业科技发展有限公司　　盖章：

购货单位	名称	联想集团有限公司	税务登记号				610198710252164										
	地址、电话	平房区松花路9号（87987771）	开户银行及账号				交通银行　137689365275										

货物或应税劳务名称	计量单位	数量	单价	金额								税率(%)	金额								
				百	十	万	千	百	十	元	角	分		百	十	万	千	百	十	元	角	分
甲材料	吨	1	5 000			¥	5	0	0	0	0	0	17				¥	8	5	0	0	0
合计						¥	5	0	0	0	0	0					¥	8	5	0	0	0

价税合计（大写）	¥伍仟捌佰伍拾元零角零分　　　¥5 850.00

销货单位	名称	北京联科创业科技发展有限公司	纳税人登记号	254632709468452
	地址、电话	海淀区长春桥路5号（82564660）	开户银行及账号	中国银行 8245679045241

表 5.2 差旅费报销单

填报日期：2013 年 7 月 20 日　　　　　　　　　　　　　附单据 2 张

工作部门			销售部门			出差事由		调研			
出差人			王浩	职务	业务员						
出发			到达			工具	车船机费	目的地发生费用			
月	日	时	地点	月	日	时	地点		天数	住宿费	市内交通费	伙食补助
7	5	9	北京	7	5	11	天津	飞机	1 500.00	2	400.00	20.00	100.00
7	8	9	天津	7	8	11	北京	飞机	1 500.00	2	400.00	20.00	100.00
小计									3 000.00		800.00	40.00	200.00
报销金额(大写)：零 万 肆 仟 零 佰 肆 拾元整									小写：		¥4 040.00		

批准人：朱伟　　财务经理：张丽娟　　审核：金鑫　　部门经理：杨云天　　填报人：张琳

（二）按填制方法分类

原始凭证按填制方法不同可分为一次凭证、累计凭证和汇总凭证三种。

1．一次凭证

一次凭证指在经济业务事项发生后，一次完成填制的原始凭证。外来原始凭证和大多数自制原始凭证都属于一次凭证，如领料单、报销单等，领料单格式见表5.3。

表 5.3 领料单

2013 年 5 月 15 日

领料部门:生产车间　　　　　　　　　　　　　　　　　　　　　凭证编号:0003021
用途：　生产 A 产品　　　　　　　　　　　　　　　　　　　　　收料仓库:1 号仓库

材料编号	材料规格及名称	计量单位	数量		价格	
			请领	实领	单价	金额
103	C 部件	件	100	100	120.00	¥12 000.00
备注					合计	¥12 000.00

会计主管:刘明　　　　记账:李玲　　　　保管部门负责人:王涛　　　　领料人:张芳

2. 累计凭证

累计凭证指在一定时期内不间断地记载重复发生的同类经济业务事项的原始凭证。如工业企业用的"限额领料单"(表5.4),就是在日常生产经营过程中,连续登记、累计记录发生数额,到期末按累计数作为记账凭证的原始凭证。

表 5.4 限额领料单

供货单位:旭升公司　　　　　2014 年 7 月 6 日　　　　　　　　　凭证编号:0003241
用　途：　生产材料　　　　　　　　　　　　　　　　　　　　　发料仓库:1 号仓库

产品类别	产品编号	产品名称及规格	计量单位	领用限额	实际领用	单价	金额	备注
	001	A 材料	吨	15	15	1 000	15 000	

供应部门负责人：王玉　　　　　　　　　　　　　　　　　　生产计划部门负责人:李胜

日期	数量		领料人签章	发料人签章	扣除代用数量	退料			限额结余
	请领	实发				数量	收料人	发料人	
7.4	10	10	王丽	张雨					
7.5	5	5	王丽	张雨					

会计主管:刘云　　　　记账:李琴　　　　保管部门负责人:王强　　　　领料人:王丽

3. 汇总凭证

汇总凭证指将一些性质相同的原始凭证或会计核算资料进行汇总编制的原始凭证,如发料汇总表、领料汇总表(表 5.5)等。

表 5.5 领料汇总表

材料类别:　　　　　　　　　　　　年　月　日　　　　　　　　　　附单据　张

用途	发料单位	第一车间	第二车间	……	合计
生产领用					
加工部门领用					
维修部门领用					
合计					

会计主管：　　　　　　　　　　　　审核：　　　　　　　　　　　　制表：

(三)按用途分类

原始凭证按用途不同,可以分为通知凭证、执行凭证和计算凭证三种。

1. 通知凭证

通知凭证指要求、指定或命令企业完成某项经济业务事项的凭证,如罚款通知单、付款委托书、支票等。

2. 执行凭证

执行凭证指为证明某项经济业务事项正在进行或已经完成而编制的原始凭证,如领料单、收款收据、产品入库单等。

3. 计算凭证

计算凭证指根据已经完成的经济业务事项,经过计算而编制的原始凭证,如工资计算单、产品成本计算单、各种费用分配表等。

(四)按格式分类

原始凭证按格式不同,可以分为通用原始凭证和专用原始凭证两种。

1. 通用原始凭证

通用原始凭证指在全国或某市、某地区范围内规定统一格式和使用方法的凭证。如全国统一印制的用于银行转账结算的各种结算凭证等。

2. 专用原始凭证

专用原始凭证指企业具有专门用途的原始凭证,如产品出库单、收料单、差旅费报销单等。

以上是对原始凭证按不同标准进行的分类,它们之间虽有不同,但相互联系,密不可分。如收取现金的票据对出具票据的单位来说是自制原始凭证,而对于接受票据的单位来说是外来原始凭证,同时,它是一次凭证,也是执行凭证和专用凭证。

三、原始凭证的填制

(一)原始凭证的基本内容

由于发生的经济业务事项具有多样性,原始凭证作为记录经济业务的原始证明,为会计核算提供了依据,它们所记录的具体内容和格式也会不同,但不管是哪一种原始凭证,都应该客观真实地说明经济业务发生和完成的情况,同时,要明确相关经办部门和人员的经济责任。所以,填制原始凭证应包括以下内容:

(1)原始凭证名称;

(2)填制凭证的日期和号码;

(3)填制凭证的单位名称或填制人员的姓名;

(4)接受凭证的单位名称;

(5)经济业务事项的内容、数量、单价和金额;

(6)相关经办人员的签名或盖章;

(7)原始凭证的附件(如与业务有关的费用预算、经济合同等)。

以上是填制原始凭证的基本内容,除(7)外,一般不可缺少,否则不能如实地反映经济业务事项的发生和完成情况,不是具有法律效力的书面证明。

除了原始凭证必需的内容外,还应注意以下几点:

(1)根据我国《会计法》第十四条规定,原始凭证记录的各项内容均不得涂改;如原始凭证有误,则由出具单位重开或更正,更正处应加盖出具单位印章;如原始凭证金额有误,则不应在原始凭证上更改,应由出具单位重开。

(2)使用统一发票,发票上应印有税务专用章,各企、事业单位按规定收取费用,则应使用财务部门统一印制的收据。

(3)从外单位取得的原始凭证必须加盖填制单位的印章;从个人取得的原始凭证必须有填制人员的签名或盖章。对于一些特殊的原始凭证,出于习惯或使用单位认为不易伪造,则可以不加盖印章,但这种凭证一般应有固定的特殊标志,如飞机票等。

(4)根据管理和核算的需要,企、事业单位可以在自制原始凭证中增加预算项目、定额指标、计划任务等内容。

(二)原始凭证填制的基本要求

原始凭证是根据经济业务事项的执行和完成情况填制的,具有法律效力,为会计核算提供了原始资料和重要依据。及时取得或填制原始凭证,是会计核算工作的首要前提条件。因此,填制原始凭证必须符合我国财政部《会计基础工作的基本规范》的要求。为了使原始凭证能够及时完整、科学正确地反映经济业务事项的执行和完成情况,经办经济业务事项的部门和人员必须及时取得或填制原始凭证,并及时送交会计机构,对其加以审核。因此,填制原始凭证有以下几方面要求。

1. 记录真实可靠,格式统一

填制原始凭证时,要按照规定使用统一规范的格式,尤其是性质相同的经济业务事项,否则不便于查阅。在填写凭证的日期、内容和数字时,必须认真负责,如实地记录各种经济业务的发生和完成情况,在填写金额时,大写和小写的金额要相符,不得作假。经办部门的相关负责人必须在凭证上签字或盖章,从外单位取得的原始凭证,必须要加盖填制单位的印章,从个人取得的原始凭证,必须要有个人的签名或印章。

2. 内容完整,手续齐全

原始凭证包括基本内容和补充内容,它们必须逐项填写齐全,不可遗漏。同时,填制各项手续应该齐全,如购买材料的原始凭证必须有验收证明、支付款项的原始凭证必须有收款单位和收款人的收款证明。填制完毕,还必须由经办业务部门和人员加以签字证明,对凭证真实性负责。

3. 填写规范,及时填制

填制原始凭证时,要按规定的格式和内容逐项填写经济业务的完成情况,字迹清晰、工整,便于辨认。填写时要符合以下要求。

(1)阿拉伯数字应当逐个填写,不得连笔写。阿拉伯金额数字前面应当书写币种符号,如人民币符号¥,并且币种符号与阿拉伯金额数字之间不得留有空白。

(2)以元为单位的阿拉伯数字,除表示单价等情况外,一律填写到角分,无角分的,角位和分位写"00",或者符号"—";有角无分的,分位应用"0"补位,不得用符号"—"代替。大写金额以"元"或"角"结尾的应加"整"字或"正"字结束,大写金额有分的,分字后不写"整"或"正"字,大小写金额必须相符。

(3) 阿拉伯金额数字中间有"0"时,汉字大写金额要写"零"字,如中间连续有几个"0"时,汉字大写金额中可以只写一个"零"字;阿拉伯金额数字元位是"0"或者数字中间连续有几个"0"、元位也是"0",但角位不是"0"时,汉字大写金额可以只写一个"零"字,也可以不写"零"字。

(4) 需要在大写金额数字前面需写上货币符号,货币符号与数字金额之间不得留有空位。

4. 编号连续,填制及时

凭证填制时要连续编号,便于日后查阅,一些事先印制好的凭证如作废,需要在作废的凭证上加盖"作废"印章,与存根一起保存,不得随意撕毁,再另行填制。当经济业务发生或完成时,企业有关经办业务的部门和人员必须及时填制凭证,填制后按照规定程序,及时送交会计机构进行审核,审核无误后,据此编制记账凭证。

因为原始凭证的内容和格式不同,所以具体的填制方法也不同。一般来说,自制原始凭证主要是根据经济业务实际执行和完成情况直接填制的。如根据实际发出材料的名称、数量、单价等填制发料单。还有一部分自制原始凭证是根据账簿记录对某项经济业务加以归类、整理而重新编制的。如为计算产品成本,对各项共同性费用进行分配,需要根据账簿记录编制费用分配表,如制造费用分配表、原材料费用分配表(表5.6)等。

表5.6 原材料费用分配表

2014年8月

	应借科目	直接计入	分配计入	材料费用合计
基本生产成本	A产品	10 000	45 000	55 000
	B产品	11 000	15 000	26 000
	小计	21 000	60 000	81 000
辅助生产成本	供水	5 000		
	运输	8 000		
	小计	13 000		
制造费用	基本生产车间	3 000		
	供水车间	5 000		
	运输车间	1 000		
	小计	9 000		
管理费用		2 500		
合计		45 500	60 000	81 000

审核:李莉   制表:王勇

原材料费用分配表是按部门、车间和原材料的属性,对其进行归类,归类后根据领退料凭证和其他有关资料进行填制的。按照规定的分配标准,将原材料费用分配到各自的成本中,并分为直接计入和分配计入两部分,所以,在原材料分配表中,应包含基本生产成本、辅助生产成本、制造费用等项目。

外来原始凭证是由其他单位或个人填制的。它同自制原始凭证一样,对经济业务完成情况和明确经济责任也应有相关证明,其填制方法与自制原始凭证相同。

四、原始凭证的审核及审核后的处理

(一) 原始凭证的审核

原始凭证必须经过严格审核,通过之后才可以作为编制记账凭证的依据。对不真实、违法的原始凭证,会计机构和会计人员有权不予受理审核,在不予受理审核的同时,应当予以扣留,并报告给部门负责人;对记录内容不完整、不正确的原始凭证予以退回,并依据国家统一规定的会计制度进行修改和补充,从而使会计信息质量的水平得到进一步的保证。

原始凭证审核是会计人员需要做的一项重要工作,为了对原始凭证的真实性、可靠性进行更有效的检查,原始凭证的审核要注意以下几点。

(1) 合法性审核。主要审核原始凭证的内容是否符合国家有关财经法规、会计制度以及单位内部会计管理制度、计划等的规定,是否符合规定的审核权限和手续,是否有助于经济效益的提高等。

(2) 真实性审核。原始凭证为会计信息提供了基本数据,所以审核原始凭证是否真实对会计信息质量水平的高低有着十分重要的作用。真实性审核即审核原始凭证是否按规定的程序办理,经济业务事项内容是否真实,有无弄虚作假、伪造等现象;所采用的凭证纸张是否真实,有无发票真伪标志;凭证格式是否规范,有无不真实的单据等。

(3) 及时性审核。主要审核企业单位经办部门和人员是否根据发生的经济业务事项及时填制或取得原始凭证,有无故意拖延,是否随意改变收入、费用发生时间以达到徇私舞弊的目的。

(4) 准确性审核。主要审核原始凭证是否按规定的要求填写,经济业务事项发生的时间、内容、数量、单价、金额以及合计数是否正确,大、小写金额是否相符等,如填写数字有误,应退还给经办人员,待更正后登记入账。

(5) 完整性审核。主要审核原始凭证的每个项目填写手续是否完备,是否按规定填写齐全,内容是否完整,是否按规定手续办理,有关单位和人员是否已签字盖章等。如任何一项没有完成,需退还,予以更正后入账。

原始凭证的审核是一项非常认真严肃的工作。首先,要求各部门经办人员和会计人员既要对有关国家财经法规、会计制度以及单位的各项规章制度等熟悉,又要掌握企业发生的经济业务事项,全面了解本企业的经济活动,及时取得和填制符合要求的原始凭证;其次,凭证审核人员或会计人员要经过严格培训,认真学习有关各项经济政策、法规和制度规定,正确掌握审核的标准和界限,以便做好原始凭证的审核工作,为会计监督打下坚实基础。

(二) 原始凭证审核后的处理

为了使原始凭证更加规范,明确经办人员的经济责任,防止经办人员利用原始凭证谋取个人利益,原始凭证审核后,如有错误,应当予以更正。

(1) 原始凭证所记录的各项内容均不得随意涂改。随意涂改原始凭证即为无效凭证,不能作为填制记账凭证或登记会计账簿的依据。

(2) 原始凭证所记录的内容如有误,则应由出具单位更正或重开。更正原始凭证应当由出具单位进行,并在更正处加盖印章,如需重开,也应当由开具单位执行。

(3)原始凭证出具单位应当依法开具准确无误的原始凭证。如原始凭证填制有误,出具单位应负有更正和重新开具的义务,不允许拒绝。

(4)原始凭证记录的金额有误时不得更正,必须由原始凭证出具单位重新出具。原始凭证的金额是说明经济业务事项发生完成的重要财务数据,必须正确,如有误,不得随意更正,如果随意进行更正,就会造成相关人员谋取个人利益的结果,不利于会计信息质量的提高。

第三节 记账凭证

一、记账凭证的概念

记账凭证,是会计人员以已经审核的原始凭证及有关资料为依据,对经济业务事项按性质分类,确定会计分录,并据以登记账簿的凭证,是登记明细分类账和总分类账的直接依据。

在记账前,一般应根据原始凭证或原始凭证汇总表编制记账凭证,在记账凭证的摘要栏中说明经济业务的内容,确定会计科目名称和应借、应贷账户方向等,再据此记账。

二、记账凭证的分类

记账凭证可按不同标准进行分类,具体分类情况如下。

(一)按经济内容分类

记账凭证按经济内容不同,可分为收款凭证、付款凭证和转账凭证三种。

1. 收款凭证

收款凭证是根据现金和银行存款收入业务的原始凭证编制,专门用于记录现金和银行存款收入业务的记账凭证。收款凭证见表5.7。

表 5.7 收款凭证　　　　　　　　　　　　　　现收字第 16 号

借方科目:库存现金　　　　2014 年 8 月 10 日　　　　　　　附件 1 张

摘要	贷方科目		金额	记账
	一级科目	二级科目		
销售产品收入现款	主营业务收入		2 000	√
合　计			¥2 000	

会计主管:王芸　　记账:李方　　出纳:张丽　　审核:赵亮　　制证:杨雅丽

2. 付款凭证

付款凭证是根据现金和银行存款付出业务的原始凭证编制,专门用于记录现金和银行存款支出业务的记账凭证。付款凭证见表5.8。

表 5.8　付款凭证　　　　　　　　　　　银付字第 23 号

2014 年 8 月 10 日　　　　　　　　　　附件 2 张

贷方科目:银行存款

摘要	借方科目		金额	记账
	一级科目	明细科目		
支付产品欠款	应付账款	用友公司	5 000	√
合　计			￥5 000	

会计主管:王芸　　　记账:李方　　　出纳:张丽　　　审核:赵亮　　　制证:杨雅丽

3. 转账凭证

转账凭证是反映与货币资金无关的转账业务,用于记录除现金和银行存款以外的经济业务事项的记账凭证。转账凭证见表 5.9。

表 5.9　转账凭证　　　　　　　　　　　转字第 20 号

2014 年 6 月 4 日　　　　　　　　　　　附件 2 张

摘要	一级科目	明细科目	借方金额	贷方金额	记账
生产产品领料	生产成本	电冰箱	20 000	10 000	√
	原材料	A 部件		10 000	√
		B 部件			√
合　计			￥20 000	￥20 000	

会计主管:王芸　　　记账:李方　　　出纳:张丽　　　审核:赵亮　　　制证:杨雅丽

(二) 按用途分类

记账凭证按用途不同,可分为专用记账凭证和通用记账凭证两种。

1. 专用记账凭证

专用记账凭证指专门用于记录某一类经济业务事项的记账凭证。上述的收款凭证、付款凭证和转账凭证都属于专用记账凭证。为了提高工作效率,便于识别,通常专用记账凭证用不同颜色的纸张印制,一般收款凭证用红色,付款凭证用蓝色,转账凭证用绿色。

2. 通用记账凭证

通用记账凭证是适用于全部经济业务事项的记账凭证。单位如采用通用记账凭证,就没有收款、付款和转账凭证,不论收付还是转账业务,都采用一种格式进行记账。

(三) 按编制方法分类

记账凭证按编制方法不同,可分为单式记账凭证和复式记账凭证两种。

1. 单式记账凭证

单式记账凭证,也称单科目记账凭证,按同类经济业务事项所涉及的每个会计科目,分别填制记账凭证,每张记账凭证只填列一个会计科目,对方科目仅供参考,不据以记账,即一项经济业务事项涉及几个会计科目,就填制两张或两张以上的记账凭证。

单式记账凭证内容简单,易于分工记账,便于科目汇总,但因为一项经济业务需要体现在两张及两张以上的记账凭证,不易于全面反映经济业务事项,同时,单式记账凭证数量较多,内容分散,且填制工作量大,如有偏差,不利于查找。单式记账凭证的格式见表 5.10 和表 5.11。

表 5.10　借项记账凭证

2014 年 7 月 8 日　　　　　　　　　　　　　　　　　　　　　附件 2 张

摘要	一级科目	明细科目	金额	记账
购入 A 材料	原材料	A 材料	30 000	√
	应交税费	应交增值税——进项税	5 100	√
对应一级科目：银行存款		合　计	￥35 100	

会计主管:王芸　　　记账:李方　　　出纳:张丽　　　审核:赵亮　　　制证:杨雅丽

表 5.11　贷项付款凭证

2014 年 7 月 13 日　　　　　　　　　　　　　　　　　　　　附件 1 张

摘要	一级科目	明细科目	金额	记账
提取现金	银行存款		2 000	√
对应一级科目：库存现金		合　计	￥2 000	

会计主管:王芸　　　记账:李方　　　出纳:张丽　　　审核:赵亮　　　制证:杨雅丽

2．复式记账凭证

复式记账凭证，也称多科目记账凭证，指按同类经济业务事项所涉及的全部会计科目可在一张凭证上反映出来，收款、付款和转账凭证都属于复式记账凭证，它可以集中说明账户的对应关系，有利于全面反映经济业务事项，同时，记账凭证填写方便，数量少，工作量小，便于查账，但不利于分工记账和汇总会计科目的发生额。复式记账凭证的格式见表5.12。

表 5.12　记账凭证　　　　　　　　　　　　　　　　　　记字第 025 号

2013 年 7 月 8 日　　　　　　　　　　　　　　　　　　　　　附件 2 张

摘要	一级科目	明细科目	借方金额	贷方金额	记账
支付运费	物资采购	甲材料	900		√
	现金			900	√
合计				￥900	

会计主管:王芸　　　记账:李方　　　出纳:张丽　　　审核:赵亮　　　制证:杨雅丽

三、记账凭证的填制

（一）记账凭证的内容

由于经济活动种类繁多，记账凭证格式不一，因此，为了保证记账凭证的质量，必须根据审核无误的原始凭证及相关资料填制记账凭证，然后根据记账凭证登记账簿。记账凭证需具有以下内容。

(1)记账凭证的名称和编号；

(2)记账凭证的填制日期；

(3)经济业务事项内容的摘要；

(4)会计科目(包括一级和明细科目)、借贷方向和金额；

(5)记账凭证所附原始凭证的张数,以便日后查阅;

(6)相关责任人员的签名或印章,包括填制人员、记账人员、审核人员、机构负责人等,收付款的记账凭证还应有出纳人员的签名或印章。

对于现金和银行存款之间的相互划转业务,就是从银行提取现金或将现金存入银行,应按经济业务事项所对应的贷方科目进行编制,即只编制付款凭证,不编制收款凭证,以避免重复记账。

【例5.1】 假设保利有限公司被认定为一般纳税人企业,税率为17%,2015年6月15日保利有限公司出纳员由银行提取现金5 000元备用,如表5.13所示。

表5.13 付款凭证　　　　　　　　　　　银付字第16号

借方科目:库存现金　　　　2015年6月15日　　　　　　附件1张

摘要	贷方科目		金额	记账
	一级科目	二级科目		
提取现金备用	银行存款		5 000	√
合　计			￥5 000	

会计主管:王芸　　　记账:李方　　　出纳:张丽　　　审核:赵亮　　　制证:杨雅丽

(二)记账凭证的填制要求

记账凭证是登记账簿的依据,作为会计循环的基础,记账凭证填制是否正确,不仅关系到账簿的真实性和正确性,还影响到账簿记录的质量。因此,填制记账凭证必须符合以下几项要求。

(1)记账凭证填制内容格式统一规范。会计人员应选择适合本单位的记账凭证,且所填制的记账凭证符合统一规定,可采用专用记账凭证,也可采用通用记账凭证。

(2)摘要填写简单明了。"摘要"栏处填写要如实准确地概括经济业务事项的内容,以满足登账的要求。

(3)正确填写会计科目。填写记账凭证时,要正确指明应借、应贷会计科目,不得随意更改和变动,且对应关系准确无误,以便于记账。

(4)经济业务事项填写准确。填制记账凭证,应明确经济业务事项的内容和账户对应关系,因此,对于一张记账凭证的填制,只能反映一项经济业务事项或同类经济业务事项,不允许将不同内容和性质的经济业务事项一起编制在一张记账凭证上。

(5)填写的金额数字准确规范。在填写金额数字时,金额登记方向、大小写必须准确,符合书写规范,在合计数处,第一位数字前应填写货币币种符号,如人民币符号"￥"。

(6)记账凭证应连续编号,不得遗漏。填制记账凭证时,应按发生的经济业务事项的前后顺序按序编号,以便于登记账簿和日后查阅,无论是统一编号还是分类编号,均应分月按自然数1,2,3,…连续编号,不得重号和漏号,一张记账凭证只能编一个号,如采用专用记账凭证可按现金和银行存款收入、现金和银行存款付出和转账业务进行编号,即将编号分为收字第几号、付字第几号、转字第几号。

如一笔复杂的经济业务事项需要填制两张以上的记账凭证,则可采用分数编号法进行编号,即在原编号后面用分数形式注明,如第6项经济业务需要填制5张记账凭证,则第一张编号为6(1/5)、第二张编号为6(2/5)、第三张编号为6(3/5)、第四张编号为

6(4/5)、第五张编号为6(5/5)。

(7)所附原始凭证要完整并相符。记账凭证是根据审核无误的原始凭证或原始凭证汇总表填制的,所以,除结账和错误更正的记账凭证可不附原始凭证外,其他必须附有原始凭证。每张记账凭证都应标明所附原始凭证的张数,并将其附于记账凭证后面,以便审核。如果有重要资料或两张以上的原始凭证,应在未附原始凭证的记账凭证上进行标注,便于检查。

(8)记账凭证上必须由会计主管、记账人员、出纳人员、审核人员等人员签名或印章。收款凭证和付款凭证,必须先审核,再办理收付款业务。对已办理完的收付款凭证及所附的原始凭证,出纳人员应加盖"收讫"或"付讫"印章,避免重收、重付。

四、记账凭证的审核

为了保证登记账簿的正确性,除了编制记账凭证的人员自身要对记账凭证加以审核外,还应由专人对其进行审核,检查记账凭证的填制是否符合要求,只有审核无误的记账凭证才能作为登记账簿的依据。审核记账凭证有以下几点要求。

(1)完整性审核。主要根据记账凭证的内容,审核各项内容是否按规定填写全面,是否经办人员签章等。

(2)合理性审核。记账凭证是根据审核过的原始凭证或原始凭证汇总表等有关资料编制的。因此,必须审查记账凭证是否附有原始凭证,同所附原始凭证的内容是否相符,金额是否一致,记录经济业务事项的内容是否真实,是否符合国家有关财经法规,制度的规定,会计账户运用是否规范。

(3)正确性审核。主要对记账凭证应借、应贷科目及金额是否一致,账户的对应关系是否清楚,摘要内容是否填写准确等进行审核 。

所有记账凭证都必须经过审核,审核无误后的记账凭证可以作为登记账簿的依据,对不真实、违法的凭证,应查明原因,进行处理;对手续不全的凭证,应予以退回,补办齐全,才能据以记账。

第四节　会计凭证的传递和保管

一、会计凭证的传递

会计凭证传递,是指从会计凭证的填制、审核、记账到归档为止,在本单位有关部门和人员之间,按照规定的时间、路线办理经济业务手续,并进行会计处理的过程,具体包括传递程序和传递时间两个方面。

每种会计凭证,由于它们所记载的经济业务事项不同且涉及的部门和经办人员不同,从而使办理的过程和手续也有所不同。因此,应当为各种会计凭证规定一个科学、合理的传递程序,确保其有效合理。此外,由于各种原始凭证记录的经济业务内容不同,办理手续的程序和所需时间不同,在实际操作过程中,必须规定会计凭证的传递程序和传递时间,以保证会计工作的各个阶段紧密结合,相互监督,从而提高工作效率。正确组织会计凭证的传递,对加强各部门的经济责任、加快对经济业务事项的处理和充分发挥会计监督都产生了积极的影响。

为了及时、如实地反映本单位的经济业务发生和完成情况,要科学地组织各部门人员,使他们在各自的岗位上各司其职,分工明确,保证经济业务的顺利进展。因此,在传递会计凭证中,应注意以下几点。

(1)根据本单位的自身实际经营状况制定合理有效的会计凭证传递程序。各单位要关注到经济业务活动发生的特点和企业内部机构的设置、人员分工情况等,要对各种凭证的联数和传递环节加以具体规定,为相关部门既能按制定的路线手续办理经济业务,又能利用凭证的记录情况提供数据,使各部门分工协作、紧密配合、有条不紊。同时,还要对凭证传递的过程进行审核,避免不必要的环节,提高传递效率。

(2)根据经济业务事项的需要,确定会计凭证传递时间。各单位应注重经济业务事项发生的特点和有关经办部门及人员办理业务所需的时间,以此确定会计凭证的传递时间,使传递过程既环环相扣,又留有余地,传递及时,不得积压,从而使会计凭证以更快的速度进行科学传递。

(3)制定规范的会计凭证交接和签收制度。会计凭证可反映各单位的经济业务发生和完成情况,因此,就必须保证其真实完整,所以,各单位相关部门的经办人员都要经过一定的技术培训,指定专门的人员进行办理交接手续,要保证手续合理有效,科学严密。

确定会计凭证的传递程序和时间后,主要的经济业务事项可绘制流程图或流程表来明确反映,由相关部门和人员遵照执行。在执行过程中,遇到烦琐复杂的情况,可根据实际条件进行修改。

二、会计凭证的保管

会计凭证的保管是指会计凭证经过登记入账后的整理、装订和归档保管等管理工作。会计凭证是反映企业、单位各项经济业务的重要经济档案和历史资料,对本单位、管理部门等强化企业经营管理和加强会计监督有着十分重要的作用。因此,在完成凭证的填制和记账后,为了防止丢失、受损,保证会计凭证的完整性,应按规定妥善保存,并定期按规定加以整理、归类、装订、归档,形成会计档案。

会计凭证的保管主要包括以下内容。

(1)会计凭证的整理、装订。会计凭证的整理、装订是指按期将零散的会计凭证,加以归类编号、整理,装订成册,从而方便保管和提取。它作为会计实务中的一项经常性工作,必须认真负责,确保真实。

会计部门根据会计凭证登记账簿后,应将各种记账凭证连同所附带的原始凭证和原始凭证汇总表,按照分类和编号顺序整理,折叠整齐,按期装订成册。要注意检查所附原始凭证是否全部加工、折叠、整理妥善,如超过记账凭证宽度和长度的原始凭证,都应按记账凭证规格整齐折叠,并加具封面、封底,装订成册。凭证封面应注明企业名称、年度、月份和起讫日期、凭证种类、起讫号码、凭证张数等,封面还应在装订线封签处签名或盖章,并加盖财务负责人印章。

此外，在会计凭证装订前，一般还要汇总记账凭证的发生额，要求将每本记账凭证的发生额进行试算平衡，按凭证中涉及的会计科目编制科目汇总表，附在会计凭证封面之后。对一些性质相同、数量过多的原始凭证，可分册单独进行整理装订，并加以保管，在封面上标注记账凭证的日期、编号、种类，同时在记账凭证上注明"附件另订"和原始凭证的名称及编号。对于一些重要的原始凭证，如经济合同、收付押金的收据等，可另外装订，单独登记保管，并在有关的记账凭证和原始凭证上相互注明日期和编号。

（2）会计凭证的归档、保管。会计凭证是会计档案的重要组成部分，各企、事业单位要加强对会计凭证的管理。在会计凭证装订成册后，要按照归档要求，形成会计档案，妥善保存，以便随时查阅。

三、会计凭证的保管期限和损毁

依据新修订的《会计档案管理办法》（2016年1月1日起施行），会计凭证的保管期限一般为15年。各单位、会计机构等应遵照执行。会计凭证不得由任何会计机构、个人自行损毁。保管期满后，如需销毁，经批准后，由会计部门和档案部门共同组织进行损毁，并列出销毁名册，同时在销毁名册上签名盖章，我国的会计档案管理办法规定对其进行永久保存。

习 题

【目的】
练习编制记账凭证。
【资料】
珠江集团公司2013年6月发生下列经济业务：
1. 6月3日，收到广州纺织厂前欠货款50 000元，并存入银行。
2. 6月7日，向广州农机厂销售产成品A机床一台，款项245 000元存入银行。（增值税税率17%）
3. 6月10日，将现金5 000元存入银行。
4. 6月12日，向华联厂采购A材料，买价12 000元，增值税2 040元，均以银行存款支付，材料已验收入库。
5. 6月15日，开出现金支票25 000元，从银行提取现金，备发工资。
6. 6月18日，管理人员王芳出差回来，报销差旅费2 000元，交回现金150元。
7. 6月23日，车间申领甲材料15 000元，用以生产甲产品。
8. 6月25日，用银行存款支付日常办公用电费1 200元，水费300元。
9. 6月28日，售给A公司丙产品一批，共计30 000元，增值税税率17%，货款未付。
【要求】
根据上列经济业务编制记账凭证。

第六章 会计账簿

【学习目标】
1. 明确设置账簿的意义及其在会计工作中的作用；
2. 了解账簿的种类及其及记账规则；
3. 掌握各种账簿的设置及登记方法，熟练运用错账更正方法更正错误。

第一节 会计账簿概述

一、会计账簿的概念

会计账簿，简称账簿，是指按照会计科目开设的，由一定格式账页组成的，以经过审核的会计凭证为依据，全面、系统、序时、分类记录各项经济业务的簿记。通过会计凭证的填制与审核，可以将每天发生的经济业务进行如实、连续的记录，明确经济责任。但是会计凭证上记录的信息是分散的、不系统的。为了把分散在会计凭证中的大量核算资料加以集中归类反映，为管理者提供系统完整的会计核算资料，并为编制财务报表提供依据，就必须设置和登记账簿。同时，为了全面、系统、连续地核算和监督单位的经济活动及其财务收支情况，各单位应按照国家统一的会计制度的规定和会计业务的需要设置会计账簿。

二、账簿的分类

为了满足经营管理的需要，不同的账簿体系中所包含的账簿可能会有所不同。具体来看，账簿可以按其用途、账页格式和外形特征等不同标准进行分类。

(一) 按用途分类

账簿按其用途不同，可分为序时账簿、分类账簿和备查账簿三种。

1. 序时账簿

序时账簿又称日记账，是按照经济业务发生或完成时间的先后顺序逐日逐笔进行登记的账簿。序时账簿可以用来核算和监督某一类经济业务或全部经济业务发生或完成情况。按照记录内容的不同，又可分为普通日记账和特种日记账两种。普通日记账是用来登记全部经济业务发生情况的账簿；特种日记账，是用来登记某一类经济业务发生情况的账簿。通常来说，特种日记账只把重要的项目按照经济业务发生的先后顺序计入日记账，反映某个特定项目的详细情况，如现金日记账、银行存款日记账、转账日记账。在我国，为了简化记账手续,大多数单位一般只设现金日记账和银行存款日记账,而不设置转账日记账和普通日记账。银行存款日记账的一般格式如表6.1所示。

表6.1 银行存款日记账

年		凭证		对方科目	摘要	总页	收入金额	付出金额	结存金额
月	日	种类	号数						

2. 分类账簿

按照分类的概括程度不同,分类账又分为总分类账和明细分类账两种。按照总分类账户分类登记经济业务事项的账簿叫作总分类账簿,简称总账。按照明细分类账户分类登记经济业务事项的账簿叫作明细分类账簿,简称明细账。总分类账提供总括的会计信息,明细分类账提供详细的会计信息,是对总分类账的补充和具体化,并受总分类账的控制和统驭。分类账簿提供的核算信息是编制会计报表的主要依据。总分类账和明细分类账的一般格式如表6.2和表6.3所示。

表6.2 总分类账

科目名称:

年		凭证号	摘要	借方金额	贷方金额	借或贷	余额
月	日						

表6.3 明细分类账

科目: 规格等级: 品名:
子目: 计量单位: 总页: 分页:

年		凭证		摘要	收入			发出			结存		
月	日	字	号		数量	单价	金额	数量	单价	金额	数量	单价	金额

分类账簿和序时账簿的作用有所不同,序时账簿能够提供连续系统的信息,从而反映企业资金运转的整体状况,帮助企业管理者从整体上把握企业资金运转的状况;分类账簿则是按照经营与决策的需要设置账簿,归集并汇总各类信息,反映资金运动的各种状态、形式及其构成。在账簿组织中,分类账簿占据着特别重要的地位,因为只有通过分类账

簿,才能够将数据按账户形成不同信息,满足编制会计报表的需要。

3.备查账簿

备查账簿简称备查簿,是对某些在序时账簿和分类账簿等主要账簿中都不予登记或登记不够详细的经济业务事项进行补充登记时使用的账簿。备查账簿的设置主要是为某些经济业务的经营决策提供必要的参考资料,例如,租入固定资产登记簿、受托加工材料登记簿、代销商品登记簿、应收(付)票据备查簿等。备查账簿可以由各单位根据需要进行设置,也可以使用分类账的账页格式。

备查账簿与序时账簿和分类账簿相比,存在两点不同之处:一是登记依据可能不需要记账凭证,甚至不需要一般意义上的原始凭证;二是账簿的格式和登记方法不同,备查账簿的主要栏目不记录金额,它更注重用文字来表述某项经济业务的发生情况,即无固定格式。

(二)按账页格式分类

按账页格式的不同,账簿可以分为两栏式、三栏式、多栏式和数量金额式四种。

(1)两栏式账簿,是指只有借方和贷方两个基本金额栏目的账簿。普通日记账和转账日记账一般采用两栏式。

(2)三栏式账簿,是设有借方、贷方和余额三个基本栏目的账簿。各种日记账、总分类账以及资本、债权、债务明细账都可采用三栏式账簿。三栏式账簿又分为设对方科目和不设对方科目两种。区别是在摘要栏和借方科目之间是否有一栏"对方科目"。设有"对方科目"栏的,称为设对方科目的三栏式账簿;不设有"对方科目"栏的,称为不设对方科目的三栏式账簿。这种格式适用于那些只需要进行金额核算而不需要进行数量核算的明细核算,如"应收账款""应付账款"等债权债务结算科目的明细分类核算。

(3)多栏式账簿,是在账簿的两个基本栏目借方和贷方按需要分设若干专栏的账簿。收入、成本、费用、利润和利润分配明细账一般均采用这种格式的账簿。这种格式适用于费用、成本、收入和成果的明细核算,如"制造费用""管理费用""营业外收入"和"营业外支出"等科目的明细分类核算。

(4)数量金额式账簿,是在借方、贷方和余额三个栏目内,都分设数量、单价和金额三小栏,借以反映财产物资的实物数量和价值量的账簿。这种格式适用于既需要进行金额核算,又需要进行实物数量核算的各种财产物资的明细核算,如"原材料""产成品"等财产物资科目的明细分类核算。

(三)按外形特征分类

账簿按其外形特征不同可分为订本账、活页账和卡片账三种。

(1)订本账。订本账是启用之前就已将账页装订在一起,并对账页进行了连续编号的账簿。订本式账簿的账页固定,既可以防止散失,又可以防止抽换账页,较为安全;但若分类账采用这种账簿,就要为每一账户预留若干空白账页,若留页不够会影响账户的连续记录,留页过多又会造成浪费;而且这种账簿,在同一时间内只能由一人登记,不便于记账人员分工,使用起来欠灵活。因此,订本式账簿,一般适用于具有统驭性、重要性的账簿。我国会计制度规定,现金日记账、银行存款日记账以及总分类账必须使用订本式账簿。

(2)活页账。活页账是指在账簿登记完毕之前并不固定装订在一起,而是装在活页账夹中。当账簿登记完毕之后(通常是一个会计年度结束之后),才将账页予以装订,加具封面,并给各账页连续编号。活页账可根据记账内容的变化而随时增加或减少部分账页的账簿,一般适用于明细分类账。这类账簿的优点是记账时可以根据实际需要,随时将空白账页装入账簿,或抽取不需要的账页,可根据需要增减账页,便于分工记账;其缺点是如果管理不善,可能会造成账页散失或故意抽换账页。

(3)卡片账。卡片式账簿,简称卡片账,是由某些专门格式的、分散的卡片作为账页组成的账簿。严格来说,卡片账也是一种活页账,只不过它的卡片通常放置于卡片箱中而不是装在活页账夹中,其数量可根据经济业务的需要增减,并且可跨年度使用。如固定资产登记卡、低值易耗品登记卡等。使用时应将卡片连续编号;使用完毕不再登记账时,应将卡片穿孔固定保管。在我国,企业一般只对固定资产明细账的核算采用卡片账形式,也有少数企业在材料核算中使用材料卡片。

三、填制与审核账簿的意义

填制与审核会计账簿不仅是会计核算的方法之一,也是会计核算工作的重要环节,在经济管理中具有重要的作用。

(一)为信息使用者进行决策提供连续、系统、全面的会计信息

账簿记录是根据记账凭证编制的时间顺序进行登记的。因此,账簿既可以将零散数据集中,按照经济业务发生的时间顺序进行核算,又可按照经济业务性质的不同,在有关的分类账中进行归类核算,从而形成连续、系统和全面的会计信息,为信息使用者进行决策服务。

(二)为财务报告的编制提供依据

财务报告编制的基本依据是会计账簿,为了反映一定日期的财务状况及一定时期的经营成果,应定期进行结账工作,进行有关账簿之间的核对,计算出本期发生额和余额,据以编制会计报表,向有关各方提供会计信息。

(三)便于管理者及时了解企业财务状况,开展财务分析,改善经营管理

通过对账簿资料的检查、分析,可以了解企业各项政策、制度的执行情况,考核各项计划、预算的执行和完成情况。从而找出差距,挖掘企业潜力,改善经营管理,更好地控制成本费用,提高资金的使用效率与效果。

第二节 会计账簿设置和登记

一、日记账的设置与登记

日记账是按照经济业务发生或完成的先后顺序进行逐笔登记的账簿。设置日记账的目的就是使经济业务的时间顺序清晰地反映在账簿记录中。日记账按照其所核算和监督的经济业务的范围又可以分为普通日记账和特种日记账。普通日记账是逐日序时登记特种日记账以外的经济业务的账簿。在不设置特种日记账的企业,则要序时、逐笔登记企业

的全部经济业务;特种日记账核算和监督某一类经济业务发生和完成情况,一般分为现金日记账、银行存款日记账和转账日记账三种。因此,各单位一般应该设置特种日记账,如现金日记账,银行存款日记账等,有条件的单位还可以设置普通日记账来反映企业全部经济业务的完成情况。

(一)现金日记账的设置与登记

现金日记账是用来核算和监督库存现金每天的收入、支出和结存情况的账簿,大多数企业采用三栏式现金日记账。

三栏式现金日记账通常在同一张账页上分别设置"借方""贷方"和"余额"三栏,一般将其分别称为收入、支出和结余三个基本栏目。在金额栏与摘要栏之间要经常插入"对方科目",以便记账时标明库存现金收入的来源科目和库存现金支出的用途科目。三栏式现金日记账的格式如表 6.4 所示。

表 6.4　三栏式现金日记账

年		凭证		类别	摘要	总页	借方	贷方	余额
月	日	种类	号数						

多栏式现金日记账是为了克服三栏式日记账的缺点进一步发展出来的。多栏式现金日记账是将收入金额栏和支出金额栏,按对应科目各设若干专栏,用以序时地、分类地反映与现金收支有关的经济业务。多栏式现金日记账和多栏式银行存款日记账是登记总账的直接依据,从而减少了登记总账的工作量,可反映货币资金的来龙去脉。然而,日记账由于专栏设置较多,账页过长,因此具有登记不方便的特点。多栏式现金日记账适用于经济业务较多,货币资金收付频繁的单位。多栏式现金日记账的格式如表 6.5 所示。

表 6.5　多栏式现金日记账

年		凭证号	摘要	收入				支出				结余
				应贷科目			合计	应借科目			合计	
月	日			银行存款	主营业务收入	……		其他应收款	管理费用	……		

现金日记账是用来记录企业库存现金每天收到、支出和结存情况的账簿。由出纳人员负责登记,按时间先后顺序逐日逐笔进行登记。也就是根据现金收款凭证和与现金有关的银行存款付款凭证(从银行提取现金的业务)登记现金收入,根据现金付款凭证登记

现金支出,并根据"上日余额+本日收入-本日支出=本日余额"的公式,逐日结出现金余额,每天与库存现金实存数进行核对,以检查每日现金收付是否正确无误。

(二)银行存款日记账的设置与登记

银行存款日记账用来核算和监督银行存款每日的收入、支出和结余情况的账簿。银行存款日记账必须采用订本式账簿,其账页格式一般采用"收入"(借方)、"支出"(贷方)和"余额"三栏式,也可以采用多栏式。多栏式可以分为"银行存款日记账"和"银行支出日记账"两本账,也可以把收入和支出合并在一本账上。多栏式的银行存款日记账格式与多栏式现金日记账的格式相同。银行存款支出数额应根据有关的银行存款付款凭证登记。每日业务终了时,应计算、登记当日的银行存款收入合计数、银行存款支出合计数,以及账面结余额,以便检查监督各项收入和支出款项,避免坐支现金的出现,并便于定期同银行送来的对账单核对。银行存款日记账的格式如表6.6所示。

表6.6 银行存款日记账

年		记账凭证	摘要	结算凭证		对方科目	收入	付出	结余
月	日			种类	号数				

三栏式银行存款日记账的登记方法与三栏式现金日记账的登记方法基本相同,但需要将结算凭证的种类、编号填写到"结算凭证"栏。另外对于将现金存入银行的业务,由于填制的是现金付款日记账,因此银行存款的收入数是根据现金付款凭证登记的。每日终了时要结出余额,做到日清,以便检查监督各项收支款项,避免出现透支现象。

多栏式银行存款日记账是分别按银行存款收入和支出的对应科目设置若干专栏,以便详细反映银行存款收入来源和支出去向。多栏式银行存款日记账与多栏式现金日记账的登记方法基本相同,也是逐日逐笔登记银行存款的收入数和支出数及其对应科目的金额,月末,会计人员根据多栏式银行存款日记账的各个专栏本月合计数登记有关总账。

为了贯彻内部牵制原则,实行钱账分管,出纳人员不得负责现金日记账和银行存款日记账以外的任何账簿。出纳人员登记现金日记账和银行存款日记账后,应将各种收付款凭证交由会计人员据以登记总分类账及有关的明细分类账。通过"库存现金""银行存款"总账与日记账的定期核对,达到控制现金日记账和银行存款日记账的目的。

(三)转账日记账

转账日记账一般不会用到,它是根据转账凭证按时间的顺序进行登记的一种账簿。

(四)普通日记账

普通日记账是用来按照时间的先后顺序登记全部经济业务的账簿,又称为分录簿。一般只设借方和贷方两个金额栏目,适用于规模较小,经济业务不多的企业。使用普通日记账程序简便,也可以满足业务需要,其优点是:便于查看企业在一定时间内发生的所有经济业务的全貌;把每一经济业务的应借应贷账户的名称、金额都在一张账页里显示出来,并且有该项业务的摘要可供查考,可以比较容易发现记账的错误;通过全月发生额合计,可以进行试算平衡。使用普通日记账的缺点是:记账时不便于分工合作;无法了解某一特定账户的发生额及余额的变化情况;过账的工作量大。

二、总分类账的设置与登记

总分类账简称总账,是根据总分类科目开设账户,用来登记全部经济业务,进行总分类核算,提供总括核算资料的分类账簿。总分类账所提供的核算资料,是编制会计报表的主要依据,任何单位都必须设置总分类账。表6.7为一般三栏式总分类账。

表6.7 一般三栏式总分类账

账户名称:

| 年 | | 凭证号 | 摘要 | 借方金额 | 贷方金额 | 借或贷 | 余额 |
月	日						

总分类账的登记依据和方法,主要取决于所采用的会计核算形式。它可以直接根据各种记账凭证逐笔登记,也可以先把记账凭证按照一定方式进行汇总,编制成科目汇总表或汇总记账凭证等之后据以登记。总分类账一般按照总分类账户分类登记,登记方法取决于单位企业采用的账务处理程序。

总分类账一般采用订本式账簿。总分类账的账页格式,一般采用"借方""贷方""余额"三栏式,根据实际需要,也可以在"借方""贷方"两栏内增设"对方科目"栏。总分类账的账页格式,也可以采用多栏式格式,如把序时记录和总分类记录结合在一起的联合账簿,即日记总账。

三栏式总分类账,是指按科目设置,独立的科目建立独立的三栏式总分类账,比如,核算应收账款的三栏式总分类账,要有表头、会计科目、页数、日期栏、编号栏、摘要栏、借贷方金额栏、余额栏等,按照时间发生的顺序逐笔登记入表。采用此分类账格式,可以清晰地反映每项经济业务的情况。

多栏式总分类账,是把序时账簿和总分类账簿结合在一起的联合账簿,也叫日记总账,它具有序时账簿和总分类账簿的双重作用。采用这种总分类账簿,可以减少记账的工作量,提高工作效率,并能较为全面地反映经济业务的来龙去脉,便于管理层分析企业的经济活动情况。多栏式总分类账不分科目,直接将每笔经济业务按时间发生顺序记录在账簿中,所以涉及科目较多,专栏设置过多,账页过长,不便于登记和查阅,仅适合于会计科目较少的企业。

三、明细分类账的设置与登记

明细分类账户,是指用来提供某一总分类账户所属较为详细经济信息的账户,用来对会计要素的具体内容进行明细分类核算,简称明细账。根据实际需要,各种明细分类账分别按照二级科目或明细科目开设账户,并为每一个账户预留若干账页,用来分类、连续地记录有关资产、负债、所有者权益、收入、费用、利润等详细资料。在通常情况下,企业会计业务发生后,如果只是对它按会计要素和涉及的科目计入总账账户,仍然不能详细反映企业要了解的具体内容,或记录后不能满足业务分析需要,就要对该项业务进行再一次地具体细分,即通过明细分类账记录该业务的详细情况。这样既能根据总分类账了解某一科目的总括情况,又能根据有关的明细分类账进一步了解该科目的详细情况。明细分类账一般采用活页式账簿、卡片式账簿,一般根据记账凭证和相应的原始凭证进行登记。

明细账的格式有三栏式、数量金额式、多栏式、横线登记式。

(一)三栏式明细分类账

三栏式账页是设有借方、贷方和余额三个栏目,用以分类核算各项经济业务,提供详细核算资料的账簿,其格式与三栏式总账格式相同。适用于只进行金额核算,不需要进行数量核算的债权、债务及收入等科目,如应收账款、应付账款、主营业务收入等科目。三栏式明细分类账由会计人员根据审核无误的记账凭证或原始凭证,按经济业务发生的时间先后顺序逐日逐笔进行登记。三栏式明细分类账账页的一般格式如表6.8 所示。

表6.8 三栏式明细分类账

明细科目:

年		凭证		摘要	借方	贷方	借或贷	余额	核对
月	日	种类	号数						

(二)数量金额式明细分类账

数量金额式明细分类账其借方(收入)、贷方(发出)和余额(结存)都分别设有数量、单价和金额三个专栏。数量金额式明细分类账适用于既要进行金额核算,又要进行数量核算的各种财产物资类科目的明细分类核算。例如,对"原材料""产成品"等总账科目的明细分类核算,可采用数量金额式明细分类账。

数量金额式明细分类账的账页格式,分别设有收入、发出和结存栏。但是在收入、发出和结存栏的每一栏目中,又分别设有数量、单价和金额栏。它是由会计人员根据审核无误的记账凭证或原始凭证,按经济业务发生的时间先后顺序逐日逐笔进行登记的。数量金额式明细分类账账页的一般格式如表6.9 所示。

表6.9　数量金额式明细分类账

年		凭证		摘要	收入			发出			结存		
月	日	字	号		数量	单价	金额	数量	单价	金额	数量	单价	金额

（三）多栏式明细分类账

多栏式明细分类账是根据经济业务特点和经营管理的要求，在某一总分类账项下，对属于同一级科目或二级科目的明细科目设置若干栏目，用以在同一张账页上集中反映各有关明细科目或明细项目的详细资料。多栏式明细分类账适用于那些要求对金额进行分析的有关费用成本、收入成果类科目的明细分类核算，例如，对"主营业务收入""管理费用""营业费用""生产成本"等总账科目的明细核算，可采用多栏式。由于各种多栏式明细账所记录的经济业务内容不同，所需要核算的指标也不同，因此，栏目的设置也不尽相同。多栏式明细分类账账页的一般格式如表6.10所示。

表6.10　多栏式明细分类账

年		凭证号	摘要	借方	贷方	借或贷	余额	借	
月	日								

多栏式明细账除了上述格式外，可以单独在借方设置多栏，用于借方需要设多个明细科目或明细项目的账户，如"材料采购""生产成本""制造费用""管理费用"和"营业外支出"等科目的明细分类核算。还可以单独在贷方设置多栏，用于贷方需要设多个明细科目或明细项目的账户，如"产品销售收入"和"营业外收入"等科目的明细分类核算。

（四）横线登记式明细分类账

横线登记式明细分类账实际上也是一种多栏式明细账，适用于登记材料采购业务、应收票据和一次性备用金业务。其特点是将前后密切相关的经济业务，于同一横格内进行登记，以检查每笔业务的完成及变动情况。这种格式适用于"物资采购"和"在途物资"等账户的明细核算。横线登记式明细分类账账页的一般格式如表6.11所示。

表6.11　横线登记式明细分类账

物资名称或类别：　　　　　　　　　　　　　　　　　　　　　　　　　　　　　　　　第　页

年		凭证号数	摘要	借方金额	贷方金额	余额
月	日					

各种明细分类账的登记方法应根据各单位业务量的大小、人员多少、经济业务内容以及经营管理的需要而定。根据原始凭证或标有明细科目及金额的记账凭证进行登记,可以逐笔登记,也可以定期汇总登记。

四、备查账簿的设置与登记

备查账簿是一种辅助账簿,是对某些在日记账和分类账中未能记载的会计事项进行补充登记的账簿。建立备查账簿时,一般应该注意以下几方面。

(1)备查账簿应根据统一会计制度的规定和企业管理的需要设置。并不是每个企业都要设置备查账簿,而应根据管理的需要来决定,但是对于会计制度规定必须设置备查账簿的科目,如"应收票据""应付票据"等,必须按照会计制度的规定设置备查账簿。

(2)备查账簿的格式由企业自行确定。备查账簿没有固定的格式,与其他账簿之间也不存在严密的钩稽关系,其格式可由企业根据内部管理的需要自行确定。

(3)备查账簿的外表形式一般采用活页式。为使用方便备查账一般采用活页式账簿。与明细账一样,为保证账簿的安全、完整,使用时应顺序编号并装订成册,注意妥善保管,以防账页丢失。

第三节 会计账簿的规则

一、会计账簿的启用规则

会计账簿是储存数据资料的重要会计档案,为了确保账簿记录的合规和完整,明确记账责任,在账簿启用时,应在"账簿启用和经管人员一览表"中详细记载:单位名称、账簿编号、账簿册数、账簿页数、启用日期,并加盖单位公章;经管人员(包括企业负责人、主管会计、复核和记账人员等)均应签名盖章;中途更换记账人员时,应办理交接手续。

启用订本式账簿,对于没有印制顺序号的账簿,应当从第一页到最后一页顺序编定页数,不得跳页、缺号;活页式账簿,应当按账户顺序编号,并须定期装订成册,装订后再按实际使用的账页顺序编订页码。在第一页前面,附会计科目目录及每个会计科目在账簿中的起止页数。

在启用会计账簿时,在账页上开设账户,即填列会计科目;将印花税票粘贴在账簿的右上角,并且画线注销。

二、会计账簿的记账规则

账簿作为重要的会计档案资料和会计信息的主要存储工具,必须按规定的方法,依据审核无误的记账凭证进行登记。记账凭证的登记通常需要遵守以下几项原则。

(1)登记会计账簿时,应当将会计凭证日期、编号、业务内容摘要、金额和其他有关资料逐项登记入账,做到数字准确、摘要清楚、登记及时、字迹工整。

(2)账簿登记完毕后,要在记账凭证上签名或者盖章,并在记账凭证的"过账"栏内注明账簿页数或画对勾,注明已经登账的符号,表示已经记账完毕,避免重记、漏记。

(3)记账要保持清晰、整洁,记账文字和数字要端正、清楚、书写规范,一般应占账簿格距的二分之一,以便留有改错的空间。

(4)为了保持账簿记录的持久性,防止涂改,登记账簿必须使用蓝黑墨水或碳素墨水书写,不得使用圆珠笔(银行的复写账簿除外)或者铅笔书写。

(5)特殊记账使用红墨水,在下列情况下,可以用红色墨水记账:

①按照红字冲账的记账凭证,冲销错误记录;

②在不设借贷等栏的多栏式账页中,登记减少数;

③在三栏式账户的余额栏前,如未印明余额方向的,在余额栏内登记负数余额;

④根据国家统一的会计制度的规定可以用红字登记的其他会计记录。

由于会计中的红字表示负数,因而除上述情况外,不得用红色墨水登记账簿。

(6)在登记各种账簿时,应按页次顺序连续登记,不得隔页、跳行。如发生隔页、跳行现象,应在空页、空行处用红色墨水画对角线注销,或者注明"此页空白"或"此行空白"字样,并由记账人员签章。

(7)凡需要结出余额的账户,结出余额后,应当在"借或贷"栏目内注明"借"或"贷"字样,以表示余额的方向;对于没有余额的账户,应在"借或贷"栏内写"平"字,并在"余额"栏用"0"表示。现金日记账和银行存款日记账必须逐日结出余额。

(8)每一账页登记完毕结转下页时,应当结出本页合计数及余额,写在本页最后一行和下页第一行相关栏内,并在摘要栏内注明"过次页"和"承前页"字样;也可以将本页合计数及金额只写在下页第一行相关栏内,并在摘要栏内注明"承前页"字样,以保持账簿记录的连续性,便于对账和结账。对需要结计本月发生额的账户,结计"过次页"的本页合计数应当为自本月初起至本页末止的发生额合计数;对需要结计本年累计发生额的账户,结计"过次页"的本页合计数应当为自年初起至本页末止的累计数;对既不需要结计本月发生额也不需要结计本年累计发生额的账户,可以只将每页末的余额结转次页。

除此之外,还应注意为了保证账簿记录的真实、正确,必须根据审核无误的会计凭证登账。各单位每天发生的各种经济业务,都要记账,记账的依据是会计凭证。

三、会计账簿的错账更正规则

对于账簿记录中所发生的错误,不允许涂改、挖补、擦刮或者用药水消除笔迹,不允许重新抄写,必须按照有关制度规定的方法予以更正。具体更正的方法主要有以下几种。

(一)画线更正法

画线更正法是指用红线注销原有错误记录,然后在红线上面写上正确记录更正错误的一种错账更正方法。适用于结账以前发现账簿记录中文字或数字有错误,而其所依据的记账凭证没有错误,即纯属记账时文字或数字的笔误的情况。更正方法:先在错误的文字或数字上画一条红色横线,表示注销,但必须使原有字迹仍可辨认,以备考察;然后在画线上方空白处用蓝字写上正确的文字或数字,并由记账人员在更正处盖章,以明确责任。必须注意,对于文字错误,可只划去错误的部分;对于数字错误,必须将整笔数字用红线全部划去,不能只划去其中几个错误数字。例如,将6 700错写成7 600,应将7 600整个数字全部用红线划去,然后在红线上面空白处用蓝字写6 700予以更正。

如果凭证中的文字或数字发生错误,在尚未登账前,也可以采用这种方法更正。

(二)红字更正法

红字更正法又称赤字冲账法、红字冲账法,是指用红字冲销或冲减原记数额,以更正或调整账簿记录错误的一种方法。红字更正法适用于两种情况:一是根据记账凭证所记录的内容记账以后,在当年内发现记账凭证中应借、应贷的会计科目错误或记账方向错误。更正方法:先用红字金额填写一张与原错误记账凭证中内容完全相同的记账凭证,在摘要栏注明"注销某月某日某号凭证"字样,并据以用红字登记入账,冲销原有错误的记账记录;同时再用蓝字或黑字重新填制一张正确的记账凭证,在摘要栏注明"订正某月某日某号凭证"字样,并据以用蓝字或黑字登记入账。二是根据记账凭证所记录的内容记账以后,发现记账凭证上应借、应贷会计科目、记账方向都没有错误,只是所记金额大于应记金额,造成账簿记录有错误。更正方法:将多记金额(即正确金额与错误金额之间的差额)用红字编制一张与原错误的记账凭证所记载的应借、应贷会计科目和记账方向完全相同的记账凭证,在摘要栏注明"冲销某年某月某日某号凭证"字样,以冲销多记金额,并据以登记入账。

【例6.1】计提本月车间固定资产折旧费4 500元,编制记账凭证时,借方账户误写为"管理费用"并已登记入账。其错误会计分录如下:

借:管理费用　　　　　　　　　　　　　　　　　　　　4 500
　贷:累计折旧　　　　　　　　　　　　　　　　　　　　4 500

为更正上述错误,应该用红字金额填制一张内容与原来一样的记账凭证(由于条件限制,用数字加框表示红字),冲销错账。

借:管理费用　　　　　　　　　　　　　　　　　　　　|4 500|
　贷:累计折旧　　　　　　　　　　　　　　　　　　　　|4 500|

然后,重新填制一张正确的记账凭证:

借:制造费用　　　　　　　　　　　　　　　　　　　　4 500
　贷:累计折旧　　　　　　　　　　　　　　　　　　　　4 500

将上述两张记账凭证登记账簿后,账簿记录的错误得到更正。

【例6.2】用银行存款支付企业到期的应付账款2 000元。编制记账凭证时,将金额误写为20 000元。其错误会计分录如下:

借:应付账款　　　　　　　　　　　　　　　　　　　　20 000
　贷:银行存款　　　　　　　　　　　　　　　　　　　　20 000

为更正上述多计的金额18 000元,应该用红字金额填制一张内容与原来一样的记账凭证,将多计金额予以冲销。

借:应付账款　　　　　　　　　　　　　　　　　　　　|18 000|
　贷:银行存款　　　　　　　　　　　　　　　　　　　　|18 000|

将上述记账凭证登记账簿后,账簿记录的错误得到更正。

(三)补充登记法

补充登记法是指用蓝字或黑字登记金额,调整账簿记录错误的一种方法。适用于记账凭证上应借、应贷的会计科目、记账方向都没有错误,只是所记金额小于应记金额,造成账簿记录错误的情况。更正方法:将少记金额用黑字或蓝字编制一张与原错误记账凭证所记载的应借、应贷会计科目和记账方向相同的记账凭证,在摘要栏注明"补记某月某日某号凭证少记金额"字样,以补记少记金额,并据以登记入账。

【例6.3】用银行存款支付厂部管理部门日常办公费3 200元。编制记账凭证时,将金额误写为2 300元,并已登记入账。其错误会计分录如下:

借:管理费用　　　　　　　　　　　　　　　　　　　　　　　　2 300
　　贷:银行存款　　　　　　　　　　　　　　　　　　　　　　　2 300

为更正上述少计的金额900元,应该用蓝字金额填制一张内容与原来一样的记账凭证,将少计金额补充登记。

借:管理费用　　　　　　　　　　　　　　　　　　　　　　　　　900
　　贷:银行存款　　　　　　　　　　　　　　　　　　　　　　　　900

将上述记账凭证登记账簿后,账簿记录的错误得到更正。

该笔错误会计分录,也可以用红字更正法进行更正。即先用红字冲销原错误金额2 300元,再用蓝字重新填写一张正确金额3 200元的记账凭证进行更正。

在用红字更正法或补充登记法更正错误时,在更正错误的记账凭证上,应注明被更正记账凭证的日期和编号,便于以后进行核对。

第四节　对账和结账

一、对账

对账,就是核对账目,是指在会计核算中,为保证账簿记录正确可靠,对账簿中的有关数据进行检查和核对的工作。应当定期将会计账簿记录的有关数字与库存实物、货币资金、有价证券往来单位或个人等进行相互核对,保证账证相符、账账相符、账实相符。对账是对前一个会计周期的交易信息进行核对,以确认交易信息的一致性和正确性的过程,每年至少进行一次。会计对账工作主要包括以下几项内容。

(一)账证核对

账簿是根据经过审核之后的会计凭证登记的,但实际工作中仍可能发生账证不符的情况。因此,记完账后,要进行账证核对。账证核对是指核对会计账簿(包括总账、明细账,以及现金、银行存款日记账)的记录与原始凭证、记账凭证的时间、凭证字号内容、金额是否一致,记账方向是否相符。这是保证账账相符、账实相符的基础。这种核对通常是在日常编制凭证和记账过程中进行。

(二)账账核对

账账核对是指各种账簿之间的核对相符,主要包括本单位各种账簿之间的有关指标应该核对相符,本单位同其他单位的往来账项应该核对相符。账账核对就是核对不同会计账簿之间的账簿记录是否相符。账账核对的内容包括以下几方面。

(1)看总账资产类科目各种账户与负债、所有者权益类科目各账户的余额合计数是否相符。即总账资产类账户余额等于总账负债、所有者权益账户余额的合计;总账各账户借方发生额等于总账各账户贷方发生额的合计数。

(2)看总账各账与所辖明细账户的各项目之和是否相符。即总分类账户与其所属的各个明细分类账户之间本期发生额的合计数应相等;总分类账户与其所属的各个明细分类账户之间的期初、期末余额之和应相等。

(3)看会计部门的总账、明细账与有关职能部门的账、卡之间是否相符。即会计部门的有关财产物资的明细分类账的余额应该同财产物资保管部门和使用部门经管的明细记录的余额定期核对相符;各种有关债权、债务明细账的余额应定期同有关的债务人、债权人核对相符。

(4)看总分类账簿与序时账簿间是否相符。我国企业单位和事业单位必须设置库存现金日记账和银行存款日记账,库存现金日记账必须每天与库存现金核对相符,银行存款日记账也必须定期与银行对账。在此基础上,还应检查库存现金总账和银行存款总账的期末余额,与库存现金日记账和银行存款日记账的期末余额是否相符。

(三)账实核对

账实核对是指将各项财产物资、债权债务等账面余额与实有数额进行核对,做到账实相符。账实核对的内容包括以下几方面。

1. 现金日记账账面金额与现金实际库存数核对相符

平时,现金日记账要日清月结,每天均应结出余额,该余额应该同库存现金实有数相一致。到了月末或者年末以及专门进行财产清查时,也要对现金进行清查盘点。库存现金的清查是通过实地盘点的方法,确定库存现金的实存数,再与现金日记账的结存数进行核对,以查明盈亏情况。一般是根据现金日记账的当天余额来清点的,必要时还可采用突击盘点的方法。为明确责任,盘点时,出纳员必须在场,重点清查现金是否短缺,或以白条抵充现金等非法挪用舞弊现象或库存现金有无超过限额等。盘点结束后,根据盘点结果编制"现金盘点报告表",并由盘点人员与出纳员共同签名盖章。

2. 银行存款日记账账面余额与银行对账单位余额核对相符

银行存款的清点采用与开户银行核对账目的方法,因为它无法进行实地盘点。核对之前,应详细检查本单位银行存款日记账,力求正确与完整,然后与银行对账单逐笔核对。对于双方一致的记录,一般画对号进行标记,无标记的则应查明原因。

3. 应收、应付款项明细账与应收、应付款项实存数的核对

应收、应付款项的清查,采取同对方单位核对账目的方法。首先,检查本单位各项应收、应付款账簿记录的正确性和完整性。查明本单位记录正确无误后,再编制对账单,可通过信函寄交对方。对账单可以编制一式两联,一份由对方单位留存,另一份作为回单。如果核对后相符,则应在回单上盖章并退回本单位;如果数字不符,则应在回单上注明不符情况,或另抄对账单退回,作为进一步核对的依据。在核对过程中如发现未达账项,双方均应采用调节账面余额的方法,核对往来款项是否相符。如果发现记账错误,则应立即

查明,并按规定予以更正。

4.材料物资及固定资产明细账与其实存数的核对

对于材料物资及固定资产两类资产来讲,因为它们存在着实物形态,因此,可通过实物盘点的方法来确定其实存数量和金额,并可与有关明细账进行核对。

二、结账

结账是在把一定时期内发生的全部经济业务登记入账的基础上,计算并记录本期发生额和期末余额后,将余额结转下期或新的账簿的会计行为,是为了总结某一个会计期间内的经济活动的财务收支状况,据以编制财务会计报表,而对各种账簿的本期发生额和期末余额进行的计算总结。直观来说,就是结算各种账簿记录,在将一定时期内所发生的经济业务全部登记入账的基础上,将各种账簿的记录结算出本期发生额和期末余额的过程。

(一)结账的内容

(1)检查本期内日常发生的经济业务是否已全部登记入账,若发现漏账、错账,则应及时补记、更正。

(2)在实行权责发生制的单位,应按照权责发生制的要求,进行账项调整的账务处理,以计算确定本期的成本、费用、收入和财务成果。

(3)将损益类科目转入"本年利润"科目,结平所有损益类科目。

(4)在本期全部经济业务登记入账的基础上,结算出所有账户的本期发生额和期末余额。计算登记各种账簿的本期发生额和期末余额。

(二)结账的程序

第一步:先对本月所有凭证重新进行审核,仔细核对减少差错。月末结账建立在日常会计凭证的日清基础上,故要求日常的会计凭证数据和分录准确无误。

第二步:进行以下项目的账实核对。

(1)现金:在结账日进行清盘,编制盘点表。对平现金可以证明所有分录中现金的分录正确。不平应查现金日记账和所有现金相关凭证,查清原因进行处理。

(2)银行存款:对所有明细账编制银行存款调节表对平银行账。

(3)存货:包括原材料、在产品、产成品等。在月末时应进行盘点,并对盘点结果与明细账进行核对。如有差异应查清原因进行处理。

第三步:核对税务报表与应交税金明细账等账户的钩稽关系。

(1)运用银行存款调节表的原理对税务进项税额认证清单、四小票软件清单(包括运费、海关完税凭证、废旧物资、农产品收购)和企业的应交税金——应交增值税(进项税额)明细账进行核对,可以参与银行存款调节表编制,进项税额调节表由此形成。主要调节的是在同一账税票中应做进项转出的固定资产等税法规定不可以抵扣的项目的金额、进货退回折让证明单的时间性差异。

(2)对于销项税额对金税开票的销项清单及普通发票与无票收入清单和企业的应交税金——应交增值税(销项税额)进行核对。(有营业税的单位可以核对企业收入明细账与发票的清单,原理是一样的)

(3)对于进项税额转出等其他应交税金的明细科目,其核对方法与销项税额相同。

核对平后同时编制所有税务当月申报表。

第四步：查看所有明细科目余额，对于有异常的方向余额进行调整。对应收应付账的核对包括以下几项内容。

(1)对所有明细账与总账进行核对。

(2)清查应收账款、应付账款、预收账款、预付账款有无串户情况并进行清理。

(3)查看应收账款、预付账款、其他应收款明细账所有明细有无贷方余额，如有应查清原因进行调整。一般原因为做错账户或一户单位开了两个明细。如应收账款贷方应调到预收账款，预付账款贷方应调到应付账款，其他应收款应调到其他应付款等。同理应付账款、预收账款、其他应付款应清查借方余额。

第五步：进行月末结账的转账分录的编制。

(1)按权责发生制原则计提所有费用。如工资、福利费、营业税等。

(2)摊销低值易耗品、无形资产，计提折旧，摊销待摊费用，计提预提费用等。

(3)暂估材料(对于企业已入库材料未收到发票的应建立明细账)、结转制造费用、结转产成品成本、结转产品销售成本等。(结合存货盘点结果同时进行)

(4)结转本年利润，结平所有损益类科目。(具体结账分录要结合企业实际)

(三)结账的方法

结账时，应该根据不同账户的记录采用不同的方法进行结账。

(1)对不需要按月结计本期发生额的账户，每次记账之后，都要随时结出余额，每月最后一笔余额是月末余额，即月末余额就是本月最后一笔经济业务记录的金额。月末结账时，只需要在最后一笔经济业务之下通栏画单红线，不需要再次结计余额。

(2)库存现金、银行存款日记账和需要按月结计发生额的收入、费用等明细账，每月结账时，需要在最后一笔经济业务下面通栏画单红线，结出本月发生额和月末余额写在红线下面，并在摘要栏内注明"本月合计"字样，再在下面通栏画单红线。

(3)对于需要结计本年累计发生额的明细账户，结账时，应在"本月合计"行下结出自年初起至本月末止的累计发生额，登记在月份发生额下面，在摘要栏内注明"本年累计"字样，并在下通栏画单红线。12月末的"本年累计"就是全年累计发生额，全年累计发生额下面通栏画双红线。

(4)总账账户平时只需结出月末余额。年终结账时，为了总地反映全年各项资金运动情况的全貌，核对项目时要将所有总账账户结出全年发生额和年末余额，在摘要栏内注明"本年合计"字样，并在合计数下通栏画双红线。

(5)年度终了结账时，有余额的账户，要将其余额结转到下一会计年度，并在摘要栏内注明"结转下年"字样；在下一会计年度新建有关会计账簿的第一行余额栏内填写上年结转的余额，并在摘要栏内注明"上年结转"字样。结转下年时，既不需要编制记账凭证，也不必将余额再计入本年账户的借方或贷方，以免混淆有余额账户和无余额的账户的区别。

习　题

【目的】
练习错账更正方法。

【资料】
某企业在账证核对的过程中,发现账簿出现下列错误:

1. 车间计提折旧 30 000 元。记账凭证记录为:

借:制造费用　　　　　　　　　　　　　　　　　　　30 000
　　贷:累计折旧　　　　　　　　　　　　　　　　　　　　30 000

记账时,制造费用记录为 300 000 元。

2. 生产领用材料 20 000 元。记账凭证记录为:

借:生产成本　　　　　　　　　　　　　　　　　　　　2 000
　　贷:原材料　　　　　　　　　　　　　　　　　　　　　2 000

并已登记入账。

3. 发放工资 60 000 元。记账凭证记录为:

借:应付工资　　　　　　　　　　　　　　　　　　　67 000
　　贷:库存现金　　　　　　　　　　　　　　　　　　　　67 000

并已登记入账。

4. 收回其他单位欠款 200 000 元。记账凭证记录为:

借:应收账款　　　　　　　　　　　　　　　　　　　200 000
　　贷:银行存款　　　　　　　　　　　　　　　　　　　200 000

并已登记入账。

5. 企业管理部门领用维修用材料 2 000 元。记账凭证记录为:

借:制造费用　　　　　　　　　　　　　　　　　　　　2 000
　　贷:原材料　　　　　　　　　　　　　　　　　　　　　2 000

【要求】

1. 判断上述会计分录的编制是否正确。
2. 如果不正确,请采用正确的方法进行更正。

第七章 账务处理程序

【学习目标】
1. 熟悉账务处理程序的基本模式;
2. 掌握记账凭证、汇总记账凭证、科目汇总表账务处理程序的特点、适用范围及优缺点。

第一节 账务处理程序概述

一、账务处理程序的概念

账务处理程序,也称会计核算组织程序或会计核算形式,是指在会计核算中,以账簿体系为核心,把会计凭证组织、会计账簿组织、记账程序和记账方法相结合进行财务处理的方式。其中,账簿体系是指账簿的种类、格式和各种账簿之间的相互关系;记账程序是指从填制、审核、整理、传递会计凭证到登记账簿、编制会计财务报表等一系列环节的工作方法。简单来说,账务处理程序就是记账和会计信息生成的步骤和过程。

二、账务处理程序的意义

在企事业单位的日常生产经营过程中,由于不同单位的规模大小、业务属性不同,因而需要设立的凭证和账簿的类别与格式就不同,与之对应的记账程序和记账方法也不同。会计凭证既是记录经济业务事项的依据,又为登记会计账簿提供了原始资料,登记账簿决定了会计凭证的格式、种类和记录的内容;会计账簿既是反映单位日常处理经济活动的会计档案资料,又是编制会计报表的直接依据,编制会计报表和日常经营决定了会计账簿的格式、种类和记录的内容;会计报表提供了有用的会计信息,为经营管理者管理和做出决策提供了借鉴,管理和决策决定了会计报表的格式、种类、项目等。每个企业在进行会计核算前,都要根据自身的实际条件,建立对应的账务处理程序,这对提高会计信息质量、充分发挥会计职能具有重要的意义。

(1)可以提高会计信息核算质量,为企业相关利益主体利用会计核算数据提供了保障;
(2)可以使会计核算数据的处理过程顺利进行,保证会计记录完整,会计信息真实可靠;

(3)有利于会计核算工作的分工协作,有序组织,明确相关人员的经济责任,充分发挥会计监督的职能;

(4)可以减少会计核算过程中不必要的环节和步骤,有利于提高会计工作效率,节约核算费用。

三、账务处理程序的要求

在会计核算中,会计凭证、账簿和报表之间的紧密关联,形成了不同的账务处理程序,企、事业单位要根据自身情况,制定适合的账务处理程序。账务处理程序一般应符合如下要求。

(1)与企业单位的业务性质相符合,与本单位的生产经营特点、经营规模、交易事项的繁简等相适应,有利于会计核算分工,明确经济责任,从而保证会计核算工作的顺利进行;

(2)所提供的会计核算资料,应系统全面、及时准确地反映本单位的经济活动,以满足企业经营管理者参与决策的需要;

(3)在保证会计信息质量的前提下,应提高会计核算的质量和工作效率,简化核算手续,节省核算费用。

四、账务处理程序的分类

账务处理程序的分类在于登记总账的依据和方法不同,我国账务处理程序主要有:
(1)记账凭证账务处理程序;
(2)科目汇总表账务处理程序;
(3)汇总记账凭证账务处理程序;
(4)多栏式日记账账务处理程序;
(5)日记总账账务处理程序。

目前我国企、事业单位采用较多的账务处理程序是:记账凭证账务处理程序、科目汇总表账务处理程序和汇总记账凭证账务处理程序,企业可以根据自身实际生产规模、经营管理的特点,选择适合自己的账务处理程序,进行会计核算。

第二节 记账凭证账务处理程序

一、记账凭证账务处理程序的概念及特点

记账凭证账务处理程序指经济业务事项发生后,根据不加以汇总的记账凭证直接登记总账的一种账务处理程序。

记账凭证账务处理程序的特点是:记账凭证不需要进行汇总,直接根据每张记账凭证逐笔登记总分类账,它是基本的账务处理程序,作为其他账务处理程序的基础,其他账务处理程序是由它逐渐生成的。

二、记账凭证账务处理程序下凭证、账簿的设置

在记账凭证账务处理程序下,账簿可设置为四种:三栏式现金日记账、银行存款日记账、三栏式总分类账和明细分类账。明细分类账可采用三栏式、数量金额式、多栏式,记账凭证可选择通用记账凭证,也可选择收款凭证、付款凭证、转账凭证一起使用。在这种核算形式下,总分类账一般应按户设页。

三、记账凭证账务处理程序的核算步骤

记账凭证处理程序一般经过以下几个步骤。

(1)按照经济业务属性的不同,根据原始凭证或原始凭证汇总表编制收款凭证、付款凭证、转账凭证;

(2)按照经济业务发生时间的先后顺序,根据收款凭证、付款凭证逐笔登记现金日记账和银行存款日记账;

(3)根据原始凭证或原始凭证汇总表和记账凭证逐笔登记各明细分类账;

(4)根据收款凭证、付款凭证和转账凭证定期分别编制汇总收款凭证、汇总付款凭证和汇总转账凭证,并登记总分类账;

(5)会计期末时,将总分类账中有关账户的余额与现金日记账、银行存款日记账和明细分类账的余额进行核对,进行试算平衡;

(6)会计期末时,根据总分类账和明细分类账,按照一定要求,编制会计财务报表。

记账凭证的账务处理程序如图7.1所示。

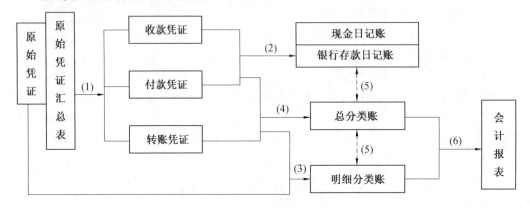

图7.1 记账凭证账务处理程序

——:账务处理; ---:账务核对

四、记账凭证账务处理程序的适用范围及优缺点评价

记账凭证账务处理程序,是最基本的账务处理程序,优点在于:(1)它根据记账凭证登记总账,简单易懂,层次清晰;(2)手续简化,根据记账凭证直接登记总分类账,不用进行中间汇总,省去了不必要的环节;(3)总分类账内容详尽,便于查账,对一些不经常发生的经济业务,可不用设置明细分类账,可在总分类账的摘要栏中对经济业务进行说明,从

而使总分类账中的一些会计科目起到明细分类账的效果。缺点在于：当记账凭证较多时，登记总分类账加大了工作量，不利于组织分工，提高工作效率。所以，记账凭证账务处理程序只适用在业务量少、规模小、记账凭证数量少的企、事业单位，从而有利于其提高会计核算的工作效率。

第三节 汇总记账凭证账务处理程序

一、汇总记账凭证账务处理程序的概念及特点

汇总记账凭证账务处理程序是根据原始凭证或原始凭证汇总表编制记账凭证，定期根据记账凭证分类编制汇总收款凭证、汇总付款凭证和汇总转账凭证，再根据汇总记账凭证登记总分类账的一种账务处理程序。它的特点是先定期将记账凭证汇总编制成各种汇总记账凭证，然后根据各种汇总记账凭证登记总分类账。汇总记账凭证账务处理程序是在记账凭证账务处理程序的基础上发展起来的，它与记账凭证账务处理程序的主要区别是在记账凭证和总分类账之间增加了汇总记账凭证。

汇总记账凭证账务处理通过汇总记账凭证，月末（或定期）登记总分类账，简化了总分类账的登记工作，使得汇总记账凭证中科目间的对应关系清楚，使据以登记的总分类账能明确地反映各类经济业务的内容。其缺点是由于增加了汇总记账凭证的工作，使核算手续进一步复杂。同时，在经济业务比较少、同一贷方科目有对应关系的转账凭证为数不多的情况下，起不到简化记账工作的作用。汇总记账凭证账务处理程序一般适用于规模较大、经济业务较多的企业或单位。

二、汇总记账凭证账务处理程序下凭证、账簿的设置

汇总记账凭证是在填制的各种专用记账凭证的基础上，按照一定的方法进行汇总编制而成的。汇总记账凭证可以分为汇总收款凭证、汇总付款凭证和汇总转账凭证，三种凭证有不同的编制方法。

（一）汇总收款凭证的编制

汇总收款凭证，按现金科目、银行存款科目的借方分别设置，定期（如5天或10天）将这一期间内的全部现金收款凭证、银行存款收款凭证，分别按与设置科目相对应的贷方科目加以归类、汇总填列一次，每月编制一张。登记总分类账时，应根据汇总收款凭证上的合计数，计入"库存现金"或"银行存款"总分类账户的借方；根据汇总收款凭证上各贷方科目的合计数分别计入有关总分类账户的贷方。汇总收款凭证的格式如表7.1所示。

表 7.1　汇总收款凭证

借方科目：库存现金　　　　　　　　　　　年　月　　　　　　　　　　　汇收第　号

贷方科目	金额			合计	总账页数	
	1~10日收款凭证第　号至第　号	11~20日收款凭证第　号至第　号	21~30日收款凭证第　号至第　号		借方	贷方
合计						

（二）汇总付款凭证的编制

汇总付款凭证，按现金科目、银行存款科目的贷方分别设置，定期（如5天或10天）将这一期间内的全部现金付款凭证、银行存款付款凭证，分别按与设置科目相对应的借方科目加以归类、汇总填列一次，每月编制一张。月终时，结算出汇总付款凭证的合计数，据以登记总分类账。登记总分类账时，根据汇总付款凭证的合计数，计入"库存现金""银行存款"总分类账户的贷方；根据汇总付款凭证内各借方科目的合计数计入相应总分类账户的借方。汇总付款凭证如表7.2所示。

表 7.2　汇总付款凭证

贷方科目：银行存款　　　　　　　　　　　年　月　　　　　　　　　　　汇付第　号

借方科目	金额			合计	总账页数	
	1~10日付款凭证第　号至第　号	11~20日付款凭证第　号至第　号	21~30日付款凭证第　号至第　号		借方	贷方
合计						

（三）汇总转账凭证的编制

汇总转账凭证应当按照每一科目的贷方分别设置，通常按照除"库存现金""银行存款"以外的每一科目的贷方分别设置，并根据转账凭证按对应的借方科目归类，每5天或10天定期填列一次，每月填制一张。月终，根据汇总转账凭证的合计数，分别计入总分类账户中各个应借账户的借方，以及每一张汇总转账凭证所列的应贷账户的贷方。倘若在汇总期内，某一贷方科目的转账凭证为数不多时，也可不填制汇总转账凭证，而直接根据转账凭证计入总分类账。需要注意的是，为了便于填制汇总转账凭证，并避免汇总时出现重汇和漏汇，平时填制转账凭证时，应使科目的对应关系保持一个贷方科目同一个或几个借方科目相对应的会计分录，即一借一贷或多借一贷的转账凭证，不要出现一借多贷的科目对应关系的转账凭证。汇总转账凭证如表7.3所示。

表 7.3　汇总转账凭证

贷方科目：原材料　　　　　　　　　　　年　月　　　　　　　　　　　汇转第　号

借方科目	金额			合计	总账页数	
	1~10日转账凭证第　号至第　号	11~20日转账凭证第　号至第　号	21~30日转账凭证第　号至第　号		借方	贷方
合计						

除此以外，还需要注意的是，编制收款凭证时，则只能编制一借一贷或一借多贷的凭

证,而不能编制一贷多借的凭证;编制付款凭证时,只能编制一借一贷或一贷多借的凭证,而不能编制一借多贷的凭证;编制转账凭证时,为了避免汇总时出现重汇和漏汇,只能按一个贷方科目与一个或几个借方科目相对应来填制,而不能以几个贷方科目同一个借方科目相对应来填制。

三、汇总记账凭证账务处理程序的核算步骤

在进行汇总记账凭证账务处理时,一般要经过以下几个步骤。

(1)根据原始凭证或原始凭证汇总表编制收款凭证、付款凭证和转账凭证;

(2)根据收款凭证和付款凭证逐笔登记现金日记账和银行存款日记账;

(3)根据原始凭证或原始凭证汇总表和收款凭证、付款凭证及转账凭证登记各种明细分类账;

(4)根据收款凭证、付款凭证、转账凭证三种凭证定期分别编制汇总收款凭证、汇总付款凭证和汇总转账凭证;

(5)根据汇总收款凭证、汇总付款凭证和汇总转账凭证登记总账;

(6)月末,将总账与现金日记账、银行存款日记账核对相符,总账与各种明细分类账核对相符;

(7)月末,根据总账与有关明细分类账资料编制会计报表。

汇总记账凭证账务处理程序的基本步骤如图7.2所示。

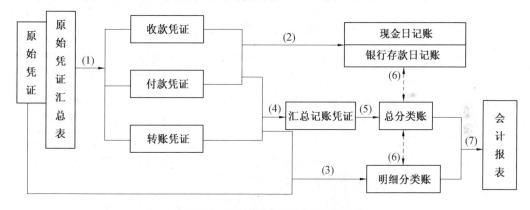

图7.2 汇总记账凭证账务处理程序

───→:账务处理; ←--→:账务核对

四、汇总记账凭证账务处理程序的适用范围及优缺点评价

汇总记账凭证账务处理程序的特点,就是先根据记账凭证定期编制汇总记账凭证,再根据汇总记账凭证登记总分类账。

其优点是:

(1)根据汇总记账凭证月终一次登记总分类账,可以克服记账凭证账务处理程序登记总分类账工作量过大的缺点,大大减少了登记总分类账的工作量;

(2)由于汇总记账凭证是按照会计科目的对应关系进行归类、汇总编制的,在总分类

账中也注明了对方科目,因此在汇总记账凭证和总分类账中,可以清晰地反映账户之间的对应关系,便于查对和分析账目。

其缺点是:

(1)汇总记账凭证账务处理程序按账户的借方或贷方汇总编制,不考虑交易或事项的经济性质,不利于会计核算工作的分工;

(2)当转账凭证较多时,编制汇总转账凭证的工作量较大。

因此,这种账务处理程序主要适合于规模较大、交易或事项较多,特别是转账业务少而收、付款业务较多的单位。

第四节 科目汇总表账务处理程序

一、科目汇总表账务处理程序的概念及特点

科目汇总表账务处理程序,是根据记账凭证定期编制科目汇总表,并依据科目汇总表登记总账的会计核算形式。其特点是:可简化总分类账的登记手续,先定期把全部记账凭证按科目汇总,编制科目汇总表,然后根据科目汇总表登记总分类账。由于科目汇总表实际上已经对账户的情况进行了分类统计,因此,总账的登记工作就相对轻松许多。

二、科目汇总表账务处理程序下凭证、账簿的设置

首先,将汇总期内各项交易或事项所涉及的总账科目填列在科目汇总表的"会计科目"栏内。然后,根据汇总期内所有记账凭证,按会计科目分别加计其借方发生额和贷方发生额,并将其汇总金额填在各相应会计科目的"借方"和"贷方"栏内。对于科目汇总表中"库存库金""银行存款"科目的借方本期发生额和贷方本期发生额,也可以直接根据库存现金日记账和银行存款日记账的收入合计和支出合计填列,而不再根据收款凭证和付款凭证归类、汇总填列。最后,分别加总全部会计科目"借方"和"贷方"发生额,进行发生额的试算平衡。具体汇总方式可分为以下两种:

(1)全部汇总,就是将一定时期的全部记账凭证汇总到一张科目汇总表内的汇总方式;

(2)分类汇总,就是将一定时期的全部记账凭证分别按库存现金,银行存款收、付款的记账凭证和转账记账凭证进行汇总。

三、科目汇总表账务处理程序的核算步骤

科目汇总表账务处理程序一般要经过以下几个步骤。

(1)根据原始凭证或原始凭证汇总表编制收款凭证、付款凭证和转账凭证;

(2)根据收款凭证和付款凭证逐笔登记现金日记账和银行存款日记账;

(3)根据原始凭证或原始凭证汇总表和记账凭证逐笔登记明细分类账;

(4)根据记账凭证定期编制科目汇总表;

(5)根据科目汇总表登记总分类账;

(6)月末,将总分类账与现金日记账、银行存款日记账核对相符,将总分类账与各种明细分类账核对相符;

(7)月末,根据总分类账和有关明细分类账编制会计报表。

科目汇总表账务处理程序如图 7.3 所示。

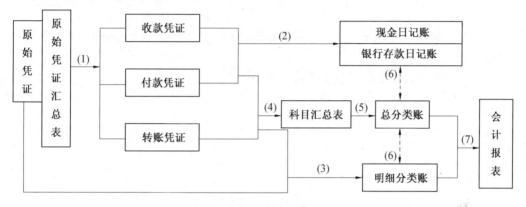

图 7.3 科目汇总表账户处理程序

⟶:账务处理; ⇢:账务核对

四、科目汇总表账务处理程序的适用范围及优缺点评价

(一)适用范围

科目汇总表账务处理程序一般适用于规模较大、经济业务较多的企业和单位。

(二)优缺点

科目汇总表账务处理程序的优点是:

(1)可以大大减轻登记总账的工作量。在科目汇总表账务处理程序下,可根据科目汇总表上有关账户的汇总发生额,在月中定期或月末一次性地登记总分类账,可以使登记总分类账的工作量大为减轻。

(2)科目汇总表还起到试算平衡的作用,保证总分类账登记的正确性。在科目汇总表上的汇总结果体现了一定会计期间所有账户的借方发生额和贷方发生额之间的相等关系,利用这种发生额的相等关系,可以进行全部账户记录的试算平衡。

科目汇总表账务处理程序的缺点是:

不分对应科目进行汇总,不能反映各科目的对应关系,不便于对经济业务进行分析和检查;如果记账凭证较多,根据记账凭证编制科目汇总表本身也是一项很复杂的工作,如果记账凭证较少,运用科目汇总表登记总账又起不到简化登记总账的作用。

习　题

1.科学合理地设计账务处理程序有何意义?

2. 账务处理程序的要求有哪些？

3. 账务处理程序有哪几类？

4. 记账凭证账务处理程序的主要特点是什么？记账程序步骤是什么？它具有哪些优缺点？

5. 汇总记账凭证处理程序的主要特点是什么？记账程序步骤是什么？它具有哪些优缺点？

6. 科目汇总表账务处理程序的主要特点是什么？记账程序步骤是什么？它具有哪些优缺点？

7. 汇总记账凭证账务处理程序的适用范围是什么？

第八章 财产清查

【学习目标】
1. 了解财产清查的内容、意义和种类；
2. 掌握财产清查的主要方法；
3. 掌握财产物资的盘存制度及每种盘存制度的优缺点；
4. 掌握财产清查结果的账务处理方法。

第一节 财产清查概述

一、财产清查的概念

财产清查就是通过对财产物资、现金的实地盘点和对银行存款、债权债务的查对，来确定财产物资、货币资金和债权债务的实存数，并查明账面结存数与实存数是否相符的一种会计核算专门方法。

我国《会计法》(1999年颁布,2000年7月1日起施行)第十七条规定："各单位应该定期将会计账簿记录与实物、款项及有关资料相互核对,保证会计账簿记录与实物及款项的实有数额相符、会计账簿记录与会计凭证的有关内容相符、会计账簿之间相对应的记录相符、会计账簿记录与会计报表的有关内容相符。"

二、财产清查的原因

企业的各项财产物资,包括库存现金、银行存款、存货、固定资产、应收应付款的增减变动和结存情况都是通过账簿记录进行核算和监督的。为了正确掌握各项财产物资的真实情况,保证会计资料的真实可靠,真正体现会计的核算职能,要求账簿记录反映的财产物资的结存数额同它们的实存数额完全一致,做到账实相符。然而实际中,各项财产物资的账存数额同实存数额往往发生差异。造成差异的原因是多种多样的,归结起来有以下两种:一种是受自然因素的影响,往往不可避免;另一种则是人为因素导致的,可以防止和避免。在会计工作中,为了对发生的各种差异正确地进行处理,做到账实相符,保证会计资料的真实、可靠,必须首先弄清发生差异的具体原因。一般来说,造成账实不符的原因具体有以下几个方面。

(1)在运输、保管过程中,由于受到各种自然条件的影响,发生了数量上或质量上的差异；

(2) 在财产收发时，由于计量检验不准确而发生了品种、数量或质量上的差错；

(3) 在财产增减变动时没有及时填制凭证、登记入账，或者在填制财产收、发凭证，登记财产账目时，发生了计算上或登记上的错误；

(4) 由于管理不善或工作失职而发生的财产损坏、变质或短缺；

(5) 由于营私舞弊、贪污盗窃而发生的财产数量上或质量上的损失；

(6) 自然灾害带来的非常损失；

(7) 由于有关凭证未到，形成未达账项，造成结算双方账务不符带来的差异。

三、财产清查的意义

(1) 通过财产清查，可以提高会计资料的质量，保证会计资料的真实性。通过财产清查，可以确定各项财产物资的实有数，将实有数与账面记录进行对比，确定各项财产物资的盘盈、盘亏，并及时调整账面记录，做到账实相符，以保证会计记录的真实、可靠，提高会计信息的质量。

(2) 通过财产清查，可以改善企业经营管理，加速资金周转。通过财产清查，可以揭示各项财产物资的使用情况，及时发现企业财产物资超储积压、占用不合理等情况，以尽早采取措施利用或处理，挖掘各项财产物资的潜力，提高财产物资的使用效果，从而能够促进企业改善经营管理，加速资金周转。

(3) 通过财产清查，能够促使保管人员加强责任感，保证各项财产的安全完整。通过财产清查，可以查明各项财产物资的储备和保管情况以及各种责任制度的建立和执行情况，揭示各项财经制度和结算纪律的遵守情况，促使财产物资保管人员加强责任感，保证各项财产物资的安全完整，促使经办人员自觉遵守财经制度和结算纪律，及时结清债权债务，避免发生坏账损失。

四、财产清查的种类

在企业日常工作中，在考虑成本、效益的前提下，可选择范围大小适宜、时机恰当的财产清查。也就是说，可按照财产清查实施的范围、时间间隔等把财产清查适当地进行分类。

(一) 按照财产清查的对象和范围划分，可分为全面清查和局部清查

1. 全面清查

全面清查就是指对企业全部财产进行盘点和核对，主要包括货币资金、实物资产、债权、债务结算款项等。全面清查的内容多、范围广，投入的人力多，不可能经常进行，一般只用于年终结算前的清查。当然，在某些特殊情况下，如企业破产、合并、改变隶属关系、清产核资或单位主要负责人调离工作岗位，为了明确经济责任或核定资金，也要进行全面清查。

2. 局部清查

局部清查是指根据需要对部分财产、物资和往来款项等进行盘点和清查。局部清查的对象主要是流动性比较大的，比较容易出现问题的财产。例如，库存现金要每天核对，

银行存款应定期同银行核对,贵重的财产物资应根据需要随时盘点或重点抽查等。

(二)按照财产清查的时间划分,可分为定期清查和不定期清查

1. 定期清查

定期清查就是根据制度的规定预先计划安排时间对财产进行清查,定期清查通常在年末、半年末、季末、月末结账时进行。

2. 不定期清查

不定期清查是指事先没有规定清查时间,根据特殊需要而进行的临时性清查。不定期清查的情况有:企业在更换出纳员时对现金、银行存款所进行的清查;更换仓库保管员时对其所保管的财产物资所进行的清查;企业撤销、合并时,为了明确经济责任或核定资金而进行的清查。

定期清查和不定期清查的范围应视具体情况而定,可以是全面清查,也可以是局部清查。

第二节 财产物资盘存制度

为加强企业财产物资管理,规范财产物资的出入库与结算流程,提高流动资产的使用效率,企业应建立财产物资盘存制度。财产物资盘存制度有两种,即"永续盘存制"和"实地盘存制"。

一、永续盘存制

永续盘存制,也称账面盘存制,是通过设置存货明细账,对日常发生的存货增加或减少,都必须根据会计凭证在账簿中进行连续登记,随时在账面上结算各项存货的结存数,并定期与实际盘存数对比,进行存货管理的一种制度。其具体做法是:当某项财产物资入库时,将入库的数量和金额记在有关明细账的收入栏;当发出某项财产物资时,将发出的数量和金额记在有关明细账的支出栏,并及时计算出该财产物资在明细账上的结存数量和金额。计算公式如下:

$$期末账面结存数=期初账面结存数+本期增加数-本期减少数$$

由于永续盘存制能够通过账面记录随时反映某一存货在一定会计期间内收入、发出及结存的详细情况,反映存货是否过多或不足,以便合理地组织货源,有利于加强对存货的管理与控制;同时,由于随时记录存货的发出情况,能够准确地核算产品的成本和费用。但是,相对于实地盘存制而言,永续盘存制下存货明细账的会计核算工作量较大。

二、实地盘存制

实地盘存制,也称定期盘存制,是指平时只登记财产物资收入数,不登记财产物资发出数,会计期末通过对财产物资进行实地盘点确定其实际结存数量,并倒挤发出数量及发出金额的财产物资管理制度。具体做法是:平时财产物资入库时登记收入数量和金额,当发出某项财产物资时则不进行登记,期末通过实地盘点,确定结存数量,并倒挤发出数量

及金额,完成账簿记录,使账实相符。在实地盘存制下,本期减少数的计算公式是:

本期减少数=期初结存数+本期增加数−期末结存数(实地盘点数)

实地盘存制的优点是平时核算工作比较简单,工作量较小。缺点是:由于平时没有发出记录,不能通过账簿随时反映和监督各项财产物资的发出和结存情况,不利于存货的管理和控制。同时,仓库管理中物资毁损、盗窃、丢失等情况,全部计入本期的发出数内,高估了当期成本和费用,不利于企业正确核算成本、费用和利润。

从加强存货管理,提供管理所需会计信息的角度出发,企业应尽量采用永续盘存制。但永续盘存制也需要结合不定期的实地盘点,将实际盘存数与账存数相核对,查明溢余或短缺的原因,调整账面记录,保证账实相符。由于实地盘存制既不利于存货的日常管理和控制,又会造成企业成本和费用的高估,对企业实际经营成果产生影响。因此,实地盘存一般只适用于核算那些价值低、数量不稳定、损耗大的鲜活商品。

第三节 财产清查的程序和方法

一、财产清查的程序

(一)财产清查的准备工作

财产清查是一项复杂而又细致的工作,涉及面广,政策性强,工作量大。因此,为了保证财产清查工作的顺利进行,在财产清查之前,应做好相关的准备工作。

1. 组织准备

在组织上,应成立清查领导小组。该小组应在企业主管负责人和总会计师的领导下,由会计、生产、设备、技术、行政等部门的相关人员组成。清查小组的主要工作职责是:制订财产清查计划,确定清查范围,安排清查工作程序,配备清查工作人员;检查清查工作进度,监督清查工作过程,解决清查工作中的问题;总结清查工作的经验教训,撰写清查工作总结,提出清查结果处理意见。

2. 业务准备

财产清查前,会计部门和有关业务部门必须做好以下各项准备工作。

(1)会计部门应做好所有账簿的登记工作:将总分类账中的货币资金、财产物资和债权债务的有关账户与其所属的明细分类账和日记账核对准确,做到账账相符、账证相符,为账实核对提供正确的账簿资料。

(2)财产物资保管部门要做好各种财产物资入账工作,并与会计部门的有关财产物资核对相符。同时,将各种财产物资排列整齐、挂上标签,标明品种、规格及结存数量,以便盘点核对。

(3)财产清查人员在清查业务上,也要进行必要的准备:如准备计量器具、有关清查需用的各种表册等。

(二)财产清查的一般程序

财产清查既是会计核算的一种专门方法,又是财产物资管理的一项重要制度,企业必须有计划、有组织地进行财产清查,财产清查一般包括以下程序。

(1)建立财产清查组织。清查组织应由单位领导和财务会计、业务、仓库等有关部门的人员组成,负责研究制订财产清查计划,确定工作进度和清查方式方法。

(2)组织清查人员学习有关政策规定,掌握有关法律、法规和相关业务知识,以提高财产清查工作的质量。

(3)确定清查对象、范围,明确清查任务。

(4)制订清查方案,具体安排清查内容、时间、步骤、方法,以及必要的清查前准备。

(5)清查时本着先清查数量、核对有关账簿记录等,后认定质量的原则进行。

(6)填制盘存清单。清查人员要做好盘点记录,填制盘存清单,列明所查财产物资的实存数量和款项及债权债务的实有数额。

(7)根据盘存清单填制实物、往来账项清查结果报告表。

二、财产清查的方法

财产清查的内容主要包括三方面:(1)货币资金的清查,包括对库存现金、银行存款和其他货币资金的清查。(2)实物财产的清查。实物财产是指具有实物形态的各种财产,包括原材料、半成品、在产品、产成品、低值易耗品、包装物和固定资产等。(3)往来款项的清查,即应收、应付款项的清查。

(一)货币资金的清查

1. 库存现金的清查

为了保护现金的安全完整,做到账实相符,必须做好现金的清查工作。库存现金的清查是通过实地盘点的方法,确定库存现金的实存数,再与现金日记账的账面余额进行核对,以查明账实是否相符并确定是否存在盘盈、盘亏情况。

现金收支业务频繁,容易出错,出纳人员每天都需要进行清查。另外,单位还应定期或不定期组织专门清查。库存现金的盘点,应由清查人员会同现金出纳人员共同负责。在清查小组清查前,出纳人员应将全部有关现金的收付款凭证登记入账,结出库存现金余额。盘点时,出纳人员必须在场,现金应逐张清点,如发现盘盈、盈亏,必须会同出纳人员核实清楚。盘点时,除查明账实是否相符外,还要查明有无违反现金管理制度规定(如白条抵库、挪用现金等),有无超过银行核定的限额,有无坐支现金等。盘点结束后,应根据盘点结果,填制"库存现金盘点报告表",并由检查人员和出纳人员签名或盖章。此表具有双重性质,它既是盘存清单,又是账存实存对比表,其格式见表8.1。

表8.1 库存现金盘点报告表

单位名称: 年 月 日 单位:元

实存金额	账存金额	对比结果		备注
		盘盈	盘亏	

盘点人(签章): 出纳员(签章):

"库存现金盘点报告表"既是反映现金实存数调整账簿记录的重要原始凭证,也是分析账实发生差异原因,明确经济责任的依据。盘点以后,对发现的差错应查明原因,等待处理。对白条抵库、坐支现金和库存现金超限额等情况,应在备注栏中说明。

企业有价证券的清查方法与库存现金相同。

2. 银行存款的清查

银行存款的清查方法与库存现金的清查方法不同,它是采取与开户银行核对账目的方法进行的。即将银行存款日记账与开户银行转来的对账单逐笔进行核对,以查明银行存款收、付及余额是否正确相符。核对的结果可能一致,也可能不一致。造成这种核对结果不一致的原因有两种,一种是记账错误;还有一种就是未达账项的存在。

在与银行对账之前,应先检查本单位的银行存款日记账的正确性与完整性,然后再与银行对账单进行核对。如果发现是记账错误,应及时查明原因进行更正;如果发现存在未达账项,则查明原因后,编制"银行存款余额调节表"进行调节。

(1)未达账项及其表现形式。

未达账项是指由于结算凭证在企业与银行之间传递而导致一方已取得凭证登记入账,另一方由于未取得凭证而尚未登记入账的项目,即由于企业与银行记账时间不一致所导致。未达账项具体包括以下四种情况:企业已收款入账,银行尚未收款入账;企业已付款入账,银行尚未付款入账;银行已收款入账,企业尚未收款入账;银行已付款入账,企业尚未付款入账。

(2)未达账项的调整。

上述任何一种情况发生,都会使企业银行存款日记账余额与银行对账单的余额不一致。为消除未达账项的影响,企业应根据核对后发现的未达账项,编制"银行存款余额调节表"进行调节。银行存款余额调节表是在银行对账单余额与企业银行存款日记账余额的基础上,各自加上对方已收本单位未收账项数额,减去对方已付本单位未付账项数额。

企业调节后的银行存款余额=银行存款日记账余额+银行已收款入账而企业未入账款项-银行已付款入账而企业未入账款项

银行对账单调节后的存款余额=银行对账单存款余额+企业已收款入账而银行未入账款项-企业已付款入账而银行未入账款项

调节后双方余额相符,表明企业与银行的记账都没有错误;调节后双方余额不一致,则说明记账有错误,需要进一步查明原因,并予以更正。

下面通过一个实务案例具体说明"银行存款余额调节表"的编制方法。

【例8.1】某企业2012年12月31日银行存款日记账账面余额为19 500元,见表8.2。开户行送达的对账单所列本企业存款余额14 500元,见表8.3。经逐笔核对,发现未达账项如下:

(1)12月30日,企业开出现金支票一张,金额1 500元,企业已付款入账,银行尚未入账;

(2)12月31日,企业收到购货单位转账支票一张,金额6 000元,企业已收款入账,银行尚未入账;

(3)12月30日,银行代收企业货款2 000元,已计入企业存款户,企业尚未接到收款通知而未入账;

(4)12月31日,银行代扣企业水电费2 500元,已减少企业存款户,企业尚未接到付

款通知而未入账;

根据以上未达账项编制"银行存款余额调节表",见表8.4。

表8.2 银行存款日记账　　　　　　　　　　　　　　　　单位:元

摘要	收入	付出	结余
月初余额			10 000
3日存入	5 000		15 000
8日付出		3 000	12 000
16日存入	4 000		16 000
25日取现		1 000	15 000
30日开出现金支票		1 500	13 500
31日转账支票存入	6 000		19 500

表8.3 银行存款对账单　　　　　　　　　　　　　　　　单位:元

摘要	收入	付出	结余
月初余额			10 000
3日存入	5 000		15 000
8日付出		3 000	12 000
16日存入	4 000		16 000
25日取现		1 000	15 000
30日代收	2 000		17 000
31日代扣		2 500	14 500

表8.4 银行存款余额调节表　　　　　　　　　　　　　　单位:元

银行存款日记账	金额	银行对账单	金额
账面存款余额	19 500	对账单余额	14 500
加:银行已收企业未收款项	2 000	加:企业已收银行未收款项	6 000
减:银行已付企业未付款项	2 500	减:企业已付银行未付款项	1 500
调节后的存款余额	19 000	调节后的存款余额	19 000

调节后双方余额一致,表明没有记账错误。企业实际可用的银行存款是调节后的余额19 000元,而不是银行存款日记账余额19 500元。需要注意的是,"银行存款余额调节表"只起到对账的作用,它不是原始凭证,不能作为记账的依据。企业待收到有关凭证之后,才能进行相关的账务处理。

(二)实物财产的清查

实物财产的清查是指对原材料、在产品、半成品、库存商品、包装物、固定资产等财产物资的清查。由于其实物形态不同,体积、质量、码放方式各异,需要采用不同的方法进行清查。一般来说,实物财产清查方法有实地盘点法和技术推算法两种,但大多采用实地盘点法。清查时,既要从数量上核实,还要对质量进行鉴定。

(1)实地盘点法是指在财产物资存放现场逐一清点数量或用计量仪器确定其实存数的一种方法。该方法适用于容易清点或计量的财产物资的清查,例如对原材料、包装物、库存商品、固定资产的清查。其优点是数字准确可靠,缺点是清查工作量较大。

(2)技术推算法是指利用技术方法推算财产物资实存数的方法。该方法适用于大量成堆难以逐一清点的财产物资,如煤炭、砂石等的清查。其优点是清查工作量较小,缺点是清查数字不够准确。

在清查过程中,首先必须以各项财产物资目录规定的名称规格为标准,查明各项财产物资的名称、规格,然后再盘点数量、检查质量。为明确经济责任和便于查询,各项财产物资的保管人员必须在场,并参加盘点工作。清查盘点结束后,应及时将盘点的数量和质量情况如实填制"盘存单",并由盘点人员和财产物资保管人员签字或盖章,"盘存单"的格式见表8.5。

表8.5 盘存单

单位名称: 编号:
盘点时间: 财产类别: 存放地点:

编号	名称	计量单位	数量	单价	金额	备注

盘点人签章: 保管人员签章:

盘存单是记录盘点日财产物资实有数的原始凭证,通常一式两份,一份由实物保管人留存,一份送交会计部门与账面记录进行核对。为进一步查明账实是否相符,确定盘盈盘亏,还应根据"盘存单"和有关账簿记录编制"账存实存对比表"。该表是调整账簿记录的重要原始凭证,也是分析差异产生原因,明确经济责任的依据,"账存实存对比表"的格式见表8.6。

表8.6 账存实存对比表

单位名称: 年 月 日

编号	类别及名称	计量单位	单价	实存		账存		对比结果		备注
				数量	金额	数量	金额	盘盈	盘亏	

主管人员: 会计: 制表:

(三)往来款项的清查

往来款项包括各种应收款项、应付款项、预收款项、预付款项等,往来款项的清查与银行存款一样,也是采用与对方核对账目的方法。

首先,将本单位的往来款项核对清楚,确认总分类账与明细分类账的余额相符;其次,按每一个经济往来单位编制"往来款项对账单",该对账单一式两联,其中一联作为回联单,然后送往各经济往来单位。对方经过核对相符后,在回联单上加盖公章退回,表示已核对;如果经核对数字不相符,对方应在回联单上注明情况,或另抄对账单退回,进一步查明原因,再进行核对,直到相符为止。在收到对方单位的回联单后,企业应据以编制"往来款项清查表",其格式见表8.7。

表8.7　往来款项清查表

总分类账户名称：　　　　　　　　　　　　　年　月　日

明细分类账户		清查结果		核对不符原因分析			备注
名称	账面余额	核对相符金额	核对不符金额	未达账项金额	有争议款项金额	其他	

通过往来款项的清查，保证了企业各种债权、债务的真实完整，促使企业及时催收到期的债权，偿还到期的债务，并对过期的债权分情况及时进行清理。

第四节　财产清查结果的处理

财产清查结束后，清查人员应将清查结果进行报告，对盘盈和盘亏的财产提出处理建议，由股东大会或董事会、经理（厂长）会议或类似机构根据管理权限批准后执行。在处理建议得到批准之前，会计人员和财产管理人员应根据"账存实存对比表""库存现金盘点报告表"等资料，编制记账凭证，调整有关财产的账面价值，使账簿记录与实际盘存数相符。然后根据差异产生的原因和报经批准后的结果，进行相应的账务处理。

一、财产清查结果的账户设置

为核算和监督在财产清查中查明的各种财产物资的盘盈、盘亏和毁损及其处理情况，应设置"待处理财产损溢"账户。本账户可设"待处理财产损溢——待处理流动资产损溢"和"待处理财产损溢——待处理固定资产损溢"两个明细账户，以分别反映流动资产和固定资产的盘盈、盘亏及其处理结果。

"待处理财产损溢"账户是资产类账户，该账户的贷方登记待处理财产物资的盘盈数及经批准后的盘亏转销数；借方登记待处理财产物资的盘亏和毁损数及经批准后的盘盈转销数；贷方余额表示尚待批准处理的财产物资盘盈数，借方余额表示尚待批准处理的财产物资盘亏和毁损数。企业在查明财产盘盈、盘亏和毁损的原因并处理完毕后，该账户无余额。

二、财产清查结果的账务处理

（一）财产盘盈的处理

1.存货盘盈的处理

盘盈的存货应按其重置成本作为入账价值，并通过"待处理财产损溢"科目进行核算，报经批准后，冲减当期管理费用。

企业发生存货盘盈时，借记"原材料""库存商品"等科目，贷记"待处理财产损溢"科目。按管理权限报经批准后，借记"待处理财产损溢"科目，贷记"管理费用"科目。

【例8.2】A企业为增值税一般纳税企业，在财产清查中，盘盈甲材料50千克，价值

2 000元。后经查明,盘盈甲材料是因计量仪器不准造成的。

(1)批准处理前调整账面记录:

借:原材料——甲材料　　　　　　　　　　　　　　　　　　　　　2 000
　　贷:待处理财产损溢　　　　　　　　　　　　　　　　　　　　　　2 000

(2)批准处理后:

借:待处理财产损溢　　　　　　　　　　　　　　　　　　　　　　　2 000
　　贷:管理费用　　　　　　　　　　　　　　　　　　　　　　　　　2 000

2.固定资产盘盈的处理

根据《企业会计准则第4号——固定资产》及其应用指南的有关规定,固定资产盘盈应作为前期差错计入"以前年度损益调整"科目,而原来则是作为当期损益。之所以新准则将固定资产盘盈作为前期差错进行会计处理,是因为固定资产出现由于企业无法控制的因素而造成盘盈的可能性极小甚至是不可能的,企业出现了固定资产的盘盈必定是企业以前会计期间少计、漏计而产生的,应当作为会计差错进行更正处理,这样也能在一定程度上控制人为调节利润的可能性。

盘盈的固定资产,按其市场价值,借记"固定资产"科目,按其新旧程度贷记"累计折旧"科目和"以前年度损益调整"科目;报经批准后的处理为,借记"以前年度损益调整",贷记"应交税费——应交所得税""利润分配——未分配利润""盈余公积"等科目。

【例8.3】A企业于2012年6月8日对企业全部的固定资产进行清查,盘盈一台7成新的机器设备,该设备同类产品市场价格为100 000元,企业所得税税率为25%。该企业有关会计处理为:

(1)借:固定资产　　　　　　　　　　　　　　　　　　　　　　　100 000
　　贷:累计折旧　　　　　　　　　　　　　　　　　　　　　　　　30 000
　　　　以前年度损益调整　　　　　　　　　　　　　　　　　　　　70 000

(2)借:以前年度损益调整　　　　　　　　　　　　　　　　　　　　17 500
　　贷:应交税费——应交所得税　　　　　　　　　　　　　　　　　17 500

(3)借:以前年度损益调整　　　　　　　　　　　　　　　　　　　　52 500
　　贷:盈余公积　　　　　　　　　　　　　　　　　　　　　　　　 5 250
　　　　利润分配——未分配利润　　　　　　　　　　　　　　　　　47 250

(二)财产盘亏的处理

1.存货盘亏的处理

存货发生的盘亏或毁损,应通过"待处理财产损溢"进行核算。按管理权限报经批准后,根据造成存货盘亏或毁损的原因,分别按以下情况进行处理:

(1)属于计量收发差错和管理不善等原因造成的存货短缺,应先扣除残料价值、可以收回的保险赔偿和过失人赔偿,将净损失计入管理费用。

(2)属于自然灾害等非常原因造成的存货毁损,应先扣除处置收入(如残料价值)、可以收回的保险赔偿和过失人赔偿,将净损失计入营业外支出。

因非正常原因导致的存货盘亏或毁损,按规定增值税进项税额不能抵扣,应当予以转出。因此,存货盘亏时,借记"待处理财产损溢"科目,贷记"原材料""库存商品"等科目;

报经批准后处理时,借记"管理费用""其他应收款""营业外支出"等科目,贷记"待处理财产损溢"科目。

【例8.4】A企业为增值税一般纳税企业,因暴雨毁损库存材料一批,该批原材料实际成本为20 000元,收回残料价值800元,保险公司赔偿11 600元。该企业购入材料的增值税税率为17%。(由于自然灾害影响,原材料进项不用转出)

(1)批准处理前调整账面记录:

借:待处理财产损溢	20 000
贷:原材料	20 000

(2)批准处理后:

借:原材料	800
其他应收款	11 600
营业外支出	7 600
贷:待处理财产损溢	20 000

2.固定资产盘亏的处理

固定资产价值高,使用期限长,对于管理规范的企业来说,盘盈、盘亏的固定资产较为少见。企业应当健全固定资产管理制度,通过定期对固定资产进行清查,来保证固定资产核算的真实性和完整性。清查中如果发现固定资产的盘盈、盘亏,应及时查明原因,在期末结账前处理完毕。

固定资产盘亏造成的损失,应当计入当期损益。盘亏的固定资产,按其账面价值,借记"待处理财产损溢"科目;按已提折旧,借记"累计折旧"科目;按该项固定资产已计提的减值准备,借记"固定资产减值准备"科目;按固定资产原始价值,贷记"固定资产"科目;报经批准后处理时,在减去过失人或者保险公司等赔款后,计入当期营业外支出。因此,盘亏的固定资产报经批准后的转销处理应为:借记"其他应收款""营业外支出"等科目,贷记"待处理财产损溢"科目。

【例8.5】A企业于2012年6月8日对企业全部的固定资产进行清查,盘亏一台机器设备,该设备原始价值80 000元,已经计提折旧30 000元,已经计提减值准备10 000元。经查,设备丢失的原因在于管理员的责任。经董事会批准,由设备管理员赔偿12 000元,该企业有关会计处理为:

(1)调整账面记录:

借:累计折旧	30 000
固定资产减值准备	10 000
待处理财产损溢	40 000
贷:固定资产	80 000

(2)报经批准后:

借:其他应收款	12 000
营业外支出	28 000
贷:待处理财产损溢	40 000

(3)收到管理员赔款:

借:库存现金　　　　　　　　　　　　　　　　　　　　　　　12 000
　　贷:其他应收款　　　　　　　　　　　　　　　　　　　　　　12 000

习　题

1. 导致企业财产清查账实不符的主要原因有哪些?
2. 简述永续盘存制与实地盘存制的主要区别及其各自的适用条件和优缺点。
3. 简述库存现金和银行存款的清查方法。
4. 什么是未达账项?它有哪四种表现形式?
5. 财产盘盈、盘亏对当期财务状况的影响体现在哪些方面?

第九章 财务会计报告

【学习目标】
1. 掌握财务报告的概念、结构、相关内容及其编制方法；
2. 了解财务报告的种类；
3. 掌握各个财务报告的填列方法；
4. 清楚地知道财务报告中每一个项目数字来源。

第一节 财务报告概述

一、财务报告的概念及作用

(一) 财务报告的概念

财务报告，是指企业根据审核后的会计账簿记录和有关资料，编制并对外提供的反映企业某一特定日期的财务状况以及某一会计期间的经营成果、现金流量等财务信息的文件。作为企业核算的最终结果以及对外提供财务信息的主要形式，财务报告主要包括了财务报表、附注、审计报告以及财务情况说明书等其他应当在财务报告中披露的相关信息和资料。

财务报表是企业对外提供的财务状况、经营成果、现金流量等财务信息的总结性表述，是财务报告的核心。财务报表至少应当包括资产负债表、利润表、现金流量表、所有者权益变动表以及附注。其中，资产负债表反映的是企业在报告期末这一特定日期资产、负债以及所有者权益的情况，利润表反映的是企业在报告期间收入、费用和利润的情况，现金流量表反映的则是报告期间现金及现金等价物的变动情况。财务报表附注是为了便于报表使用者对财务报表内容、编制基础、编制原则及方法等进一步了解所做出的解释，它同样也是财务报表的重要组成部分。

(二) 财务报告的作用

财务报告的编制，旨在向报表使用者提供企业的相关信息，其作用主要表现在以下几个方面。

(1) 从投资者和债权人的角度来讲，财务报表能够为他们提供企业内部财务状况、经营成果及现金流量等方面的信息，有利于他们对企业的偿债能力、获利能力等各项财务指标做出分析和评价，并对企业未来的发展状况做出预测，以决定是否进行投资、贷款以及投资、贷款的方式。

(2) 从企业内部管理者的角度来讲,他们需要对企业的整体经营情况进行了解并对企业经营活动的各项指标及财务状况的各项指标进行考核。这就需要管理当局提供足够的财务信息,以有利于他们对过去一个阶段的经营状况进行总结,对企业未来管理做出进一步改善,同时做出相应的决策。

(3) 从有关政府部门的角度来讲,提供财务报告有利于政府部门对企业经营活动的合法性、资金筹集和运用的合理性等方面进行综合检查。因此,政府部门通过对企业的财务报告的汇总,有利于及时发现各行业、各企业中存在的问题,并在税收政策、行政法规等方面采取有效的措施,从而促进市场经济的高效运作。

二、财务报告的种类

作为财务报告的主要组成部分,财务报表按不同的标准有以下几种分类。

(1) 按反映的经济内容不同,财务报表可以分为资产负债表、利润表(损益表)和现金流量表。资产负债表是反映企业一定日期财务状况的报表,它是静态报表;利润表(损益表)是反映企业一定时期内经营成果的报表,它是动态报表;现金流量表是反映企业一定时期内财务状况变动情况的报表,它也是动态报表。

(2) 按编报时间的不同,财务报表可以分为年报和中期报告。中期报告包含月报、季报和半年报,它们提供了企业较为及时的财务信息。其中,月报和季报是指企业于每月和每个季度终了时编制并对外提供的财务报表,半年报是指企业于完整会计期间的前6个月终了时编制并对外提供的财务报表。年报,又称决算表,是企业于会计年度终了时编制并对外提供的财务报表。与中期财务报表相比,年报反映的是企业完整会计年度整体的财务状况及经营成果,要求反映的财务信息更加全面、详细。

(3) 按编制主体的不同,财务报表可以分为个别报表、汇总报表及合并报表。个别报表是企业根据账簿记录及其他资料进行加工编制的财务报表,它反映企业自身的财务状况和经营成果;汇总报表是由企业主管部门或上级单位对所属部门或单位汇总编制的财务报表;合并报表是由母公司根据母公司、子公司各自的财务报表,抵消集团内部交易后编制的报表,它反映的是整个企业集团的财务状况和经营成果。

(4) 按服务对象的不同,财务报表可以分为对外提供的财务报表和内部财务报表。对外提供的财务报表是指企业定期向不同报表使用者提供的财务报表,主要包括资产负债表、利润表、现金流量表以及所有者权益变动表,其格式、编制内容及方法均由财政部规定。内部财务报表是企业满足自身经营管理需要而编制的不对外公开的财务报表,其格式及内容可由企业根据自身经营特点自行规定。

三、财务报表编制的基本要求

(一) 遵循各项会计准则进行确认和计量

在编制财务报表时,企业应当以各项会计准则要求为基准对企业的各项经济业务进行确认和计量。例如,在列报的信息中,必须保证财务报表数字的真实公允,不存在伪造、编造以及篡改等行为;按规定的报表格式及内容对财务报表进行编制,并完整列报各种财务报表及相关补充资料。

（二）以持续经营作为编报基础

持续经营不但是企业会计对经济业务进行确认、计量的假设前提，同样也是编制财务报表的基础，它指的是企业在可预见的未来，将按既定的目标持续不断地经营下去，不会面临停产、停业，也不会大幅度对业务进行削减。在经营的过程中，企业管理者应当具体分析企业目前的各项财务指标与经营指标以及存在的各项风险，综合以前年度经营状况及管理层的经营意见，对企业的持续经营能力进行及时评价。如果对持续经营能力产生重大怀疑，则要在附注中进行披露，同时不得隐瞒相关事实；如果企业已经处于非持续经营状态，则不能以持续经营作为编报基础，要采用其他基础对财务报表进行编报，同时在附注中予以声明。

（三）报表项目的列报要具有一致性

会计信息质量要求中的可比性原则要求同一企业在不同会计期间提供的会计信息要相互可比，同时不同企业在同一会计期间提供的会计信息也要相互可比。这就要求企业在编制财务报表时项目的列报在不同会计期间要保持一致，除非存在会计准则要求变更或者企业在经营业务方面发生重大变化，变更报表项目的列报能够更好地提供会计信息，否则，企业不得随意对报表项目的列报进行变更。

（四）依据重要性原则列报

重要性是指如果在财务报告中省略或错报某一项目，会对信息使用者的决策产生影响，则该项目就具有重要性。在判断项目的重要性时，要从项目性质和金额大小两方面进行考虑。一方面，要根据项目的性质是否属于日常活动，同时是否对企业财务状况、经营成果产生显著影响方面进行判断；另一方面，要根据项目金额占资产总额、负债总额、所有者权益总额以及净利润等直接相关项目金额的比重加以确定。

（五）报表项目金额不能随意抵销

一般而言，财务报表中项目的金额要以总额列报，资产和负债、收入和费用等项目的金额均不能相互抵销。例如，企业欠客户的款项与客户欠企业的款项就不得相互抵销，一旦抵销就掩盖了企业交易的实质。但如果存在以下情况，如资产负债项目扣除其备抵账户以净额进行列报，非日常活动产生的损益以收入减费用后的净额列报的，均不属于抵销的范畴，即以不掩盖交易实质又有利于报表使用者理解为前提进行金额的列报。

（六）要列报所有金额的比较信息

为了提高报表信息在不同会计期间的可比性，同时利于报表使用者的相关决策，在编制企业的当期财务报表时，至少要列报两期的财务报表数据，即本期财务数据与上一个可比会计期间的财务数据以及财务报表的相关说明。这一要求适用于财务报表的所有组成部分。

当企业追溯应用会计政策或重分类财务报表项目时，要在完整财务报表中加列上期期初即上一可比期间期初的资产负债表，其余报表组成部分内容不变。同时，如若财务报表项目的列报确需发生变更时，则要对上期数据按照当期列报要求进行调整，并在附注中对调整原因、性质及调整的各项目金额进行披露。若存在确实不能调整的情况，则要对不能调整的原因在附注中予以披露。

(七)披露要求

财务报表的显著位置应当披露以下信息:(1)编报企业的名称。如果当期企业名称发生改变,则要明确表明。(2)资产负债表日及其他报表所涵盖的会计期间。(3)货币名称及单位。按照我国《企业会计准则》,企业应当以人民币作为记账本位币对报表金额进行列报,同时还要标明人民币的金额单位。(4)若财务报表是合并报表,则要进行标明。

(八)报告期间

企业至少应当按年对财务报表进行编制,若由于企业在年中设立等原因导致年度财务报表涵盖的会计期间短于一年的,要在附注中对报表实际涵盖期间及短于一年的原因进行披露。

第二节 资产负债表

一、资产负债表的内容

资产负债表是反映企业一定日期财务状况的报表,它是根据基本的会计恒等式"资产=负债+所有者权益"编制的,它按照一定的标准和顺序对资产、负债及所有者权益中的各项目进行列示。

(一)资产

资产按照流动性强弱可以分为流动资产和非流动资产两类。其中,流动资产包括货币资金、短期投资、应收票据、应收及预付款项、其他应收款以及存货等。非流动资产包括持有至到期投资、长期股权投资、固定资产、无形资产及其他非流动资产等。

资产部分各项目按流动性由强到弱依次列示,流动性越强的资产相应排列越靠前,流动性越弱的资产相应排列越靠后。同时,应当注意的是,某些资产由于时间的推移资产性质发生变化的,要按流动资产进行列示,不可再列作非流动资产。

(二)负债

负债按照流动性可分为流动负债和非流动负债。其中,流动负债包括短期借款、应付票据、应付及预收款项、应付职工薪酬、应付利息及其他应付款等。非流动负债包括长期借款、应付债券、长期应付款、递延所得税负债等。

负债部分各项目是按负债到期日的先后顺序进行列示的,到期日早的相应排列越靠前,到期日晚的相应排列越靠后。同某些资产相似,某些负债中由于时间的推移负债性质发生变化的,要按流动负债进行列示,不可再列作非流动负债。

(三)所有者权益

所有者权益按永久性可分为实收资本(或股本)、资本公积、盈余公积和未分配利润。其中,永久性强的排在前面,永久性弱的排在后面。一般而言,为了保证投入资本的稳定性以及对投资人权益的保证,企业不得对实收资本(或股本)项目随意进行冲减。

二、资产负债表的结构及格式

(一)资产负债表的结构

完整的资产负债表通常由正表与表外部分组成。其中,表外部分又包含表首与附注两部分。表首部分是对报表名称、编制单位、编制日期及金额计量单位的列示。附注部分是对资产负债表主体内容的必要说明。正表作为报表的主体,分别列示企业在期末所拥有和控制的资产、所承担的负债以及所有者权益。其中,资产按流动性由强到弱依次排列,负债按债务偿还期由短到长依次排列,所有者权益按永久性强弱程度依次排列。

(二)资产负债表的格式

各要素项目的不同排列方式形成了资产负债表的不同格式,目前,国际上现行的资产负债表主要有账户式和报告式两种格式。

1. 报告式

报告式资产负债表又称为垂直式资产负债表或直列式资产负债表,当前存在的主要有三种格式。第一种是将资产、负债及所有者权益按从上到下的顺序依次列示的,体现的是"资产−负债=所有者权益"这一恒等式;第二种虽然也是将资产、负债及所有者权益依次进行列示,但体现的是"资产=负债+所有者权益",并将"负债及所有者权益合计"作为报告的最后一行,保持资产总计与负债及所有者权益总计相等;第三种是按流动资产、流动负债、非流动资产、非流动负债以及所有者权益的顺序依次列示的,根据"流动资产−流动负债=营运资金""营运资金+非流动资产−非流动负债=所有者权益"这两个等式进行列示。

报告式资产负债表的优点在于它易于对报表项目做旁注,并且易于编制和比较,但存在无法对资产与权益之间的关系一目了然的缺点。其简化格式如表9.1所示。

表9.1 报告式资产负债表

项目	期末余额	年初余额
资产:		
……		
资产合计		
负债:		
……		
负债合计		
净资产合计		
所有者权益:		
……		
所有者权益合计		
负债及所有者权益合计		

编制单位:　　　　　　　　　　　　　年　月　日　　　　　　　　　　　　单位:

2. 账户式

账户式资产负债表按照"资产=负债+所有者权益"的会计等式将报表各项目进行列示。其中,资产列示于资产负债表左方,负债及所有者权益列示于资产负债表右方。左方反映企业在资产负债表日所拥有或控制的全部资产,按流动资产和非流动资产的顺序对各项目进行列示;右方反映企业所承担的负债及所有者权益,负债按流动负债及非流动负债对各项目进行列示,所有者权益按永久性程度依次列示。另外,资产负债表中左方的资产要与右方负债及所有者权益合计总额相等,即左右两方要保持平衡。

为了便于报表使用者对不同时点资产负债表数据进行比较,掌握企业的财务状况变动情况、发展趋势,企业需要提供资产负债表各项目的"年初余额"和"期末余额"。在我国,会计准则规定企业要采用账户式资产负债表,其格式如表9.2所示。

表9.2 账户式资产负债表

会企01表

编制单位: 　　　　　　　　　　年　月　日　　　　　　　　　　单位:

资产	期末余额	年初余额	负债和所有者权益（或股东权益）	期末余额	年初余额
流动资产:			流动负债:		
货币资金			短期借款		
以公允价值计量且其变动计入当期损益的金融资产			以公允价值计量且其变动计入当期损益的金融负债		
应收票据			应付票据		
应收账款			应付账款		
预付款项			预收款项		
应收利息			应付职工薪酬		
应收股利			应交税费		
其他应收款			应付利息		
存货			应付股利		
划分为持有待售的资产			其他应付款		
一年内到期的非流动资产			划分为持有待售的负债		
其他流动资产			一年内到期的非流动负债		
流动资产合计			其他流动负债		
非流动资产:			流动负债合计		
可供出售金融资产			非流动负债:		
持有至到期投资			长期借款		
长期应收款			应付债券		
长期股权投资			长期应付款		
投资性房地产			专项应付款		
固定资产			预计负债		
在建工程			递延收益		
工程物资			递延所得税负债		
固定资产清理			其他非流动负债		
生产性生物资产			非流动负债合计		
油气资产			负债合计		
无形资产			所有者权益（或股东权益）:		

续表9.2

开发支出		实收资本(或股本)	
商誉		资本公积	
长期待摊费用		减:库存股	
递延所得税资产		其他综合收益	
其他非流动资产		盈余公积	
非流动资产合计		未分配利润	
		所有者权益(或股东权益)合计	
资产合计		负债和所有者权益(或股东权益)总计	

三、资产负债表的编制方法

（一）编制准备工作

在编制资产负债表前，企业应当根据总账的期末金额编制账户余额试算平衡表，如若试算平衡，再据此表及有关明细账户对资产负债表进行编制。

（二）"年初余额"填列方法

资产负债表中的"年初余额"栏，在通常情况下，要根据上年末对应项目的期末余额数填列。如若存在本年度规定的资产负债表项目名称和内容与上年度不一致，则要对上年度资产负债表中相关项目的名称和数字按照本年度的规定予以调整，再填列到本年"年初余额"栏内。同时，如果企业在会计政策方面发生了变更或出现前期差错更正，要对"年初余额"栏对应项目进行相应调整后再进行填列。

（三）"期末余额"填列方法

资产负债表是反映企业资金运动的静态报表，所以期末余额的填列要根据会计期末的数字，即月末、季末、半年末或年末的数字进行填列。具体填列时，有的可以直接根据相关科目的期末余额填列，有的则要按科目合并或调整后的金额进行填列。

(1)根据总账科目的期末余额填列。例如，"以公允价值计量且其变动计入当期损益的金融资产""工程物资""固定资产清理""短期借款""以公允价值计量且其变动计入当期损益的金融负债""应付票据""应付职工薪酬"以及"应付利息"等项目可根据其各总账科目余额直接进行填列。有些科目，如"货币资金"，需要根据"库存现金""银行存款"和"其他货币资金"这三个科目总账期末余额的合计数进行填列。与此类似的还有"其他流动资产""其他流动负债"等项目，它们在资产负债表上填列的金额都需要根据几个总账科目期末余额的合计数进行填列。

(2)根据明细账余额计算填列。例如，"应付账款"要根据"应付账款"和"预付账款"科目所属相关明细科目期末贷方余额的合计金额进行填列；"开发支出"，要根据"研发支出"中"资本化支出"的期末余额数进行填列。除此之外，"应付职工薪酬""应付债券""未分配利润"等科目，均需根据各自明细科目的期末余额进行分析填列。

(3)根据总账与明细账科目余额分析计算填列。例如，"长期借款"要根据"长期借款"的总账科目余额，扣除"长期借款"科目所属明细科目中将在资产负债表日起一年内到期,且企业不能自主地将清偿义务展期的长期借款后的金额计算填列。类似的还有"长期待摊费用""其他非流动资产""其他非流动负债"等项目。

(4)根据有关科目减去备抵科目后的净额填列。例如,"固定资产"应根据"固定资产"总账科目余额,扣减"累计折旧"及"固定资产减值准备"后的金额进行填列;"无形资产"应根据"无形资产"总账科目余额,扣减"累计摊销"及"无形资产减值准备"后的金额进行填列;"投资性房地产"应根据"投资性房地产"总账科目余额,扣减"投资性房地产累计摊销""投资性房地产累计折旧"及"投资性房地产减值准备"后的金额进行填列。另外,"可供出售金融资产""持有至到期投资""长期股权投资"以及"在建工程""商誉"等项目,若已计提减值准备,要根据扣除减值准备后的净额进行填列。

(5)通过综合分析进行填列。例如,"存货"项目要根据"材料采购""在途物资""原材料""材料成本差异""生产成本""周转材料""发出商品""库存商品""委托加工物资""受托代销商品"等总账科目期末余额汇总数,扣减"受托代销商品款""存货跌价准备"科目期末余额后的净额填列;"应收账款"项目要根据"应收账款"和"预收账款"两个科目所属明细科目期末借方余额合计,扣减应收账款计提坏账准备后"坏账准备"中的期末余额进行填列。

第三节 损益表

一、损益表的内容

损益表是反映企业在一定会计期间经营成果的会计报表。损益表的列报必须充分反映企业经营业绩的主要来源和构成,有利于使用者判断净利润的质量及其风险,有利于使用者对其未来净利润的发展趋势进行判断,从而做出正确的决策。通过损益表,可以反映企业收入的实现情况、费用的耗费情况及净利润的多少。

二、损益表的结构和格式

(一)损益表的结构

损益表由表头、主体和补充材料组成,表头包括报表名称、编制单位、编制日期、报表编号、货币计量单位等。损益表的主体列示了形成经营指标的各个项目和项目的计算过程及结果。补充材料主要列示了当期企业发生的特殊事项对当期的各个项目的影响。

(二)损益表的格式

损益表的格式有单步式和多步式两种,我国企业基本上都采用多步式损益表。单步式损益表是将所有收入、费用分别放在一起,然后收入减费用得出当年净利润;多步式损益表对收入、费用和支出项目的性质进行分类,按照利润的形成过程列示中间指标,分步计算净利润。我国多步式损益表就给出了营业利润、利润总额及净利润指标,这样便于使用者理解企业经营成果的不同来源。其简化格式如表9.3所示。

表 9.3 损益表

年   月

会企 02 表

编制单位：   单位：元

项　　目	行数	本月数	本年累计数
一、营业收入	1		
减：营业成本	2		
营业税金及附加	3		
销售费用	4		
管理费用	5		
财务费用（收益以"－"号填列）	6		
资产减值损失	7		
加：公允价值变动净收益（净损失以"－"号填列）	8		
投资收益（净损失以"－"号填列）	9		
其中：对联营企业和合营企业的投资收益	10		
二、营业利润（亏损以"－"号填列）	11		
加：营业外收入	12		
其中：非流动资产处置净利得	13		
减：营业外支出	14		
其中：非流动资产处置净损失	15		
三、利润总额（亏损总额以"－"号填列）	16		
减：所得税	17		
四、净利润（净亏损以"－"号填列）	18		
五、每股收益：			
基本每股收益			
稀释每股收益			

三、损益表编制方法

损益表分设了"本年金额"与"上年金额"两项填列栏，其中"上年金额"反映各个项目上年的实际发生数额，如果上年度损益表与本年度损益表在内容上有差异，则应该对上年度的损益表按照本年度损益表进行调整后填入本表的"上年金额"一栏。

损益表"本年金额"是自年初起至期末止实际发生的累计数。损益表的各项目的填列金额主要是按照发生额直接填列，个别项目需要根据损益类账户发生额计算分析填列。

（1）根据损益类账户直接填列本年金额。例如，"管理费用""财务费用""销售费用""所得税费用"等项目应该根据损益类账户直接填列本年金额。

（2）根据损益类账户发生额计算分析填列。例如，"公允价值变动损益"项目是根据"公允价值变动损益"账户发生额进行分析填列的，"投资收益"项目是根据"投资收益"账户发生额分析填列的，若是损失则用"－"号填列。"营业收入"项目列报企业生产经营的收入，由主营业务收入和其他业务收入构成。"营业成本"项目列报企业生产经营过程中的成本，由主营业务成本和其他业务成本构成。"营业税金及附加"项目由主营业务税金及附加、其他业务税金及附加组成。

(3)根据表中加减结构计算填列。"营业利润""利润总额""净利润"和"综合收益总额"项目根据表中加减结构计算填列。

第四节 现金流量表

一、现金流量表的内容

现金流量表是反映企业在一定会计期间现金和现金等价物流入和流出的会计报表。现金流量表从内容上分为经营活动产生的现金流量、投资活动产生的现金流量和筹资活动产生的现金流量。现金流量是指现金流入和现金流出的差额,如果为正数则为净流入,若为负数则为净流出。从编制原则上现金流量表遵循收付实现制原则,有利于报表使用者获悉净利润的质量。通过现金流量表,报表的使用者可以正确评估企业的偿债能力、支付能力和周转能力,为下一步决策提供有效数据。

二、现金流量表的结构和格式

(一)现金流量表的结构

现金流量表主要由表体和补充资料构成。表体包括以下六部分。
(1)经营活动产生的现金流量;
(2)投资活动产生的现金流量;
(3)筹资活动产生的现金流量;
(4)汇率变动对现金的影响;
(5)现金及现金等价物净增加额;
(6)期末现金及现金等价物余额。
补充资料包括以下三项。
(1)将净利润调节为经营活动现金流量;
(2)不涉及现金收支的重大投资和筹资活动;
(3)现金及现金等价物净变动情况。
(二)现金流量表的格式

现金流量表的格式如表9.4所示。

表9.4 现金流量表

会企03表

编制单位:　　　　　　　　年度　　　　　　　　单位:元

项目	行次	金额
一、经营活动产生的现金流量:		
销售商品、提供劳务收到的现金	1	
收到的税费返还	2	

续表9.4

项　　目	行次	金额
收到的其他与经营活动有关的现金	3	
现金流入小计	4	
购买商品、接受劳务支付的现金	5	
支付给职工以及为职工支付的现金	6	
支付的各项税费	7	
支付的其他与经营活动有关的现金	8	
现金流出小计	9	
经营活动产生的现金流量净额	10	
二、投资活动产生的现金流量：		
收回投资所收到的现金	11	
取得投资收益所收到的现金	12	
处置固定资产、无形资产和其他长期资产所收回的现金净额	13	
处置子公司及其他营业单位收到的现金净额	14	
收到的其他与投资活动有关的现金	15	
现金流入小计	16	
购建固定资产、无形资产和其他长期资产所支付的现金	17	
投资所支付的现金	18	
取得子公司及其他营业单位支付的现金净额	19	
支付的其他与投资活动有关的现金	20	
现金流出小计	21	
投资活动产生的现金流量净额	22	
三、筹资活动产生的现金流量：		
吸收投资所收到的现金	23	
借款所收到的现金	24	
收到的其他与筹资活动有关的现金	25	
现金流入小计	26	
偿还债务所支付的现金	27	
分配股利、利润或偿付利息所支付的现金	28	
支付的其他与筹资活动有关的现金	29	
现金流出小计	30	
筹资活动产生的现金流量净额	31	
四、汇率变动对现金的影响额	32	
五、现金及现金等价物净增加额	33	
补充资料		
1.将净利润调节为经营活动的现金流量：		
净利润	34	
加：计提的资产减值准备	35	
固定资产折旧	36	
无形资产摊销	37	

续表 9.4

项　　目	行次	金额
长期待摊费用摊销	38	
待摊费用减少(减:增加)	39	
预提费用增加(减:减少)	40	
处置固定资产、无形资产和其他长期资产的损失(减:收益)	41	
固定资产报废损失	42	
公允价值变动损益	43	
财务费用	44	
投资损失(减:收益)	45	
递延所得税负债(减:递延所得税资产)	46	
存货的减少(减:增加)	47	
经营性应收项目的减少(减:增加)	48	
经营性应付项目的增加(减:减少)	49	
其他	50	
经营活动产生的现金流量净额	51	
2.不涉及现金收支的投资和筹资活动:		
债务转为资本	52	
一年内到期的可转换公司债券	53	
融资租入固定资产	54	
3.现金及现金等价物净增加情况		
现金的期末余额	55	
减:现金的期初余额	56	
加:现金等价物的期末余额	57	
减:现金等价物的期初余额	58	
现金及现金等价物净增加额	59	

制表人：　　　　　　　　　　　　　　　　　　　　　　　　会计主管：
单位负责人：

三、现金流量表编制方法

经营活动产生的现金流量的编制方法分为两种,即直接法和间接法。直接法是指通过现金收入和支出的主要类别直接反映经营现金流量。采用直接法编制报表有利于清楚企业的现金流的来源和用途,分析未来状况。间接法的基础是本期净利润,调整收入、费用和营业外收支等不涉及现金的项目的变动来计算经营活动产生的现金流量。其中现金流量表的补充资料采用的就是间接法编制的报表。采用间接法编制报表便于对比分析净利润与经营活动的现金流量,评价其收益质量。

我国《企业会计准则第 31 号——现金流量表》要求企业采用直接法编制现金流量表。同时要求在补充资料中将净利润调整成经营活动产生的现金流量。所以企业编制现金流量表选用了直接法和间接法。

第五节 会计报表附注

一、财务报表附注的概念

财务报表附注是对资产负债表、利润表、现金流量表和所有者权益变动表等报表中列示项目的文字描述或明细资料,以及对未能在这些报表中列示项目的说明等。

二、财务报表附注的主要内容

(一)企业的基本情况
(1)企业注册地、组织形式和总部地址;
(2)企业的业务性质和主要经营活动;
(3)母公司以及集团最终母公司的名称;
(4)财务报告的批准报出者和财务报告批准报出日;
(5)营业期限有限的企业,还应当披露其有关营业期限的信息。

(二)财务报表的编制基础
企业应在持续经营基础下进行财务报表列报。

(三)遵循企业会计准则的声明
企业应当声明编制的财务报表符合《企业会计准则》的要求,并且真实、完整地反映了企业的财务状况、经营成果和现金流量等相关信息,以此明确企业编制财务报表所依据的制度基础。

如果企业编制的财务报表只是一部分地遵循了《企业会计准则》,附注中不可以做出这种表述。

(四)重要会计政策和会计估计
根据财务报表列报准则的规定,企业应当披露采用的重要会计政策和会计估计,不重要的会计政策和会计估计可以不披露。

1. 重要会计政策的说明

企业应该披露重要会计政策,并且要结合企业的实际情况披露其财务报表项目的计量依据和重要会计政策的确定依据。财务报表项目的计量依据包括历史成本、重置成本、现值、可变现净值和公允价值计量属性等;会计政策的计量依据是指企业在运用会计政策过程中所做的重要判断,这些判断对报表中的金额有重要影响。

2. 重要会计估计的说明

企业应该披露重要会计估计,并且结合企业的实际情况披露其会计估计所采用的不定因素和关键假设。重要会计估计的说明包括可能导致下一个会计期间内资产和负债账面价值重大调整的会计估计的确定依据等。

(五)会计政策和会计估计变更以及差错更正的说明
企业应当按照《企业会计准则第28号——会计政策、会计估计变更和差错更正》及其应用指南的规定,披露会计政策和会计估计变更以及差错更正的有关情况。

(六)报表重要项目的说明

企业应当以文字和数字描述相结合,尽可能以列表形式披露报表重要项目的构成或当期增减变动情况,并且报表重要项目的明细金额合计,应当与报表项目金额相衔接。在披露顺序上,一般应当按照资产负债表、利润表、现金流量表、所有者权益变动表的顺序及其项目列示的顺序。

(七)其他需要说明的重要事项

其他需要说明的重要事项主要包括或有事项和承诺事项、资产负债表日后非调整事项、关联方关系及其交易等。

(八)有助于财务报表使用者正确评价企业管理资本目标和政策及程序的信息

习 题

1. 什么是财务会计报告?它有哪些基本构成?
2. 财务报告的作用是什么?财务报告有哪几种?
3. 编制财务报告的基本要求有哪些?
4. 阐述资产负债表的结构、内容和编制方法。
5. 阐述损益表的结构、内容和编制方法。
6. 现金流量表的现金及现金等价物的内涵是什么?
7. 阐述现金流量表的结构、内容和编制方法。

第十章 会计法规体系和会计工作组织

【学习目标】
1. 掌握会计法律规范体系的组成,会计人员的职责和权限以及会计档案的内容;
2. 熟悉我国会计法律规范体系的层次;
3. 了解会计工作规范的主要内容;
4. 掌握会计机构的设置原则以及企业不同的核算模式;
5. 理解会计档案的作用,掌握会计档案的管理。

第一节 我国的会计法规体系

会计法规指的是国家政权通过法律法规、制度等形式分别对会计关系和会计活动进行调整与规范的总称。我国的会计法规体系共分为三个层次,分别为会计法律、会计行政法规以及会计部门规章。其中,会计法、会计准则以及会计制度是我国会计法规体系中最重要的组成部分。

一、会计法

《中华人民共和国会计法》是由全国人民代表大会及其常务委员会制定的、并最初于1985进行公布和实施的会计法律,它是指导我国会计工作的基本法律,是其他会计规范制定的法律依据。

为了适应经济发展的需求以及加强对会计行为的规范,全国人民代表大会及其常务委员会先后于1993年和1999年对《会计法》进行了两次修订,并于2000年7月1日起实施了我国现行的《会计法》。作为我国指导会计工作最权威、最基本的法律,《会计法》在规范会计工作、加强国家经济管理、提高经济效益以及维护社会主义市场秩序方面都起到了重要作用。

《会计法》共七章、五十二条,分别为总则,会计核算,公司、企业会计核算的特别规定,会计监督,会计机构和会计人员,法律责任以及附则。

其中,总则部分对《会计法》的立法目的、适用范围以及会计管理权限等方面做了相应具体规定。

在会计核算部分,《会计法》对会计核算的经济业务事项、会计年度、记账本位币、会计资料及会计核算程序等方面提出了具体要求。

针对公司、企业会计核算的复杂性,在公司、企业会计核算的特别规定部分,《会计法》详细规定了除第二章外企业还应当遵守的规定。如不得随意变更会计要素的确认标准和计量方法,不得虚列或隐瞒收入等。

在会计监督部分,要求各单位应当建立健全本单位内部会计监督制度,并明确在会计监督过程中各有关部门应负担的责任。

在会计机构和会计人员部分,《会计法》规定了各单位在相应会计机构以及相应会计人员的设置方面的要求,同时就会计人员的任职条件、稽核制度以及会计工作交接等问题做出了相应规定。

在法律责任部分,《会计法》就违反会计法律的行为做出了界定,同时规定了会计人员及单位负责人等相关人员违法情况下在行政及刑事方面的惩罚措施,并指出相关行政部门工作人员违反会计法律应当承担的后果。

附则部分是对"单位负责人""国家统一的会计制度"等用语的详述,并规定了《会计法》的实施日期。

二、会计准则

会计准则是由国务院财政部制定的,用于指导会计核算工作的基本规范,它不仅在加强指导会计工作方面发挥着重要作用,同时也在评价会计信息质量方面发挥着重要作用。

我国现行的会计准则体系共分为三部分,分别为基本准则、具体准则以及会计准则应用指南。

1992年发布的《企业会计准则》即属于基本准则,它对企业进行确认、计量与报告方面都做出了原则性规定。

2006年发布的《企业会计准则》共分为十一章、五十条,包括总则、会计信息质量要求、资产、负债、所有者权益、收入、费用、利润、会计计量、财务会计报告以及附则。主要规范了会计目标、会计基本假设、会计信息质量要求、会计要素的确认与计量以及财务报告内容方面的问题。

具体准则是在基本准则的指导下,对企业发生的特定交易或事项相关会计处理方面所做的具体规定,它仅对经济交易的确认、计量与报告做出规定,不涉及经济交易与事项的相关记录问题。每项具体准则大致都包含了引言、定义、正文、附则等内容。截至2014年,我国已发布具体会计准则41项,如表10.1所示。

会计准则应用指南是以基本准则与具体准则为依据,对企业会计实务制定的具体操作性指南,它对准则正文做了进一步的解释,因此对于会计人员全面、透彻地了解并掌握新准则具有有效作用。会计准则应用指南现已发布38项,主要包括具体会计准则解释和会计科目及主要账务处理等。在会计准则的实际应用中,应用指南在会计科目及会计报表方面做了具体指导。

表 10.1 具体会计准则 1~41 号

序号	内容	序号	内容
1 号	存货	22 号	金融工具确认和计量
2 号	长期股权投资	23 号	金融资产转移
3 号	投资性房地产	24 号	套期保值
4 号	固定资产	25 号	原保险合同
5 号	生物资产	26 号	再保险合同
6 号	无形资产	27 号	石油天然气开采
7 号	非货币性资产交换	28 号	会计政策、会计估计变更和差错更正
8 号	资产减值	29 号	资产负债表日后事项
9 号	职工薪酬	30 号	财务报表列报
10 号	企业年金基金	31 号	现金流量表
11 号	股份支付	32 号	中期财务报告
12 号	债务重组	33 号	合并财务报表
13 号	或有事项	34 号	每股收益
14 号	收入	35 号	分部报告
15 号	建造合同	36 号	关联方披露
16 号	政府补助	37 号	金融工具列报
17 号	借款费用	38 号	首次执行企业会计准则
18 号	所得税	39 号	公允价值计量
19 号	外币折算	40 号	合营安排
20 号	企业合并	41 号	在其他主体中权益的披露
21 号	租赁		

三、会计制度

会计制度是以会计法和会计准则为依据制定的在会计工作方面的规章、方法及程序。会计制度可以分为国家统一会计制度与单位内部会计制度。其中,单位内部会计制度是由单位结合自身情况或委托其他机构所制定的,而国家统一会计制度则必须由国务院财政部制定。我国基本的统一会计核算制度《企业会计制度》是于 2001 年开始实施的,它结合了不同行业的特点及管理要求,对会计核算具体工作进行了规范。

《企业会计制度》共十四章、一百六十条,可分为原则性规定和具体规定。

原则性规定部分为第一章到第十四章,其中,第一章为总则部分,阐明了会计制度的制定目的、适用范围、会计核算的前提及原则等内容;第二章到第七章,分别对各项会计要素的确认、计量及记录做了相关规定;第八章到第十二章,分别对非货币性交易、外币业务等特种业务核算时应注意的问题进行了详述;第十三章为财务会计报告,它强调了企业应提供真实、完整的会计报告,同时在财务报告的组成、编制及报送等方面做了具体规定;第十四章为附则。

具体规定是对会计科目和财务会计报告的说明,主要包括了会计科目的名称、编号、使用说明以及财务会计报告的格式、编制说明等内容。

第二节　会计基础工作规范

一、会计工作管理规范

会计是企业非常重要的管理工作。会计工作的规范,保证了会计在经济管理体制中发挥的作用,建立健全了会计工作管理。会计工作管理规范是划分会计工作职责和权限的管理制度。

我国《会计法》规定会计工作由财政部门主管。会计工作应遵循"统一领导,分级管理"的原则,应该在财政部门统一规划统一领导下实行分级管理,充分调动每个地区、部门的会计工作的积极性和规范性。除了财政部门对会计工作进行监督,业务主管部门和其他政府部门也行使管理职能。

二、会计机构管理规范

会计机构是直接从事和组织并且领导会计工作的职能部门。选择适当的会计机构组织模式,设置适当的会计职位,健全各项会计制度是做好会计工作的前提和保证。

(一)会计机构设置原则

1. 按需设置原则

根据每个单位的工作业务需要,设置会计机构或者有关机构的会计人员,并且设定主管人员;不能设置的应该委托代理记账业务的中介机构代理企业记账。

2. 适应性原则

企业会计机构的设置必须要和本企业的业务类型和经营范围相契合。由于企业的经营类型和业务复杂程度不同,会计内部分工和组织工作的方式也会不同:对于业务繁杂、工作量大的企业,设置的会计机构就应该大一些,会计机构内部分工就要仔细一些;如果企业业务较少,规模较小,设置的会计机构就应该小一些,会计机构内部分工就要粗略一些。

3. 效益性原则

会计机构的设置应该要让企业工作更有效率,收益更好。所以,会计机构设置应该更合理,更实际,防止过于精细而浪费人力物力,也要防止过于简单而不能准确管理,要做到保证最佳效益,繁简适当。

4. 分工协作原则

会计机构在进行会计工作的时候要分设专门的岗位,进行仔细的分工,要做到明确每个岗位的责任和权限,设计任务说明书,各个岗位之间要分工协作。

5. 内部控制原则

设置会计机构的时候,必须根据内部控制的要求,使各个岗位相辅相成又相互制约,并且相互监督,从根本上避免失误造成的损失。

(二)会计机构岗位责任制

会计机构岗位责任制就是在会计机构的内部根据会计工作的内容和会计人员的情况,将会计工作合理划分,分配到各个岗位,为每个岗位规定要求和职责的责任制度。会计岗位责任制使每一个会计工作都有对应的负责人员,每个会计人员都有明确的工作职责,做到严格考核、权责分明、有奖有惩。会计机构的岗位责任制的健全对于提高会计工作质量和加强会计管理与工作效率有重要意义。

会计工作的岗位一般分为会计主管、工资核算、财产物资核算、成本费用核算、资金核算、往来核算、总账报表、稽核、档案管理和出纳等。每个岗位可以一人多岗、一人一岗或一岗多人,但出纳不能同时也负责稽核、收入、费用、债权债务账目的登记工作还有会计档案保管。对于会计规模大、业务多的企业,会计机构可以按照经济业务类别划分岗位,设置各个业务组,具体负责各个业务工作。此外,会计工作岗位人员应该有计划地进行轮换,可以让会计人员较多地熟悉单位内部各项工作,使其有较强的综合工作能力,同时可以加强各岗位的协调配合,使其通力合作。

三、会计工作组织形式

会计工作组织形式是指企业会计工作范围的划分和管理方式。由于不同企业的生产规模存在差别,业务性质不同,企业会计核算也要采用不同的模式。其中广泛被采用的有独立核算和非独立核算,集中核算和非集中核算。

(一)独立核算与非独立核算

1. 独立核算

独立核算就是指企业对其本身的生产经营活动的过程和结果进行全面系统且独立的记账、算账,定期编制报表,并对经营情况进行分析检查等工作。企业如果实行独立核算,就应该拥有完整的凭证、账簿,独立编制,独立核算。如果企业的规模小、业务少,也可以不单独设置会计机构,只设置会计人员。

2. 非独立核算

非独立核算是指企业向上一级管理部门领取一定的物资和现金以便从事经营活动,平时只填制、整理、汇总原始凭证,不单独编制报表,企业定期向上级汇报发生的收入和支出,并且将有关的会计资料报送上级,再由上级汇总记账编制报表。实行非独立核算的企业一般不设置会计机构,只设置会计人员。

(二)集中核算与非集中核算

1. 集中核算

集中核算是指企业的会计核算集中在财务部门。企业各部门对本身所发生的业务不进行完整的核算,只对原始凭证进行记录和汇总,定期将凭证移交给会计相关部门,然后由相关部门填制记账凭证,编制明细账总账,编制会计报表。集中核算会计部门可以集中掌握整体资料,有助于对企业整体的把握。

对于规模小、业务少、生产组织方式简单并且地域集中的企业,会计工作可选择集中核算。相应的企业单独设置会计机构,企业内部部门则不再设置会计机构,不办理会计业务,而是定期将凭证移交给会计机构相关部门,然后填制记账凭证,编制明细账、总账,编制会计报表。采用集中方式有利于企业会计人员分工,提高会计工作速度,减少核算费用。但是由于企业部门不能直接处理会计信息,因此容易造成业务和会计相脱节,不利于企业会计信息检查工作。

2. 非集中核算

非集中核算又称分散核算,是企业内部车间和职能部门发生的经济业务的全面核算,一般的部门和车间要填制凭证,登记账簿。实行非集中核算的企业可以使各个车间和部门随时了解自身问题,及时进行分析和解决。

对于规模大、业务广泛复杂,生产经营组织方式复杂,并且地域分布分散的企业,会计工作应采用非集中核算。会计机构也要分级管理,不仅要在企业一级设置会计机构,还要在企业各部门设置会计机构,办理本部门的相关会计工作。通常来讲,各个部门应取得、填制凭证,登记相关明细账,一级部门应登记部分明细账和汇总填制全部总账。

第三节 会计档案

一、会计档案的概念及内容

会计档案包括会计凭证、会计账簿、财务报表以及其他相关资料等会计核算专业材料,它是记录和反映企业经济业务的重要历史资料和证据。

作为记录、反映单位经济业务的重要资料,企业管理者可以通过对会计档案内容的分析,对以前年度的经营管理情况进行经验总结。同时,会计档案也具有一定的法律效力,有关人员可以通过对档案的审查,确定企业经济业务的合法性与合理性,以维护各项会计工作的正常运作。

会计档案具体包括以下内容:

(1)会计凭证类,包括原始凭证、记账凭证、汇总凭证以及其他会计凭证;

(2)会计账簿类,包括日记账、明细分类账、总分类账、固定资产卡片、辅助账簿以及其他会计账簿;

(3)财务报告类,分为月度、季度、半年度及年度财务报告,包括会计报表、附表、附注、财务情况说明书以及其他财务报告;

(4)其他会计资料,包括银行存款余额调节表和银行对账单,应当保存的会计核算专业资料,会计档案移交清册、保管清册以及销毁清册。

二、会计档案的管理

作为单位档案不可或缺的一部分,会计档案在企业的管理经营及财务检查、审计等方面都发挥着重要作用。因此,加强会计档案的管理,同时建立和完善会计档案管理制度,对实现会计工作的规范化,发挥会计工作在企业管理中的指导作用方面都具有重要意义。

为了加强会计档案的管理,1998年财政部、国家档案局发布了《会计档案管理办法》,该办法对会计档案的立卷、归档、调阅、保管及销毁等都做了具体规定。

(一)会计档案的立卷及归档

各单位每年形成的会计档案,应当由会计机构按照归档要求,将本单位的会计档案进行整理立卷、装订成册,并编制会计档案保管清册。

单位当年形成的会计档案,在会计年度终了后,可由其会计机构暂时保管一年,期满之后应当由会计机构编制移交清册,移交本单位档案机构统一保管;单位内部未设立档案机构的,应当在会计机构内部指定专人保管。出纳人员不得监管会计档案。

移交本单位档案机构保管的会计档案,原则上应当保持原卷册的封装。个别需要拆封重新整理的,档案机构应当会同会计机构和经办人员共同拆封整理,以分清责任。

采用电子计算机进行会计核算的单位,应当保存打印出的纸质会计档案。具备采用磁带、磁盘、光盘、微缩胶片等磁性介质保存会计档案条件的,由国务院业务主管部门统一规定,并报财政部、国家档案局备案。

(二)会计档案的调阅及复制

各单位应当加强对会计档案的保管,严格规范会计档案的调阅及复制程序。为了健全调阅制度,企业应当根据调阅人及工作单位、调阅日期、调阅的相关档案名称、调阅理由、归还日期等设置会计档案调阅登记簿,并进行详细登记。若本单位人员需要对会计档案进行调阅,要经过会计主管人员的批准方可调阅;若外来单位人员需要对会计档案进行调阅,则需要有正式的介绍信,同时还要经过单位负责人的批准方可调阅。无论是本单位人员还是外单位人员,在对会计档案进行调阅时,都需要就其调阅信息在会计档案调阅登记簿上进行详细登记,同时不得擅自摘录会计档案的有关数据。

各单位保存的会计档案原件原则上不得借出,但如有特殊需要,可以在经单位负责人批准以及保证会计档案原卷册的完整及整洁的情况下,对会计档案进行影印和复制。同时,相关人员还要就其影印与复制的信息在会计档案登记簿上进行详细登记,如复制内容的名称及张数等。

(三)会计档案的保管期限

按照《会计档案管理办法》的规定,会计档案的保管期限分为永久与定期两类。其中,定期保管期限又分为3年、5年、10年、15年、25年五类,其保管期限的计算是于会计年度终了后第一天开始算起的。《会计档案管理办法》中规定的各类会计档案的保管期限如表10.2和表10.3所示。

表10.2 企业和其他组织会计档案保管期限表

序号	档案名称	保管期限	备注
一、会计凭证类			
1	原始凭证	15年	
2	记账凭证	15年	
3	汇总凭证	15年	
二、会计账簿类			
4	总账	15年	包括日记总账
5	明细账	15年	

续表10.2

序号	档案名称	保管期限	备注
6	日记账	15年	现金日记账和银行存款日记账保管25年
7	固定资产卡片		固定资产报废清理后保5年
8	辅助账簿	15年	
三、财务报告类（包括各级主管部门汇总财务报告）			
9	月度、季度财务报告	3年	包括文字分析
10	年度财务报告（决算）	永久	包括文字分析
四、其他类			
11	会计移交清册	15年	
12	会计档案保管清册	永久	
13	会计档案销毁清册	永久	
14	银行余额调节表	5年	
15	银行对账单	5年	

表10.3 财政总预算、行政单位、事业单位和税收会计档案保管期限表

序号	档案名称	保管期限			备注
		财政总预算	行政单位事业单位	税收会计	
一、会计凭证类					
1	国家金库编送的各种报表及进库退库凭证	10年		10年	
2	各收入机关编送的报表	10年			
3	行政单位和事业单位的各种会计凭证		15年		包括原始凭证、记账凭证和传票汇总表
4	各种完税凭证和缴、退库凭证			15年	缴款书存根联在销号后保管2年
5	财政总预算拨款凭证及其他会计凭证	15年			包括拨款凭证和其他会计凭证
6	农牧业税结算凭证			15年	
二、会计账簿类					
7	日记账		15年	15年	
8	总账	15年	15年	15年	
9	税收日记账（总账）和税收票证分类出纳账			25年	
10	明细分类、分户账或登记簿	15年	15年	15年	
11	现金出纳账、银行存款账		25年	25年	
12	行政单位和事业单位固定资产明细账（卡片）				行政单位和事业单位固定资产报废清理后保管5年

续表 10.3

序号	档案名称	保管期限			备注
		财政总预算	行政单位事业单位	税收会计	
三、财务报告类					
13	财政总预算	永久			
14	行政单位和事业单位决算	10 年	永久		
15	税收年报(决算)	10 年		永久	
16	国家金库年报(决算)	10 年			
17	基本建设拨、贷款年报(决算)	10 年			
18	财政总预算会计旬报	3 年			所属单位报送的保管 2 年
19	财政总预算会计月、季度报表	5 年			所属单位报送的保管 2 年
20	行政单位和事业单位会计月、季度报表		5 年		所属单位报送的保管 2 年
21	税收会计报表(包括票证报表)			10 年	电报保管 1 年,所属单位报送的保管 3 年
四、其他类					
22	会计移交清册	15 年	15 年	15 年	
23	会计档案保管清册	永久	永久	永久	
24	会计档案销毁清册	永久	永久	永久	

(四)会计档案的销毁

对于保管期满的会计档案,应由本单位档案机构提出销毁意见,与会计机构共同鉴定、审查,编制会计档案销毁清册。对要销毁的会计档案的详细信息,如名称、卷号、册数、起止日期和档案编号、应保管期限、已保管期限、销毁时间等内容在销毁清册上进行列示。会计档案销毁清册如表 10.4 所示。

表 10.4 会计档案销毁清册

顺序号	类别	案卷号	题名	目录号	起止日期	页数	保管期限	已保管期限

会计档案销毁清册应当由单位负责人签署意见。机关、团体和事业单位,应由本单位领导批准后销毁;国有企业要在企业领导审查合格并由上级主管单位批准的情况下,对相应会计档案进行销毁。

对于保管期满但仍未结清的债权债务原始凭证以及涉及其他未了事项的原始凭证,不应进行销毁,应单独抽出立卷,由档案部门保管到未了事项完结为止。同时,要在会计档案销毁清册和会计档案保管清册中将单独抽出立卷的会计档案予以列明。正在项目建设期间的建设单位,如果会计档案已达到保管期限,也不得对会计档案进行销毁,应当在建设完工后移交业主单位按规定进行销毁。

在会计档案进行销毁时,应当由档案机构与会计机构共同派员监销。国家机关销毁会计档案时,应当由同级财政部门、审计部门派员共同监销;财政部门销毁会计档案时,应当由同级审计部门派员参加监销。

在会计档案销毁前,监销人员应当按照会计档案销毁清册中所列的内容对所要销毁的会计档案进行清点核对;在会计档案销毁后,监销人与经办人应当在销毁清册上签名盖章,注明"已销毁"字样和销毁日期,同时向本单位负责人书面报告监销情况,并将书面报告另留一份归档备查。

习　题

1. 我国会计法律规范体系分为哪几个层次？其主要组成部分是什么？
2. 会计法、会计准则和会计制度的基本内容是什么？
3. 会计机构设置的原则有哪些？
4. 简述各类企业会计核算模式及其特点、要求。
5. 什么是会计档案？它包括哪些内容？
6. 简述各类会计档案的保管期限。
7. 会计档案的调阅和销毁有哪些规定？

参 考 文 献

[1] 王竹萍. 会计学原理[M]. 成都:西南财经大学出版社,2012.
[2] 余珍,喻辉,杜娟. 会计学原理[M]. 北京:人民邮电出版社,2014.
[3] 李海波. 新编会计学原理——基础会计[M].15 版. 上海:立信会计出版社,2011.
[4] 张文贤,徐晔,祁新娥. 会计学原理[M].2 版. 上海:复旦大学出版社,2004.
[5] 戴蓬军,孙长江. 会计学基础[M]. 北京:中国农业出版社,2011.
[6] 唐国平. 会计学基础[M]. 北京:科学出版社,2007.
[7] 刘永泽. 会计学[M]. 大连:东北财经大学出版社,2007.
[8] 周晓苏. 会计学[M]. 北京:清华大学出版社,2007.
[9] 朱小平,徐泓. 初级会计学[M]. 北京:中国人民大学出版社,2006.
[10] 陈少华. 会计学原理[M]. 厦门:厦门大学出版社,2005.
[11] 于玉林. 基础会计[M]. 天津:天津大学出版社,2005.
[12] 陈国辉. 基础会计[M].2 版. 大连:东北财经大学出版社,2009.
[13] 李占国. 基础会计学[M]. 北京:高等教育出版社,2010.
[14] 李海波. 新编会计学原理[M].14 版. 上海:立信会计出版社,2008.